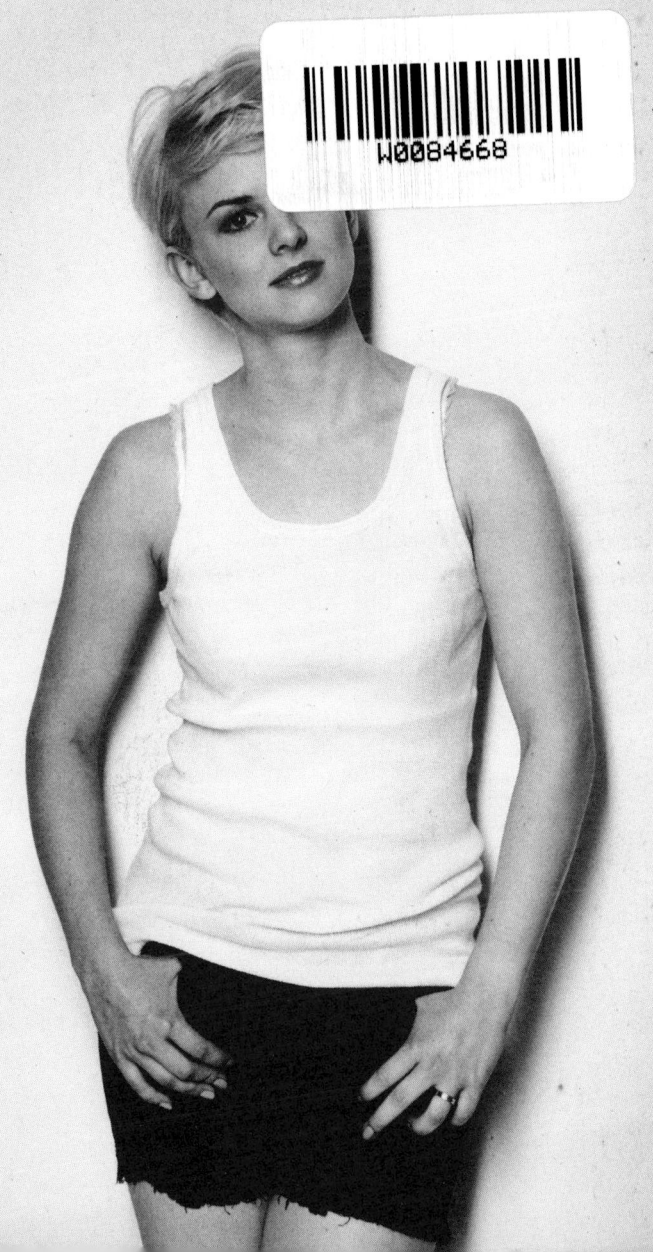

W0084668

NINA ENGELE

AUF DIE PLÄTZE, FERTIG, SEX!

VON EINEM PÄRCHEN, DAS AUSZOG, UM MEHR SPASS IM BETT ZU HABEN

33 SEXPERIMENTE ZUM NACHSPIELEN FÜR ALLE PAARE

EXPLIZIT

INHALT

»*1000 Meter tief unter der Haut ist
alles neu und doch alles vertraut*«
(Aus: *Fühlt sich wie fliegen an*,
Max Herre feat. Cro & Clueso)

PROLOG

Schatz, heute nicht«, nuschelt mein Liebster, während ich mich auf seinen Körper robbe. Ich stutze.

»Wie? Was ist denn?«, frage ich erstaunt.

»Hab keine Lust auf den Standardsex wie jeden Mittwochabend, rein, raus und fertig. Ich möchte keinen Sex, um einfach nur Sex gehabt zu haben. Ich will mal wieder was Neues. Etwas, was wir noch nie hatten. Darüber hatten wir doch letztens erst gesprochen«, erinnert er mich. Ich robbe mich rüber auf meine Seite des Bettes und realisiere, dass ich gerade einen Sexkorb bekommen habe. Und ich versuche, seine Worte zu analysieren. Etwas Neues? Kein Standard? Ist ja schön und gut, aber was genau bedeutet das?

Ja, ich erinnere mich daran, dass wir vor einiger Zeit mal über unser Sexleben gesprochen haben. Ich befand mich mitten im Prüfungsstress und hatte zugleich Sorge, nach dem Abschluss keinen Job zu finden. Zugegeben, unser Sexleben hatte für mich während dieser besonders anstrengenden Wochen keine Priorität. Priorität hatten meine Karteikarten, Lerngruppen und ablenkungsfreie Zeit zum Inhalieren des Prüfungsstoffes. Ich war wochenlang wie vom Erdboden verschluckt. Auch Freunde und Familie haben mich während dieser Zeit nicht zu Gesicht bekommen und ich verdrängte alles, was nicht mit meinem Lehrstoff in Verbindung zu bringen war. Auch den Sex. Vielleicht erinnere ich mich deswegen nicht an den genauen Wortlaut unseres Gespräches? Aber jetzt bin ich wieder klar im Kopf, ich habe meine Prüfungen bestanden und kann mich endlich wieder um das kümmern, was tatsächlich zu kurz gekommen ist. Ich hake nach und versuche herauszufinden, was genau mein Liebster gegen unseren Standardsex einzuwenden hat.

»Heißt das, wir haben nur noch Sex miteinander, wenn wir ein besonders aufregendes Erlebnis draus machen? Ich weiß nicht, wie das gehen soll, immerhin leben wir zusammen. Wir sehen uns täglich und teilen jede Nacht ein Bett miteinander«, spreche ich ins Dunkel hinein, mehr zu mir selbst, als zu ihm. »Es ist doch in einer langen Beziehung normal, dass nicht alles so aufregend ist wie beim ersten Mal«, versuche ich zu argumentieren.

»Ja, klar. Wir können ja auch normalen Sex haben. Aber ich möchte auch mal wieder etwas Neues erleben. Du bist doch Sexautorin, du müsstest doch wissen, was ich meine«, sind seine letzten Worte, ehe er einschläft und ich grübelnd wach liege.

Autsch, das Ding mit der Sexautorin hat gesessen. Ich realisiere: Das war gerade nicht nur ein Sexkorb. Es war auch ein Wink mit dem Zaunpfahl. Es war ein dezenter Hinweis darauf, dass ich die Fantasien und Szenarien meiner Romane offensichtlich nicht ins wahre Leben übertrage. Prüfungsstress und schwierige Phasen hin oder her, war ich etwa in der Lage, Bücher über Sex zu schreiben, aber selbst auf Action im Bett verzichten zu können? Soll das etwa heißen, ich bin langweilig im Bett?! Ich schmolle in mich hinein und verschränke liegend die Arme vor der Brust. *Was Neues erleben … kein Standardsex … Was hätte er denn sonst noch gerne? Soll ich etwa einen Stripkurs machen, oder was?*

Zunächst ärgere ich mich darüber, dass er mich mit diesem Thema alleine lässt. So kurz vor dem Einschlafen mal eben zu sagen: »Du, ich finde unser Sexleben langweilig, ich hätte gerne mal was Neues, also lass dir was einfallen«, das ist schon eine harte Nummer. Ich habe einen dicken Kloß im Hals und würde ihn am liebsten wachrütteln und ihn nach seinen Vorschlägen zur Optimierung der Sexsituation fragen. Es macht sich ein ungutes Gefühl in mir breit, mit dem ich nicht gerne einschlafen möchte. Aber je länger ich darüber nachdenke und Zeit habe, eben Gesagtes zu verdauen, umso mehr muss ich meinem Liebsten recht geben. Seit wir zusammenwohnen, verbringen wir zwar mehr Zeit miteinander und haben in der Summe auch mehr Sex. Aber die Qualität unserer Intermezzis hat gelitten, insbesondere während eben erwähnter Prüfungsphase.

Das mit den neuen Erlebnissen ist so eine Sache, wenn man seit drei Jahren zusammenwohnt und sich insgesamt seit zehn Jahren kennt. Ja, tatsächlich. Mein Liebster und ich, wir haben uns vor zehn Jahren kennengelernt. Damals war ich 17, er 22 Jahre jung. Wir sind nicht sofort ein Paar geworden. Es gab eine schwierige Anlaufphase, in der wir über Monate hinweg versucht haben, uns als Paar zu finden.

Allerdings: Wenn man 17 Jahre jung ist, ist der Sex anders. Ich war damals eine solide Schülerin und für meine soliden Leistungen musste ich mich nicht sonderlich ins Zeug legen. Mit 17 hatte ich viel Zeit, um über Sex nachzudenken. Vor allem darüber, welche Abenteuer ich mit meinem 22- jährigen potenziellen festen Freund erleben wollte. Wir hatten so ziemlich überall und zu jeder Gelegenheit Sex und ich fand es spannend, ihn an besonderen Orten mit meinen erotischen Fantasien zu überfallen. Nachdem wir uns miteinander ausgetobt hatten, gab es eine recht lange Beziehungspause in der Mitte unserer gemeinsamen zehn Jahre. Ich kann und möchte keine Statements dazu abgeben, ob eine Pause einer Beziehung dienlich sein kann. Manchmal tut die Pause dem Paar gut, manchmal nicht. Es sei jedoch hinzugefügt, dass wir uns keine Pause gönnen wollten. Eigentlich hatten wir uns endgültig voneinander getrennt. Wir hatten tatsächlich nicht vor, noch einmal zusammenzukommen und es gab über ein Jahr lang keinerlei Kontakt. Keine Mails, Kurznachrichten, zufällige Treffen oder sonst was. Während dieser Pause hatten wir beide unsere Beziehungen, Liebeleien, Affären und Flirts. Aber das Schicksal wollte wohl nicht, dass wir auf Dauer ohne einander auskommen. Jetzt leben wir zusammen. Und das Zusammenleben führt zwangsläufig zu standardisiertem Mittwoch-Samstag-Montag-Sex. Oder etwa nicht? Das Thema Dreier ist zumindest nicht von uns geplant.

Ich stehe auf, lasse ihn allein im Bett zurück und grübele im dunklen Wohnzimmer weiter über seine Worte.

Unsere Gesellschaft wird täglich mit Sex konfrontiert. Jedes Waschmittel verkauft sich mittels sexueller Anspielungen. Sex ist immer und überall gegenwärtig. Sei es, dass ich als Frau morgens um sieben vor dem Kleiderschrank stehe und überlege, ob ich eine tief ausgeschnittene Bluse zur Arbeit anziehen kann, oder mir in der Tageszeitung das »Girl des Tages« mit blanken Brüsten präsentiert wird. Gleich neben der Schlagzeile zum Rücktritt des Papstes. Jede Drogerie verkauft mittlerweile Vibrationsringe und Gleitgele. Pornos sind im Internet leichter abrufbar als der Beziehungsstatus bei Facebook. Aber, haben wir tatsächlich erlebbaren Sex zu Hause, echte Begegnungen, die wir bewusst wahrnehmen und nicht einfach nur geschehen lassen? Kümmern wir uns um unsere Sexualität oder sind wir geblendet von der täglichen Konfrontation mit diesem Thema und glauben wir daher nur, guten Sex zu haben?

Nach zehn Jahren stellt sich mir nun die Frage, ob es das war, mit den aufregenden ersten Malen und dem tatsächlich erlebten Sex. Bleibt es für immer beim Montag-Mittwoch-Samstag-Sex, bis dass der Tod uns scheidet? Oder die Menopause? Sind meinem Partner und mir die ersten Male inklusive Aufregung und Nervenflattern verwehrt, weil wir in einer langjährigen Beziehung leben? Und das schon in so jungen Jahren? Himmel, ich bin erst 27! Und mein Liebster ist Anfang 30, schreie ich innerlich und bin selbst erschrocken darüber, wie brutal die Wahrheit über Sex zu sein scheint. Nein, das kann nicht sein. Ich mag diesen Gedanken nicht! Deswegen beschließe ich, während ich hier im Dunkeln sitze und er drüben schläft, dass ich wieder erste Male erleben will.

Mit und ohne meinen Partner.

Unsere Parameter sind abgesteckt, die Fakten sind geklärt. Ich weiß, wo meine Grenzen liegen, und er weiß, dass er mir vertrauen kann. Wir haben uns auf 33 erste Male geeinigt. 33 extreme erste Male, mit dem Ziel, unser Sexleben zu bereichern und wieder neuen Schwung ins Bett zu kriegen. Zusammen haben wir aufgeschrieben, welche Erlebnisse wir unbedingt möchten. Für mich war zum Beispiel sofort klar, dass ich eine der legendären Berliner Erotikdiskotheken besuchen möchte. Schon als ich 17 war, flüsterte man sich in der Schule auf dem Weg zum Unterricht Geheimnisse aus dem KitKat-Club zu. Dass es dort ums Partymachen gehe. Aber auch um Sex. Dass es ein Ort sei, bei dem man außergewöhnliche Dinge zu sehen bekäme, Dinge wie Sex auf der Tanzfläche und Frauen in Strapsen, die jedem Mann einen blasen würden. Und mein Liebster möchte in jedem Falle öfter Sex außerhalb des Bettes haben. Outdoor. Auch das haben wir notiert. Andere Erlebnisse wiederum lassen sich sicherlich nur begrenzt planen, wir haben uns also Spielraum für Spontanität gelassen. Und wiederum andere erste Male haben wir für uns ausgeschlossen. Wir sind beispielsweise nicht scharf darauf, mit unseren Exkrementen zu spielen, und es ist auch klar, dass mich niemals, egal zu welchem Ereignis, ein anderer Mann berühren wird. Aber darum geht es mir auch nicht. Ich bin nicht scharf darauf, mit anderen Männern zu schlafen, und ich brauche diesen Selbstversuch auch nicht als Vorwand, um fremdzugehen. In unserem Gespräch stelle ich jedoch fest, dass ich nicht abgeneigt wäre, meinen Liebsten im Umgang mit einer anderen Frau zu beobachten. Ich kann hier und jetzt noch nicht sagen, wo meine Grenzen liegen. Aber ich bin zumindest offen für vieles.

Uns als Paar geht es darum, Sex wieder zu leben. Ganz bewusst mit Haut und Haaren und ihn nicht einfach nur geschehen zu lassen. Mein eigener, persönlicher Anspruch geht jedoch darüber hinaus. Ich möchte meine sexuellen Grenzen kennenlernen, mich an mich selbst herantasten, um zu erfahren, welche Facetten mir die

Welt der Sexualität neben dem Mittwoch-Samstag-Montag-Sex noch bieten kann.

Mir ist bewusst, dass die Sexualität eines der kompliziertesten Themen des menschlichen Lebens darstellt, insbesondere des Zusammenlebens. Das Thema enthält Konfliktpotenzial, es besteht immer die Möglichkeit, Enttäuschungen zu erleben und einander zu verletzen. Jedoch: Wenn ich bereits jetzt in so jungen Jahren mit dieser Herausforderung konfrontiert werde, dann nehme ich diese dankbar an. Denn ich glaube nicht, dass das Thema mit den Jahren leichter wird. Ich befürchte viel eher, mein Liebster und ich könnten in eine Spirale der Lustlosigkeit und des 08/15-Sex geraten, aus der sich immer schwieriger ein Weg heraus finden lässt.

Ich könnte es nicht ertragen, meine Beziehung in zehn oder 15 Jahren wegen unüberbrückbarer Differenzen in Sachen Sexualität aufgeben zu müssen. Das möchte ich nicht zulassen. Daher werde ich mich in diesem Selbstversuch mit neuen erotischen Erlebnissen auseinandersetzen. Der genaue Plan sieht wie folgt aus: Uns erwarten insgesamt 33 erste Male. Wir möchten ungefähr ein neues erstes Mal pro Woche erleben, haben demnach nun 33 spannende Wochen vor uns. In knapp acht Monaten wären wir durch mit dem Experiment. Unvorhersehbare Unterbrechungen, die auftauchen könnten, wurden nicht mit eingerechnet.

Acht Monate.

33 erste Male.

Auf die Plätze, fertig, los …!

SATURDAY NIGHT FUCK

SANFTER START?

Die Maulerei meines Liebsten in Bezug auf unser Sexleben kommt mir wie gerufen. Denn nun habe ich endlich ein Argument, um ihn in eine der weltbekannten Berliner Sexdiscos zu schleppen, in denen gerne, die Beschreibung lässt es erahnen, auch mal gepoppt wird. Bereits vor ein oder zwei Jahren hatte ich den Wunsch geäußert, zum Partymachen in den KitKatClub oder ins Insomnia gehen zu wollen. Beide Clubs sind wahre Institutionen in Berlin, seit Jahrzehnten treffen sich dort Partypeople, Exhibitionisten, Nachtschwärmer, einsame Seelen und verrückte Sexsklaven. Den KitKatClub kennt man als Berliner einfach. Warum, weiß ich auch nicht. Das Insomnia ist mir irgendwann einmal während einer nächtlichen TV-Doku über das Berliner Nachtleben aufgefallen. Ich konnte kaum glauben, dass es tatsächlich Discos mit Fickzimmern geben sollte. Ich saß begeistert und fasziniert vor dem Fernseher und habe mir fest vorgenommen, solch einen Club auch mal zu besuchen.

Das Schöne an den Clubs soll wohl sein, dass sie in erster Linie eine Partylocation sind, in denen in zweiter Linie auch gepoppt werden kann. Ich stelle mir diese Kombination aus Club und Sex angenehmer vor als einen Swingerclub. Swingerclubs schreien ja nach »jetzt bitte alle die Partner tauschen« und sind eben genau darauf ausgelegt. Das ist mir zu platt. So weit bin ich noch nicht. Und wie ich auch schon erwähnt hatte, geht es mir nicht darum, andere Menschen zu poppen.

Damals schlug mir mein Liebster den Wunsch nach einem Besuch in solch einer Diskothek ab. Er meinte, man könne nicht sicher sein, was dort passieren würde. Was mit uns passieren könnte. Ob sich unsere Beziehung nach dem Besuch eines solchen Etablissements wandeln würde. Es gab heftige Diskussionen um dieses Thema, ich konnte seine Einwände nicht verstehen. Ich wollte doch nur mal gucken! Und laut Internetrecherchen soll auch bloßes Zuschauen möglich sein. Niemand werde gezwungen, bei irgendwas mitzumachen. Jetzt gibt es keine Ausreden und kein Nein mehr.

Dafür haben wir keine Zeit, die nächsten acht Monate sind so gut wie durchgeplant! Jetzt brauchen wir einen Start für unser Sexperiment!

Es ist ein später Sommertag, der irgendwie schon nach Herbst riecht. Die Luft ist noch angenehm mild, aber längst nicht mehr so stickig und staubig wie im Hochsommer. Die Blätter der Bäume färben sich ganz langsam bräunlich und rötlich, auf die Straßen fallen erste Kastanien. Meine Argumente für diesen ersten Schritt auf dem Weg in ein aufregenderes Sexleben haben überzeugt. Fest steht, dass wir an diesem Samstag in einen der legendären Sexclubs gehen möchten. Mein Liebster darf den Club aussuchen und entscheidet sich für unser erstes Mal für das Insomnia in Tempelhof. Ich stimme zu, denn letztlich ist es mir egal, wo unsere Reise beginnt. Nachdem sich mein Liebster einige Zeit auf der Homepage des Clubs herumgetrieben hat, scheint sich seine Skepsis von vor zwei Jahren in wahre Vorfreude gewandelt zu haben. Er präsentiert mir seine Rechercheergebnisse, zu denen auch zahlreiche Verhaltensregeln für den Besuch eines solchen Clubs gehören.

Zu den Regeln gehört unter anderem, dass Anfassen nur einvernehmlich stattfinden darf und durch Augenkontakt, Gesten oder Worte abzuklären ist. Wer sich an diese Regeln nicht hält und etwa »rumgrapscht«, wird rausgeschmissen. Regel ist auch, dass auf absolute Körperhygiene zu achten ist, im Club überall Kondome und Desinfektionstücher ausliegen. Die Dresscodes variieren je nach Partymotto. Mal reicht es, »sexy, kinky, in Abendgarderobe, schwarz« zu erscheinen, manchmal muss es »Fetisch, SM, Lack oder Leder« sein.

»Was steht heute Abend an?«, frage ich aus der Küche in Richtung Wohnzimmer. Mein Liebster sitzt immer noch an seinen Recherchen. Er kann es gar nicht leiden, unvorbereitet neue Herausforderungen anzugehen. Beruflich stimme ich ihm da voll und ganz zu. Privat nehme ich das Ganze etwas lockerer und lasse mich gern überraschen. Das Lachsfilet brutzelt in der Pfanne, während ich den Weißwein öffne, um eine neue Soßenkreation anzumachen. Ich finde, es gibt nichts Vollkommeneres, als vor einer anstehenden Partynacht richtig gut, aber leicht, zu essen. Erstens hält man mit gut gefülltem Magen nachts länger durch. Zweitens läutet es irgendwie eine Art Ritual ein, miteinander zu essen. Ich habe mich deswegen, auch um den Start unseres Experimentes zu feiern, für Lachsfilet an Weißwein-Basilikum-Schaum mit Endiviensalat entschieden. Zum Nachtisch gibt es feine Pralinen aus Vollmilchschokolade. Mein Liebster ist ein echter Pralinenfan.

Während ich mich der Soße widme, ruft mir mein Liebster einige wichtige Stichpunkte für heute Abend zu. Im Grunde wissen wir nicht wirklich, was heute auf uns zukommt. Ja, es soll in dem Club heiß hergehen. Aber was genau heißt das schon? Niemand kann uns vorab sagen, welche Gefühle uns durchfahren, wenn wir etwa zum ersten Mal ein anderes Paar intim beobachten. Niemand kann uns sagen, was wir tun, wenn uns vor Ort die Lust packt. Es bringt also nichts, im Vorhinein wild zu spekulieren, beschließe ich insgeheim und wende den Lachs.

»Der Dresscode für heute Nacht lautet ›Elegante Abendgarderobe-Verführerisch-Fetisch‹«, liest mir mein Liebster vor. Allein in der Küche stehend, nicke ich, gehe in meinem Kopf einmal meinen Kleiderschrank von links nach rechts durch und stelle mir mein Outfit für heute Nacht zusammen, während ich noch etwas Weißwein zum Soßenschaum gebe.

»Was ziehst du an?«, ruft er mir zu. »Wirst du schon sehen«, antworte ich. »Willst du wissen, wie sich die Party heute Abend nennt?« – »Jo!«, rufe ich zurück.

Vor knapp drei Jahren habe ich meine eigene kleine Wohnung in Steglitz aufgegeben und bin zu meinem Liebsten nach Charlottenburg gezogen. Die Wohnung ist ideal für zwei Personen, die eh kaum zu Hause sind. Wir haben zwei großzügig geschnittene Zimmer, eine wundervoll helle, längliche Küche, in der ich vor einem halben Jahr die Fliesenfugen geweißt und die Wände in

Der Dresscode in solch einem Club darf in keinem Fall auf die leichte Schulter genommen werden. »Sexy« bedeutet nicht, dass es reicht, wenn Mann einfach im Schlüpper daherkommt, auch wenn manch ein Mann sich in Unterwäsche vielleicht sexy findet. Die Unterwäsche sollte im besten Falle schwarz und gepflegt sein. Ein kleiner Reißverschluss für den leichteren Eingriff kann schon viel aus Boxershorts machen. Und auch die Frauen dürfen sich Mühe geben. Schwarz geht immer. Kurze Röcke, schöne Strümpfe, Korsagen oder durchsichtige Tops sind Klassiker für den Besuch eines solchen Etablissements. Auch schwarze Cocktailkleider mit sexy Strümpfen und hohen Schuhen sind eine sichere Variante, um weder under- noch overdressed zu sein. Auf farbige Varianten oder wilde Muster sollten Mann und Frau lieber verzichten.

zartem Hellgrau gestrichen habe. Das passt wunderbar zu der weißen Einbauküche. Das Bad ist quadratisch und praktisch. Eine Generalüberholung wäre nicht schlecht. Aber wer hat schon Lust, das Bad zu renovieren? Das Lustige an der Wohnung ist, dass die Akustik von Raum zu Raum schlecht ist. Stehe ich etwa in der Küche, um zu kochen, und mein Liebster spricht mit mir, während er im Wohnzimmer am Schreibtisch sitzt, verstehe ich ihn kaum. Deswegen rufen wir uns die Informationen für heute Abend zu.

»*Saturday Night Fuck – Die wilde Orgie*«, antwortet mein Liebster und ich stutze kurz. Okay. Orgie? Ich grübele kurz nach.

»Was soll das heißen, ›Orgie‹?«, rufe ich noch mal zurück.

»*Ein bacchanatisches Fest, ganz in der Tradition der ausschweifenden, römischen Orgien, wo sich alles miteinander vereint. Feiern, Flirten, Essen, Tanzen, Vögeln. Bis Mitternacht sammelt sich das feierwütige Partyvolk in dem edlen, sündigen Ballsaal. Kühle Drinks ohne Limit, kleine Leckereien fliegen in die hungrigen Münder, Kommunikation & Interaktion mit Gleichgesinnten und der Taktmeister*

stimmt mit treibenden Beats die Gemeinde der Lust auf den Herz-
schlag der Nacht ein.

Dann eröffnet die Königin der Sünde Dominique das orgiastische
Treiben mit einem mystischen Ritual, in dem sich die Ladys des ›Clubs
der Nymphomaninnen‹ der süßen Lust hingeben und Euch zu ver-
botenen Spielen verführen. Gib Dich ihnen und Deiner Lust hin, in
unseren Spielräumen, dem Whirlpool, der einladenden Bar, dem Kli-
nikraum oder direkt auf der Tanzfläche bei Spielen zu zweit, zu dritt
oder einer Orgie mit vielen.

Das INSOMNIA präsentiert diese All Inclusive Party, die keine
Wünsche offen lässt, und lädt zu einer unvergesslichen Erfahrung.
Die Atmosphäre dieser außergewöhnlichen Party wird Dir den Kopf
verdrehen und Dich süchtig machen nach dieser Saturday Night. Fuck
the Saturday Night @ Saturday Night Fuck«[1], liest mein Liebster laut
die Ankündigung auf der Homepage vor.

Ich hoffe, es steht gerade niemand im Hausflur, der unser Geschreie mitbekommen könnte. Ich starre den Fisch an. Langsam
gehe ich dann in Richtung Wohnzimmer, um doch noch mal eine
kurze Frage in normaler Lautstärke zu stellen.

»Fuck the Night @ *Saturday Night Fuck*? Das hört sich tenden-
ziell mehr nach Sex, weniger nach Party an«, analysiere ich eben
Gehörtes.

»Ja, das ist richtig«, antwortet mein Liebster trocken.

»Ich möchte dich etwas fragen: Vor zwei Jahren haben wir zwei
Tage lang darüber diskutiert, ob wir in solch einen Club gehen, oder
nicht. Du warst strikt dagegen. Und jetzt willst du mit mir auf eine
Fickparty gehen? Bist du dir ganz sicher?«

»Ja. Ich entwickele mich eben weiter. Außerdem will ich jetzt
wissen, ob sich die Ankündigungen auf der Homepage bewahr-
heiten werden. Du hast doch gesagt, wir müssen irgendwann den
ersten Schritt machen. Hier ist er. Wir gucken ja nur. Wir müssen
nicht mitmachen. Steht hier alles bei den Spielregeln.« Schelmisch
grinst er mich an und zeigt auf einen seiner PC-Monitore. Ich nicke

zustimmend, schmunzele in mich hinein und schlurfe zurück in Richtung Küche. Die Sonne geht langsam unter und wirft ein warmes Licht auf meinen Herd. Mein Liebster hat Blut geleckt. So viel steht fest. Das ist gut. Denn solch eine Aktion wie heute Abend kann nur gelingen, wenn beide Partner wirklich wollen. Ohne Diskussion. Ohne Überredungskünste und Streitereien im Vorfeld.

Während ich das Baguette in Scheiben schneide, denke ich nach. Sex ist uns beiden sehr wichtig. Kurz vor meinem 15. Geburtstag hatte ich mein erstes Mal und der Sex wurde im Laufe der Jahre immer besser. Ich flirte zu angebrachten Anlässen unglaublich gerne. Sex macht mir am meisten Spaß, wenn ich spielen kann. Wenn ich verführe und dem Mann zeigen kann, wie heiß ich auf ihn bin. Gleichzeitig werde ich aber auch sehr gerne kunstvoll verführt und überrascht. Es ist aber nicht so, dass ich in stressigen Phasen nicht auch auf Sex verzichten könnte. Wenn ich immer Lust hätte und immer hundert Prozent geben würde, dann wäre dieser Selbstversuch nicht nötig. Ich finde es schon schwierig, jemandem, den man seit zehn Jahren kennt, zu zeigen, wie sexy man ihn findet. Wie sehr man ihn begehrt. Es ist viel leichter, scharf auf unbekannte Haut, fremde Gerüche und fremde Hände zu sein als auf die, die man seit zehn Jahren anfassen und fühlen darf. Das ist gemein. Aber es ist in der Natur des Menschen so angelegt, sich an Dinge zu gewöhnen.

Meinem Liebsten ist die Konstanz von Sex noch um einiges wichtiger als mir. Wenn er merkt, dass er körperliche Sehnsucht nach mir hat, kommt er in der Regel sofort auf mich zu und erinnert mich daran, dass etwas Sex mal wieder nicht schlecht wäre. In der Regel überlege ich dann kurz, wann wir das letzte Mal Sex hatten. Vor zehn Tagen? Vor fünf? Doch, ja, erinnerst du dich nicht? Es war an dem Sonntagmorgen, bevor wir zu meiner Mutter gefahren sind, weil ihr Keller unter Wasser stand. Ich schnaufe tief durch und finde auch, etwas Sex wäre mal wieder nicht schlecht. Aber auch das reicht jetzt nicht mehr. Es reicht meinem Liebsten nicht mehr, am Sonntagmorgen schnell einen Quickie durchzuziehen. Deswegen unterstützt er mich bei den Recherchen für unser erstes Mal im Sexclub auch proaktiv und voller Elan.

Gegen 23 Uhr stehe ich fertig aufgebretzelt im Schlafzimmer und rücke meine Netzstrümpfe zurecht. Ich trage einen High-Waist-Stretchrock, den ich nach Belieben ultrakurz oder normal lang tragen kann. Ich muss ihn dafür nur an der Taille hoch oder runter schieben. Dazu eine durchsichtige, ärmellose Bluse und einen schwarzen Push-up-BH mit ordentlich Push. Meine Netzstrümpfe ziert hinten am Bein eine Art Korsett, denn die Strümpfe werden an jedem Bein durch eine Schnürtechnik zusammengehalten, die an der Achillessehne in einer pinken Schleife mündet. Ich trage roten Lippenstift, einen klassischen Lidstrich und rote Nägel. Meine Schuhe sind High Heels aus Wildleder, knöchelhoch, mit 14-Zentimeter-Absätzen und Riemchen über dem Spann. Ich liebe diese Schuhe. Dank des Plateaus kann ich stundenlang darin tanzen. Das Wildleder ist weich und schnürt nirgendwo ein. Mein Liebster geht ganz in Weiß. Weiße Leinenhose, weiße Schuhe, weißes Bodyshirt. Er sieht sexy aus, so viel steht fest. Durch das Bodyshirt hindurch kann man erahnen, wie gut austrainiert seine Bauchmuskulatur ist. Meinetwegen hätte er auch ein geöffnetes weißes Hemd tragen können. Dann könnte ich immer wieder seine glatte Haut streicheln und die Wärme seines nackten Körpers spüren. Die Figur für ein offenes Hemd hat er allemal. Aber in dem Bodyshirt fühlt er sich wohler, sagt er. Ja, es ist nicht leicht, auch nach zehn Jahren zu zeigen, wie sexy und begehrenswert man seinen Partner findet. Dabei habe ich es leicht, spricht mich mein Liebster optisch doch wahnsinnig an. Er ist 1,81 Meter groß, somit knapp 20 Zentimeter größer als ich. Er hat dunkelbraune Haare, die sich am Oberkopf leicht locken, wenn er kein Gel oder Haarspray verwendet. Ich liebe Locken bei Männern. Das ist einfach extrem erotisch für mich. Seine Augen sind grün, die hat er von seinem italienischen Papa, und wunderbar geschwungene Lippen. Sein Oberkörper ist, seit ich ihn kenne, durchtrainiert und muskulös. Er geht zwei- bis dreimal in der Woche zum Fitness. Ich muss ihm viel öfter zeigen, wie sexy ich ihn finde, beschließe ich, als ich noch einen Tropfen Parfüm auflege und zu ihm hinüberschiele.

Wir fahren nach Tempelhof und sprechen während der Fahrt nur wenig. Der Weißwein vom Abendessen verbreitet ein warmes Gefühl der Geborgenheit in mir. Ich bin gespannt, was uns heute erwarten wird. Es ist eine sehr bodenständige Vorfreude, ich kann nicht sagen, dass ich nervös bin, geschweige denn ängstlich.

»Sprechen wir uns noch ab, was wir tun dürfen und was nicht? Wollen wir noch unsere eigenen Regeln festlegen?«, frage ich meinen Liebsten, der gerade die Autobahnabfahrt in Tempelhof nimmt.

»Nein. Wir bleiben die ganze Zeit über zusammen und ich tue nichts, ohne dich vorher zu fragen. Und umgekehrt genauso.«

»Okay, einverstanden«, sage ich. Er legt seine Hand auf meine bestrumpften Beine und streichelt mich sanft.

Wir klingeln an der Tür zum Club und bitten, kurz vor Mitternacht, um Einlass. Wir betreten den Eingangsbereich mit seinen hohen Decken. Gold, Schwarz und Rot dominieren, an der Wand hängen abstrakte Bilder in den gleichen Farben, direkt hinter dem Eingang befindet sich eine uneinsehbare Umkleidekabine. An der Garderobe stehen bereits zwei Herren, nur in schwarze Boxershorts gekleidet, und geben ihre Jacken ab. Es riecht nach Sandelholz und Myrrhe. Die Luft ist schwer, gleichzeitig sinnlich anders als alle Gerüche, die man tagsüber so um sich hat. Als Paar zahlen wir 60 Euro Eintritt, Getränke und Snacks sind hierbei inklusive. Wir müssen unsere Handys an der Garderobe abgeben, worauf ich natürlich gar nicht scharf bin. Aber gut. Ich hätte es auch nicht gern, heimlich beim Clubbesuch fotografiert zu werden. Drei Treppen geht es nach oben in den Ballsaal. An der Bar sitzen bereits zahlreiche Paare. Auch die roten Ledersofas, die um die Tanzfläche herum drapiert sind, sind gut gefüllt. Am Kopf der Tanzfläche, an der hohen Wand des Ballsaales, hängt eine riesige Leinwand, auf der ein ebenso riesiger Porno abgespielt wird. Einer zierlichen Blondine wird soeben ein mit Diamanten besetzter Analstöpsel eingeführt. Die Räumlichkeiten des Clubs sind beeindruckend und stilvoll. Den XXL-Porno an der Wand finde ich hingegen äußerst billig und platt. Man hätte dort doch auch schöne Tänzerinnen oder eine Burlesque-Show laufen lassen können, oder?

Wir quetschen uns neben einige halb nackte Paare an die Bar und bestellen etwas zu trinken. Besser gesagt: Ich bestelle, denn mein Liebster verschwindet auf die Toilette. Der unglaublich gut gebaute und charmante Barkeeper M., mit seinem 150er Oberarm und um den Po herum ausgeschnittenen Boxershorts fragt charmant erst nach meinem Namen und dann, was ich trinken möchte. Ich glaube, ich werde rot, als er mir seinen nackten, prallen Po hindreht, um meine Getränke zu mixen. Hat aber keiner gesehen. Mein Liebster gesellt sich wieder zu mir und berichtet mir von einem Whirlpool, Duschen und Massageräumen, die er eben auf seinem Weg zu den Toiletten entdeckt hat. Wir stoßen an und warten mit den anderen herumstehenden Damen und Herren auf das angekündigte Show-Spektakel um Mitternacht.

Um es kurz zu machen: Der angekündigte Show Act, den die »Königin der Sünde« mit ihren »Nymphomaninnen« vollzieht, ist eine billige Hardcore-Inszenierung, bei der weder bei mir noch bei meinem Liebsten sexuelle Gefühle aufkommen. D. ist eine gestandene, dralle Blondine mittleren Alters, die dominant und selbstsicher ihre Kurven in Szene zu setzen weiß. Sie und ihre drei Nymphos, eine Asiatin, eine Afrikanerin und eine Europäerin, vollziehen das »mystische Ritual«, indem sie sich gegenseitig riesige Dildos reinschieben, D. Schlösser und Gewichte an die Schamlippen der Mädels hängt und diesen forsch mit einer kleinen Peitsche auf den Arsch haut, damit sie den Dildo schneller bumsen. D. strahlt hierbei für mich weder Sinnlichkeit noch Erotik oder Eleganz aus, die Dame wirkt hektisch und ist noch weit entfernt davon, mich zu verbotenen Spielen zu verführen. Das sage ich jetzt nicht, weil ich als Frau vielleicht nicht mit ansehen kann, wie sich andere Frauen mit einem Doppeldildo bumsen. Nein. Es ist wirklich eine objektive Betrachtung des Geschehens, und das lässt mich, bis zu einem gewissen Punkt, völlig kalt. Denn dann, an diesem gewissen Punkt, tun die Damen etwas, mit dem ich so, unerfahren wie ich bin, natürlich nicht gerechnet habe.

D. lockt die drei Mädels, die übrigens Katzenmasken und Katzenschwänze tragen, mit Hilfe des Doppeldildos zu einer kleinen Spielwiese aus Leder, die an der Seite der Tanzfläche steht, die von allen Seiten beobachtet werden kann. Die drei Damen legen sich genüsslich auf die Spielwiese, fummeln noch kurz an sich herum und spreizen die Beine, bis D. ihnen einige Herren aus dem Publikum zur Seite stellt. Diese Herren folgen den Anweisungen von D. und beginnen augenblicklich, die drei Mädels zu lecken.

Ich muss die Situation kurz sacken lassen und bestelle beim Barkeeper schnell meinen zweiten Campari O. Da liegen jetzt tatsächlich drei ... was auch immer ... Prostituierte oder Nymphomaninnen auf der Spielwiese und lassen sich von wildfremden Männern die Muschi lecken. Und drum herum stehen und sitzen circa 80–100 Zuschauer, zu denen auch ich gehöre. Ich sitze in einiger Entfernung zum Geschehen und kann nicht hundertprozentig erkennen, was abgeht. Aber die Bewegungen, die sich nun um die Spielwiese herum abzeichnen, lassen eindeutige Schlüsse auf Geschlechtsverkehr zu. D. schlendert weiter durch die Reihen und schnappt sich willige Herren, die sich dann oral von den Mädels befriedigen lassen, während die Lecker vom Lecken zum Bumsen übergehen. Kondome stehen überall zur Verfügung, schnell werden die Verpackungen aufgerissen und die Dinger übergestülpt.

Der DJ dreht die House-Musik noch etwas lauter, die Lichtanlage kommt zum Einsatz und schwupps, verwandelt sich eben besagtes, skurriles Szenario in eine Diskothek, in der eben auch gefickt wird. Die Tanzfläche füllt sich langsam, einige Paare verschwinden in den hinteren Bereich in Richtung Whirlpool, andere begeben sich in die zweite Etage, von der aus man auf die Tanzfläche herunterschauen kann. Es herrscht ganz leichter Männerüberschuss. Das Durchschnittsalter liegt bei 40–45 Jahren, körperlich ansprechend finde ich von all den anwesenden Personen genau drei Frauen (blond, schlank, großer Busen) und zwei Herren (den Barkeeper und den Freund von einer der Blondinen). Mein Liebster steht neben mir und wippt im Takt der Musik. Er hat die Augen dabei geschlossen und saugt die Atmosphäre in sich auf.

»Schatz. Da vorne wird gefickt!«, unterrichte ich ihn.

»Ich weiß. Deswegen sind wir hier. Geh, stell dich davor und schau zu«, fordert er mich auf. Mit einem Schmunzeln auf den Lippen rutsche ich unsicher vom Barhocker herunter. Ich brauche circa fünf Minuten, bis ich mich überwunden habe, auf die Spielwiese zuzugehen, um die auch andere Personen herumstehen und zuschauen. Es ist, als müsste ich eine innere Schamgrenze überschreiten, die da sagt: »Du kannst dich doch nicht einfach davorstellen wie in einem Museum und den anderen beim Vögeln zuschauen.« Doch. Das kann man. Tun andere Paare, die drum herum stehen, ja auch. Es stehen sogar Männer um die Spielwiese herum, die sich beim Zuschauen selbst befriedigen. Die Nymphomaninnen machen ihren Job wirklich gut und halten die Männer gekonnt bei Laune. Einer nach dem nächsten wird abgefertigt. Frauen sitzen daneben, die ihren Partnern beim Bumsen das Händchen halten. Kondome werden aufgerissen, mit Taschentüchern der Schritt abgewischt, Gleitgeltuben stehen auf kleinen Tischen neben der Fickwiese.

Die dunkelhäutige Katze streckt ihren Po in meine Richtung und windet sich unter den schnellen Stößen eines Mannes, der sie nun von hinten nimmt. Ein anderer Mann massiert ihren Busen und ich frage mich, wie sich ihre Haut wohl anfühlt. Ich registriere dabei, während ich diesen Gedanken hege, dass mein Höschen feucht wird. Eine kleine Kribbelwelle durchfährt mich, das Blut schießt mir in den Kopf und meine Hände werden feucht. Nebelschwaden erfüllen die Tanzfläche und ziehen langsam zur Fickwiese herüber. Die Eier des Mannes klatschen im Takt der Musik an den

Po der dunklen Nymphomanin. Die asiatische Katze liegt mit weit gespreizten Beinen direkt daneben. Ein hagerer Mann, der einen Tanga aus Leder und eine schwarze Maske trägt, leckt sie in langen, langsamen Zügen. Eine andere Frau, irgendeine, die eben gerade daneben steht, masturbiert ihn währenddessen mit der Hand.

Meine Nippel werden hart und ich lecke mir leicht über die Lippen. Es ist mir egal, ob dies mein erster Abend in solch einem Etablissement ist. Ich frage mich nicht, warum diese Menschen den öffentlichen Sex hier genießen und was dahintersteckt. In dem Moment, in dem ich hier mit feuchtem Höschen und harten Nippeln vor der Fickwiese stehe und wildfremden Menschen bei der eigentlich intimsten Zusammenkunft des Lebens zuschauen kann, in diesem Moment kann ich es verstehen. Ich weiß, warum sie hier sind. Weil es geil ist. Es ist einfach, es ist geil, es ist anders. Ich achte nicht darauf, wie viele Frauen mit Hängebusen und Schwabbelpo hier herumlaufen. Es stört mich nicht, dass ich offensichtlich die Jüngste hier bin und die meisten Männer das Potenzial hätten, mein Vater zu sein. Denn ich bin mit meinem Mann hier, der entspannt am anderen Ende des Raumes steht und auf meine Rückkehr wartet. Und ich hätte es nicht für möglich gehalten, aber es macht mich sogar an, Menschen beim Ficken zuzuschauen, die nicht in mein persönliches Beuteschema passen.

Ich hole meinen Liebsten an der Bar ab. Er zeigt auf zwei Frauen und erzählt mir, dass diese seit einigen Minuten immer wieder um ihn herumgeschlichen sind, sich jedoch nicht getraut haben, ihn anzusprechen. Die Frauen sind attraktiv. Groß, einigermaßen schlank, schöne Busen und lange Haare. Mein Liebster meint, obwohl er an der Bar stehen blieb, während ich mich bei der Spielwiese herumtrieb, wäre es spürbar für jeden, dass wir zwei zusammengehören. Ich schmunzele über seine Beobachtung und küsse seine Hand. Wir machen uns auf, die obere Etage zu erkunden. Dort geht es auch schon ordentlich zur Sache. Himmelbetten und Spielwiesen sind gut gefüllt. An der Brüstung des Balkons wird geblasen, gefingert und geleckt. Ich werfe einen Blick hinunter auf die Tanzfläche und bewege mich im Takt der Musik. Mein Liebster drängt sich an mich und reibt sich an mir.

»Bist du heiß?«, fragt er direkt in mein Ohr und ich nicke.

»Komisch«, sagt er, »ich überhaupt nicht.«

Ich stutze und fasse ihm in den Schritt. Tatsächlich. Keinen halben Meter neben uns bekommt ein Mann einen Blowjob von einer jungen Dunkelhaarigen im Korsett. Aber bei meinem Liebsten tut sich nichts. Damit hätte ich nicht gerechnet. Ich bin wirklich überrascht. Überfordert ihn das Ganze zu sehr? Nein, das glaube ich nicht. Er macht eigentlich einen ganz gelassenen Eindruck und ich weiß, dass dies hier eine Erfahrung für ihn ist, die er noch sehr lange in Erinnerung behalten wird. Aber warum steht er nicht?

»Fass mir in den Schritt«, hauche ich ihn an und lecke über seine Lippen. Er tastet unter meinem Rock, durch die Netzstrümpfe hindurch nach meiner Muschi. Sein Blick erhellt sich, als er meine Feuchte zu spüren bekommt.

»Jetzt ist er hart«, flüstert er und küsst meinen Hals. Ich lache auf.

»Das habe ich mir gedacht.«

»Du bist eben die Einzige, die mich richtig anmacht. Kaum berühre ich dich, regt sich alles in mir. Weil ich dich liebe«, erklärt er. Würde direkt neben uns nicht gerade eine Frau von zwei Männern gleichzeitig gefingert werden, hätte ich jetzt, nach dieser Liebeserklärung, sogar Tränen in den Augen.

»Das hast du schön gesagt. Ich liebe dich auch. Aber was, wenn ich möchte, dass du eine andere Frau anfasst?«

»Das kommt darauf an, wo ich sie anfassen soll.«

»Die Dunkelhäutige. Ich möchte nachher zusehen, wie du ihren Arsch anfasst, damit ich weiß, wie ich darauf reagiere.«

Er zuckt mit den Schultern und willigt ein. Ich hatte mir nicht vorgenommen, solch eine Situation entstehen zu lassen. Aber wenn wir schon mal hier sind … Ich tanze an der Brüstung im Beat der Musik und presse meinen Hintern an den harten Schwanz meines

Liebsten. Er langt von oben in meine Bluse und knetet meine Brust. Barkeeper M. steht unten an der Bar und beobachtet uns.

Die dunkelhäutige Nymphomanin gönnt es sich ohne Unterlass. Mein Liebster wagt es, sich elegant neben sie auf die Fickwiese zu setzen, während sie von hinten genommen wird. Er fasst nach ihrem Po und streichelt ihre dunkle Haut. Ich lächle ihm zu und beobachte das Geschehen. Juckt mich nicht. Im Gegensatz zu einer späteren Situation, in der ich doch etwas Eifersucht in mir aufkeimen spüre. Die Europäerin liegt seitlich auf der Spielwiese, hinter ihr ein Mann. Ihre Brüste quellen aus dem BH heraus, beide Nippel sind gepierct. Ihre Haut ist glatt und glänzt. Mein Liebster fragt, ob er ihre Wade streicheln darf. Ich zucke nur mit den Schultern und lasse ihn. Mit sanften Streichbewegungen massiert er ihre Wade, ich stehe daneben und schaue zu. Ich überlege noch kurz, ob ich es ertragen könnte, wenn er nun auch ihre Brüste anfassen würde, aber der Gedanke fühlt sich gar nicht gut an. Beziehungsweise: Der Gedanke daran, wie er ihre schweren, gepiercten Brüste in der Hand hält und diese streichelt, macht mich schon an. Gleichzeitig fühle ich mich dabei aber auch unwohl und ich weiß instinktiv, dass diese Vorstellung lieber ein Gedanke bleiben sollte.

»Darf ich dich jetzt ficken?«, fragt mein Liebster, nachdem er mit Streicheln fertig ist und wir uns auf der Tanzfläche küssen. Es ist schön, sich keine Gedanken darum machen zu müssen, ob man vielleicht zu sexy tanzt oder sich zu sexy gibt. Ich nicke und folge ihm in den hinteren Bereich in Richtung Whirlpool. Dort befindet sich auch ein Klinikraum mit Gyn-Stuhl und Separee, das mit einem Vorhang zugezogen werden kann. Eine Wand aus roten Glasziegeln schützt ein wenig vor flüchtigen Blicken. Wirklich allein und ungestört kann man jedoch nirgendwo sein. Ich stelle mich an die kalte Glaswand hinter einen Vorsprung und ziehe meinen Liebsten an mich. Er küsst mich und fingert meine Muschi. Ich blicke immer wieder über seine Schulter hinweg und erhasche neugierige Blicke, die uns für einige Sekunden beobachten. Zu sehen, wie mich jemand beobachtet, während ich gefingert werde, ist spannend. Es ist ein Kick, der mir wie ein Rausch die Wirbelsäule auf und ab fährt. Mein Liebster muss meine Strumpfhose im Schritt zerreißen, um in mich eindringen zu können. Er hebt mich hoch, ich stelle einen Fuß auf dem Gyn-Stuhl ab. Während er in mich eindringt, erhasche ich wieder neugierige Blicke, die nicht viel sehen können. Dennoch wissen sie, dass ich gerade gebumst werde.

Als wir gegen drei Uhr nachts unsere Garderobe abholen, erfahre ich, dass es heute Nacht eher leer als gut besucht war. Gut zu wissen, finde ich und bedanke mich bei der freundlichen Dame an der Garderobe für den schönen Abend. Meine Kleider riechen immer noch nach Sandelholz, als ich sie daheim im Bad ausziehe und meine blonde Langhaarperücke ablege. Ich rieche noch einmal an meinem Rock, ehe ich mich abschminke und zu meinem Liebsten ins Bett lege.

OB DIESE ERFAHRUNG MEIN SEXLEBEN BEREICHERT HAT?

Ja. Es war so ganz anders, als ich dachte, und viel natürlicher, als ich es mir vorgestellt habe. Vielleicht, weil ich eine sexuelle Neigung an mir entdecken konnte? Weil ich insgeheim schon seit Jahren wusste, dass ich mich dort wohlfühlen könnte? Ich weiß es nicht. Aber fest steht, dass wir gern wieder einen Sexclub besuchen möchten. Es ist ein unbeschreiblicher Kick, der, wohl dosiert, dazu beiträgt, frischen Wind ins heimische Bett zu bringen.

DAS ERSTE ROLLENSPIEL

STAUBIGES ZIMMERMÄDCHEN

Tatsächlich hat mich mein erster Roman *Höschenblues* zu diesem Thema inspiriert. In *Höschenblues* versucht Sexliebhaberin Lilly, ihren Verlobten Bastian, der im Bett eher zurückhaltend ist, mit einer Zimmermädchenverkleidung aus der Fassung zu bringen:

Meine kinnlangen Haare klatschte ich mir eng an den Kopf und setzte dann das Käppchen auf. Hot. Von innen klopfte ich an die Badezimmertür und rief ein verruchtes »Zimmerservice«, bevor ich mich tänzelnd und staubwedelnd zu Bastian ins Schlafzimmer vorwagte. Mein Herz schlug mir bis zum Hals. Ich war so gespannt, wie er auf meine Verkleidung reagieren würde. Rollenspiele hatten wir noch nie zuvor ausprobiert und ich war mir nicht sicher, was Bastian davon hielt. Aber in dieser Nacht war mir nicht nach unserem üblichen zehnminütigen Schmusesex. Ich wollte mehr. Mehr Bastian, mehr Sex, mehr Schweiß und mehr Sperma auf meinem Körper. Also gab ich als Zimmermädchen mein bestes. Als er mich erblickte, schürzte er beeindruckt die Lippen.

»Aha«, sagte er und sah mir dabei zu, wie ich ihm meinen Po, der nur bis zur Hälfte mit dem Zimmermädchen-Outfit bedeckt war, entgegenstreckte und völlig unbeirrt die Wände abwedelte.

Den weiteren Werdegang der Aktion hatte ich mir im besten Fall so vorgestellt: Irgendwann sollte er sich hinter mich stellen und mich begrapschen. Ganz langsam sollte er über den Lack des Outfits streichen, meine Brustwarzen ertasten und diese sanft drücken. Während eine Hand meine Brust festhielt, sollte die andere nach unten gleiten, mir zwischen die Beine fassen und ganz zaghaft anfangen, meine Schamlippen zu spreizen, bis seine Finger den Weg nach innen gefunden hätten. Sein Schwanz sollte im besten Falle schon hart sein. Ich würde mich natürlich ein wenig zieren, denn schließlich war ich das Zimmermädchen! Wie konnte er es also wagen!

»Pfoten weg!«, wollte ich quieken und ihm zart meinen Staubwedel zwischen die Beine schlagen. Er sollte dann meine Arme packen, mich gegen die Wand drücken und mich ungestüm auf den Mund küssen. Ich würde mich natürlich immer noch weigern und versuchen,

aus seiner Umklammerung freizukommen. Keine Chance. Er sollte mich umdrehen, mein kaum vorhandenes Röckchen hochschieben, unter dem ich nichts anhatte, und mich von hinten nehmen. Hart. Schließlich war ich nur ein staubiges, schmutziges, feuchtes Zimmermädchen. Während er mich nahm wollte ich selbst meine Klitoris mit gleichbleibendem Druck massieren, um den Höhepunkt schön lange hinauszuzögern.

Die Realität sah leider anders aus.

»Aha«, sagte Bastian also. Ich wedelte Staub.

»Hast du das Teil extra gekauft?« Ich wedelte weiter.

»Na gut, du ... Luder. Dann komm mal her«, stotterte er. Lilly, entspann dich, dachte ich mir. Die Nacht wird geil, keine Angst. Du siehst geil aus, die Nacht muss geil werden. Ich schaute zum Bett, kroch auf allen vieren auf ihn zu und wedelte ihn von Kopf bis Fuß ab. Ich schwang mein rechtes Bein über seine Hüfte, drehte mich um und hockte mich rittlings auf seinen Schoß. Ich fing an, mit meinem Unterleib seinen Schwanz zu reiben, bis er hart wurde. Er bäumte sich hinter mir auf, packte mich an den Schultern und drehte mich auf den Rücken. Wow, endlich geht hier mal was, dachte ich mir und schlang Bastian meine bestrumpften Beine um seine Hüfte, als er sich über mich beugte, seinen Penis aus seiner Unterhose fischte und in mich eindrang. Ich war nass. Ich floss förmlich dahin und spürte ihn kaum noch in mir. Ich war bereit und wollte fest und fordernd von ihm gestoßen werden. Ich schloss die Augen und begann gerade, mich für diese Aktion selber zu loben, als Bastian plötzlich aufhörte, mich zu bumsen. Verdutzt sah ich ihn an.

»Was ist los?«, fragte ich erstaunt und zog ihn wieder an mich.

»Ich bin nicht mehr heiß.«

WHAT?

Error.

Wie bitte?

Ich lag da, breitbeinig, nass und willig, in dem schärfsten Zimmermädchen-Outfit, das dieser Mann jemals zu Gesicht bekommen hatte, und er war nicht mehr heiß? Nee. Kann nicht sein. Er ist ein Mann, ich bin eine geile Frau. Es passt also nicht, nicht zu poppen, redete ich mir ein.

»Ach Quatsch. Komm her, ich mach das schon«, flüsterte ich schmunzelnd und griff ihm zwischen die Beine. Tote Hose. Da war nichts zu machen. Sein Schwanz hing da wie ein kleines, nacktes Mausebaby.

Nun, zwischen mir und meinem Liebsten ist die Situation bei Weitem nicht derart schwierig wie zwischen meinen Romanfiguren Lilly und Bastian. Unser Sexleben ist einfach etwas eingeschlafen und wir wollen es wieder wachrütteln. Als Mutter der Romanfiguren kann ich gut nachvollziehen, welchen Effekt Lilly sich gewünscht hat und wie viel Mühe und Liebe zum Detail sie aufgebracht hat, um ihren Bastian zu überraschen und zu verführen. Solch eine Überraschung muss für einen Mann eigentlich ein ganz besonderes Liebesbekenntnis sein, überlege ich und freue mich schon, meinem Liebsten in diesem zweiten Selbstversuch eine ganz andere Seite von mir präsentieren zu können.

Aber wer möchte ich sein? Wen hätte er gerne mal im Bett? Eine scharfe Krankenschwester? Die zickige Politesse? Oder das staubige Zimmermädchen? Die kleine, dunkelhaarige Polin mit rollendem Akzent, die sich leicht wehrt und nach anfänglichem Zögern dann doch die Beine breit macht? Ja, das könnte ihm gefallen. Obwohl er in solch einer Rolle einen sehr aktiven Part hätte und ich bisher nicht weiß, ob er das bringt.

Ich weiß nicht, ob mein Liebster ein guter Schauspieler ist. Ich habe schon gewisse Fantasien, aber ich bin mir nicht sicher, ob er Szenarien mit mir durchspielen und in die Realität umsetzen kann. Als ich 16 oder 17 war, habe ich einen erotischen Film im Fernsehen geschaut, an den ich mich bis heute noch sehr gut erinnern kann: Eine bildschöne Blondine mit üppigem Dekolleté steht in der Küche und wäscht ab. Sie trägt ein durchsichtiges Nachthemd, das zartrosa schimmert. Man kann ihre Haut durchsehen, sie trägt keinen BH und kein Höschen. Der Rock des Hemdes umspielt ihre Knie und ihre Nippel dippen, während sie abwäscht, immer wieder kurz in das Spülwasser. Ihr Hemdchen ist nahezu durchnässt, sie schwitzt und wischt sich den Schweiß von der Stirn. Plötzlich erscheint ein Handwerker, der zuvor die Klimaanlage im Wohnzimmer repariert hat. Er trägt nichts außer einer blauen Latzhose und auch er schwitzt. Er stellt sich hinter die dralle Blonde und greift ihr an die nassen Brüste. Sie quiekt kurz auf, will sich wehren, lässt ihn dann jedoch gewähren und er drückt ihre Brüste noch tiefer in das Abwaschwasser, ehe er ihr seidenes Nachthemd hochschiebt und sie von hinten nimmt.

Bei dem Gedanken an diese erste Erfahrung mit einem Softporno schleicht sich ein Lächeln auf meine Lippen und es zuckt ganz kurz zwischen meinen Beinen. Ich fänd es schon sexy, von meinem Mann, der den stummen Handwerker mimt, in der Küche überrascht zu werden. Aber kann er solch eine Rolle spielen? Schließlich soll es sich echt anfühlen und uns beide anmachen. Es soll uns in fremde Situationen versetzen, in fremde Körper und fremde Rollen.

Aber ich weiß nicht, worauf er steht, also frage ich nach. Er ist heute schon sehr früh ins Büro gefahren. Während ich vor der Arbeit noch zu Hause sitze, ein Honigtoast esse und mir Gedanken über diesen Selbstversuch Nr. 2 mache, sitzt er schon über irgendwelchen Bilanzen. Ich möchte ihn nicht unbedingt stören, aber so ganz in Ruhe lassen kann ich ihn jetzt auch nicht.

Also schreibe ich eine Kurznachricht: *Zimmermädchen oder Krankenschwester? Auf welches Rollenspiel hast du mehr Lust?*

Der Einfachheit halber gebe ich ihm nur zwei Antwortvarianten. Der Vorteil einer zehnjährigen Beziehung ist, dass man sich irgendwann sehr gut einschätzen kann, auch wenn es immer wieder Überraschungen gibt. Und ich weiß natürlich, dass kein Mensch von einem anderen zu 100 Prozent gelesen werden kann wie ein Buch. Aber ich weiß schon mal, dass es meinen Liebsten überfordern würde, wenn ich einfach nur gefragt hätte: »Schatz, am Wochenende steht das Thema Rollenspiele an. Worauf hast du Lust?« Er hätte vermutlich einen Projektplan mit der Auflistung aller Vor- und Nachteile unterschiedlicher Rollenszenarien von mir eingefordert. Inklusive der Aufstellung möglicher anfallender Kostenfaktoren. Er bekommt daher nur zwei mögliche Szenarien vorgeschlagen.

Zimmermädchen, kommt als Antwort.

Da müsstest du aber aktiver sein, schaffst du das?, frage ich, wohl wissend, dass er weiß, dass ich mir hier Gedanken zu einem neuen Selbstversuch mache und deswegen nachfrage.

Ja. Kannst ja ein kurzes Drehbuch schreiben ;-), erscheint als Antwort. Kommt einem Projektplan doch ziemlich nahe, schmunzele ich, als ich seine Zeilen lese.

Ich finde die Idee mit dem Drehbuch gar nicht schlecht. Denn wenn ein Paar noch nie Rollenspiele probiert hat, woher weiß man, was zu tun ist? Fügt sich das auf natürliche Art und Weise? Ergibt es sich aus dem Spiel heraus? Ich möchte hier nicht zu viel Freiraum für Peinlichkeiten lassen und bereite daher tatsächlich ein kurzes Drehbuch vor. Es enthält nur Stichpunkte wie: *Zimmermädchen betritt den Raum, ihr Chef sitzt am Schreibtisch und arbeitet. Sie wedelt Staub ab, er wirft erste, vorsichtige Blicke in ihre Richtung. Sie staubt das Regal hinter dem Schreibtisch ab. Er lockert seinen Gürtel und fasst sich in die Hose.* Nun weiß mein Liebster doch schon mal, welche Vorgehensweise ich heiß fände. Das Drehbuch lege ich unkommentiert auf seinen Schreibtisch. Ein Codewort, um den Beginn des Spieles festzulegen, brauchen wir sicherlich nicht.

Zwei Tage später, am frühen Abend, stehe ich in der Küche und putze die Arbeitsplatte. Ich trage ein kleines Schwarzes, schulterfrei, eine Schürze und einen cremefarbenen Tanga mit einer großen, schwarzen Schleife über dem Po. Keine Strümpfe, keinen BH. Mein Liebster dürfte in etwa zehn Minuten zu Hause eintreffen. Ich möchte ihn mit einem »Hallo Chef, ich habe bereits angefangen die Küche zu putzen, ich hoffe, das ist okay für Sie« begrüßen, damit er weiß, was Sache ist. Ich finde die Idee mit dem Zimmermädchen auch für den Haushalt gar nicht schlecht. Ich schaffe es so, das Bad durchzuputzen und den Geschirrspüler auszuräumen, ehe ich seine Schlüssel in der Tür höre. Meine Füße werden langsam kalt. Aber meine Hausschuhe hätten das Outfit ruiniert, deswegen verzichte ich darauf.

»Hallo Chef, ich habe bereits angefangen, die Küche zu putzen, ich hoffe, das ist okay für Sie«, rufe ich ihm zu und versuche, das »R« zu rollen und irgendwie nach Osteuropa zu klingen. Er weiß natürlich sofort, was los ist. Er hängt seine Sachen in den Flur, wäscht sich ruhig und gelassen die Hände im Bad, kommt in die Küche, wirft mir einen gekonnt belanglosen Blick zu, nimmt sich eine Coke aus dem Kühlschrank und sagt nur: »Machen Sie mal.« Dann dreht er ab, in Richtung Wohnzimmer. Ich schiele ihm hinterher. Hat mein Liebster etwa doch mehr schauspielerisches Talent, als ich dachte? Ich werde es herausfinden. Ich halte mich an unser Drehbuch, wage mich ins Wohnzimmer vor und tatsächlich: Er sitzt an seinem Arbeitsplatz und recherchiert etwas im Internet. Ich reinige den Glastisch und wische Oberflächen ab. Er schielt zu mir herüber, ich strecke ihm meinen Po entgegen und wische weiter Staub ab. Sein Schreibtisch steht ja fast vor Dreck! Auch hier ist eine gründliche Reinigung bitter nötig. Ich stelle mich neben ihn, wische um den Monitor herum, vorsichtig über Maus und Tastatur. Mein Herz schlägt kräftig gegen meinen Brustkorb. Als er vorsichtig meine nackten Oberschenkel berührt, ergreift mich eine Gänsehaut und ich spüre ein Kribbeln zwischen meinen Beinen. Diese Inszenierung reicht schon, um mich feucht werden zu lassen. Wer hätte das gedacht? Ein kleines Schwarzes am Körper, einen Staubwedel in der Hand und ein rollendes »R« auf der Zunge und schon flutscht es zwischen den Schenkeln? Kann Sex tatsächlich so einfach anders werden, frage ich mich, während mir mein Herz bis zum Halse schlägt. Wir sprechen nicht, ich wische Staub, er streichelt weiter meinen Oberschenkel, ganz sanft. Ich besinne mich unseres Spieles und stoße seine Hand beiseite.

»Also wirklich. Ich darf doch bitten!«, pöbele ich ihn an. Ich wende mich von ihm ab und sammele etwas Papier vom Tisch. Ich bücke mich tief, um es in den Papierkorb zu werfen. Er fasst mir von hinten zwischen die Beine, ich schlage seine Hand wieder fort. Er dreht mich um, ich lehne mich gegen den Tisch, während mein Liebster mein Kleid hochschiebt. Er entdeckt mein Höschen und die Schleife über dem Po.

»Tragen Sie so etwas öfter, wenn Sie putzen?«, fragt er und wieder überrascht es mich, dass er sich tatsächlich in die Rolle einfindet. Ich habe ihn offensichtlich unterschätzt.

»Nur wenn ich bei Ihnen putze«, antworte ich und stelle ein Bein auf den Stuhl, auf dem er sitzt. Er küsst mein Bein, ich lehne mich weiter zurück.

»Was sagt denn Ihr Mann dazu?«, fragt er weiter, während er mein Bein küsst.

Ich kann mich kaum noch konzentrieren: »Er weiß es natürlich nicht. Das ist mein Geheimnis«, quetsche ich hervor, ehe ich mich zu ihm auf den Schreibtischstuhl schiebe und wir uns lange und leidenschaftlich küssen. Unser Kuss ist innig. Einen ähnlich intimen Kuss hatten wir schon lange nicht mehr. Wir spielen mit unseren Zungen, schmecken unsere Lippen und tasten einander ab. Seine Hände umfassen meinen Po und drücken mich fest auf seine Anzughose. Ich bebe innerlich, muss die Situation aber nicht zwingend auf Sex hinauslaufen lassen. Küssen kann so sexy sein. Und einfach nur feucht auf meinem Liebsten zu sitzen, ohne ein Muss für Sex, erinnert mich daran, wie es mit 17 war.

OB DIESE ERFAHRUNG MEIN SEXLEBEN BEREICHERT HAT?

Ja. Denn ich hätte nie gedacht, dass mein Liebster schauspielerisches Talent besitzt. Er hat seine Rolle fast besser gespielt als ich! Daran knüpfen wir gerne an, denn wie schön, dass diese kurze Inszenierung mich nahezu dahinfließen ließ.

MIT EINEM VIBRATOR

ÖHRCHEN AM PENIS

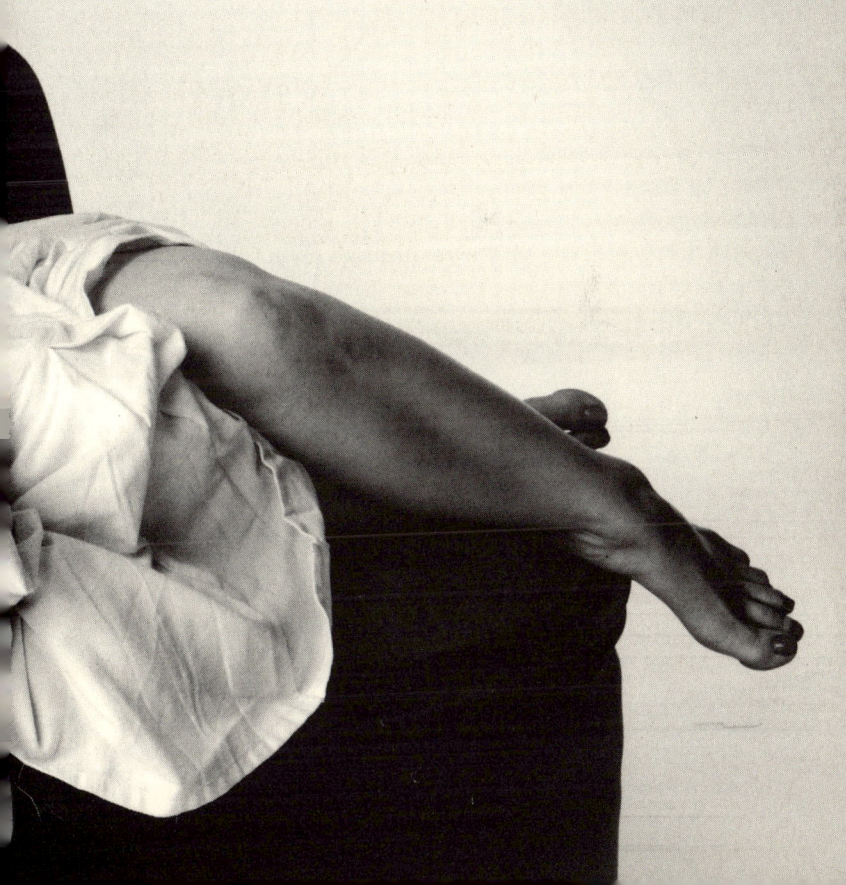

Hast du Erfahrung mit Dildos?«, fragt mich mein Liebster eines Morgens völlig unverblümt. Ich wische mir erst einmal den Schlaf aus den Augenwinkeln, versuche, mich an das Tageslicht zu gewöhnen, und ordne dabei auch noch meine Gedanken.

»Kann ich mir nicht erst einmal die Zähne putzen?«, frage ich zurück und versuche, meine Unsicherheit mit einem Lächeln zu überdecken. Aber er kennt mich gut genug, um zu wissen, dass meine Antwort auf seine Frage somit »Nein« lautet.

»Schön, dann haben wir ja jetzt ein neues Thema für den Selbstversuch«, schmunzelt er und dreht sich wieder um. Ich liege im Bett wie ein gestrandeter Fisch und bin irritiert über die direkte Art meines Liebsten, und das an einem Samstagmorgen um 9.30 Uhr. Aber er hat recht. Sextoys waren bisher nie ein Thema zwischen uns, scheinen ihn aber zu interessieren. Und mich ab sofort auch, denn Sextoys sind doch dazu gemacht, um Abwechslung, Spiel und Spaß ins Bett zu bringen. Und wie wir bereits festgestellt haben: Ab einem unbestimmbaren Zeitpunkt kommen Spiel und Spaß nicht mehr von selbst im Schlafzimmer vorbei! Spiel und Spaß im Bett müssen erarbeitet werden!

Den ganzen Tag überlege ich nun hin und her, wie ich die Sache mit dem Sexspielzeug angehen soll. Etwa mit ihm zusammen etwas kaufen und das dann ausprobieren? Ich erinnere mich daran, wie ich mit meiner besten Freundin Ana, als wir beide 16 waren, etwas angeschwipst nach einer Party den Sexshop am Bahnhof entdeckt haben. Meine beste Freundin Ana kenne ich seit der fünften Klasse. Meine Familie zog damals von Schöneberg nach Steglitz an den Botanischen Garten, ich musste die Schule wechseln und kam zu Ana in die Klasse. Ich würde nicht sagen, dass wir uns auf Anhieb gut verstanden haben, ganz im Gegenteil. Ana hatte auch damals schon ewig lange, glatte tiefdunkelbraune Haare, braune, mystische Augen und schöne Beine. Ihre persischen Wurzeln verliehen ihr ein gesundes Selbstbewusstsein und da sie in Deutschland großgeworden war und selbstbewusst erzogen wurde, war sie damals schon laut, frech, gut in der Schule, dynamisch und anspruchsvoll. Ich war auch laut und frech und wollte gerne möglichst schnell neue Freunde finden. Ich weiß nicht mehr, was genau ausschlaggebend dafür war, dass wir uns letztlich anfreundeten und ich sie auch heute noch als meine beste Freundin bezeichnen darf. Aber irgendwann hat es einfach gepasst und es passt seitdem wunderbar.

Ich erinnere mich an die muffigen und skurrilen Männer in diesem Shop am Bahnhof Zoo, die sich offenbar daran aufgeilten, wie meine Freundin und ich den Laden durchstöberten. Als mir die Bilder der geiernden Sexshopbesucher durch den Kopf rasen (ich weiß nicht mehr, ob sie wirklich alle dickbäuchig und verschwitzt waren, aber in meiner Erinnerung stinken, schwitzen und sabbern sie alle vor sich hin, während sie sich im Sexshop pseudomäßig Pornomagazine anschauen, aus den Augenwinkeln aber immer wieder zu uns Mädels rübergaffen), beschließe ich, dass ich beim Kauf eines Sextoys nicht von anderen Menschen beobachtet werden will. Schon gar nicht von denen, die nach dem Shopbesuch geradewegs in Richtung Videokabinen verschwinden. Irgendwie waren damals alle Verpackungen im Sexshop eingestaubt und klebrig, wir trauten uns nicht, etwas anzufassen. Es war auch nicht sonderlich motivierend, dass, immerhin, eine Frau an der Kasse stand und beobachtete. Und heute? Ich möchte nicht vor meinem Liebsten die Wahl treffen müssen, ob Liebeskugeln in der Größe S oder M oder ein Vibrator im Delfinchenlook das Richtige für uns sind. Nein danke. Ich will mir meiner Sache sicher sein, was Größe, Breite und Farbe des guten Stückes anbelangt.

Also taste ich erst einmal ganz vorsichtig bei Ana an, was die zu dem Thema zu sagen hat. Ich weiß nicht, ob sie schon Erfahrung in diesem Bereich hat, aber wer weiß? Vielleicht kann sie mir ja einen Tipp geben. Ana legt gerade ihre Wäsche zusammen und ich schlürfe nachdenklich an meinem Cappuccino, dessen kräftig-süßen Geschmack ich heute gar nicht wirklich genießen kann, als es mir einfach herausrutscht.

»Maus, hast du Erfahrung mit Dildos?«, frage ich.

Sie legt weiter ihre Handtücher zusammen und antwortet: »Ja, hab ich. Wieso, willst du dir einen von mir ausleihen?«

Angewidert verziehe ich das Gesicht.

»Nein, so'n Quatsch. Mein Liebster hat mich heute früh danach gefragt. Ich dachte, ich höre mal, was du zu dem Thema zu sagen hast.« Sie faltet weiter Wäsche.

»Also, erst einmal würd ich keine Dildos, sondern Vibratoren benutzen. Dildos sind ja einfach nur hart und steif. Die schiebst du rein und raus und das war's.« Sie macht eine entsprechende Handbewegung vor ihrer Muschi, wobei ihre Möpse leicht mitschwingen. »Mir bringt das nichts. Und bei einem Vibrator würde ich darauf achten, dass er sich dreht und dass er Öhrchen hat.«

»Öhrchen?«, frage ich skeptisch nach und kann mir kaum vorstellen, wozu ein Vibrator Ohren braucht.

»Ja, die sind für die Klitoris. Die legen sich auf sie, wenn du ihn in dir hast. Ohne ist blöd«, sagt sie und bringt ihre Wäsche ins Bad.

Ich rufe ihr hinterher: »Und welche Größe brauche ich?«

»Na ja, ich persönlich finde die Stimulation der Klitoris am wichtigsten. Ich brauche keinen 20-Zentimeter-Vibrator. Aber das ist Geschmackssache«, stellt Ana fest und schmeißt sich neben mich auf die Couch.

Ich grübele. Eigentlich hat sie recht. Die Stimulation findet auch bei mir eher über die Klitoris und den vorderen Bereich der Vagina statt. Und irgendwie fänd ich es auch peinlich, mir einen Monsterdildo anzuschaffen. Als wäre ich die Raupe Nimmersatt.

»Ich glaube, mir reicht bei diesem Thema etwas ganz Normales. Etwas Durchschnittliches. Ich möchte mich nicht überfordern. Immerhin hat es ja bisher auch ganz ohne Vibrator funktioniert.«

»Der Durchschnittspenis ist im steifen Zustand zwischen 15 und 17,5 Zentimeter groß. Die meisten Frauen empfinden das als perfekt. Er darf nur nicht zu dünn sein, sonst fühlt es sich gestochert an«, sagt sie und ich schiele zu ihr herüber, während ich an meiner

Tasse nippe. Ich habe nach diesem Gespräch also eine Richtlinie: Zwischen 15 und 17,5 Zentimeter, nicht zu dünn, er soll sich drehen und Öhrchen haben. Das müsste sich doch finden lassen, beschließe ich ohne weitere Zweifel auf meinem Nachhauseweg. Früher habe ich es geliebt, dass Ana und ich nahezu Nachbarn waren. Ich übernahm ihre Wohnung, die für sie und ihre Mitbewohnerin zu klein geworden war. Die beiden Mädels zogen jedoch nur zwei Querstraßen weiter, sodass Ana und ich uns während meines Studiums und ihrer Ausbildung im Hotel immer sehen konnten, wann wir wollten. Das war klasse. Wenn ich vergaß, Waschmünzen für den Waschkeller bei meinem Hauswart zu kaufen, packte ich mein ganzes Zeug in einen großen Korb und schleppte die Wäsche zum Waschen zu Ana. Wir aßen abends oft zusammen Leckereien vom Türken oder ich saß einfach nur bei ihr und sah ihr beim Rauchen zu. Als sie sich ihre Möpse operieren ließ, holte ich sie morgens um 6 Uhr ab und brachte sie in die Klinik. Ich blieb bei ihr, bis sie in den OP gebracht wurde. Jetzt wohnt sie am Ende der Stadt im Süden Berlins, ich weiter nördlich in Charlottenburg. Es dauerte etwas, bis ich mich damit arrangiert hatte, meine beste Freundin nicht mehr in meiner unmittelbaren Nähe zu haben. Man sieht sich automatisch viel seltener. Das muss die Freundschaft überleben.

Seit ich mit meinem Liebsten zusammenlebe, habe ich genau zwei freie Abende in der Woche, an denen ich allein zu Hause bin. Dienstags und donnerstags, wenn er sich beim »Body Pump« im Fitnessstudio selbst zum Kotzen bringt, habe ich Zeit, um nach Dildos & Co. im Internet zu stöbern. Bis vor drei Wochen habe ich mir in dieser Zeit übrigens die Fußnägel lackiert, Gesichtsmasken draufgeklatscht oder den Herd gereinigt. Dinge, bei denen frau eben nicht gerne vom Lebensgefährten beobachtet wird. Jetzt suche ich nach Vibratoren mit Öhrchen.

Auch hier ist die Vorgehensweise natürlich recht simpel, Google sei Dank. Unter den vielen Suchergebnissen springt mir gleich die bekannte Seite Dildoking ins Auge. Dildoking kennt man sogar aus der Radiowerbung, der Aufbau der Seite spricht mich persönlich jedoch nicht an. Braun-beigefarbener Hintergrund und Produktergebnisse bis ins 1000-Fache. Da ich mich nicht sofort zurechtfinde und erste Anzeichen der Überforderung in mir aufkeimen, verlasse ich die Seite sehr schnell wieder.

Als Alternative probiere ich die Seite eis.de aus und bin sofort positiv überrascht. Freundliche Farben und niedliche Herzchen, die an den Balken der unterschiedlichen Rubriken kleben. Die Herzchen haben es mir angetan, so wie auch die Aufklärungsvideos und die hohe Diskretion, die eis.de verspricht. Ich klicke mich mehrere Minuten lang von »Vibratoren« über »Glasspielzeug« bis hin zu den Rammelhäschen mit lustigen Perlen in der Mitte, die angeblich für explosionsartige Orgasmen sorgen sollen. Ich studierte die Produktbeschreibungen ganz genau. So heißt es bei einem besonders geschmeidig aussehenden Stück, mit Perlen im Schaft und Öhrchen am Ende: *Dieser lilafarbene Perlenvibrator aus weichem Material mit natürlichem, genopptem Kopf und Klitorisreizer in prickelnder Hand-Form wird Sie begeistern. Die atemberaubende Vibration und Rotation machen den Vibrator zum treuen Freudenspender. Maximaler Genuss immer mit Gleitmittel.*[2]

Und rote Liebeskugeln werden wie folgt beschrieben: *Gleitfreudige Liebeskugeln für die prickelnden Momente. Durch die Bewegung der Kugeln entsteht eine vibrierende Wirkung für eine außergewöhnliche und aufregende Stimulation. Maximaler Genuss in Verbindung mit Gleitmittel.*[3]

Die Erläuterungen zu Oberflächenstruktur, Hautverträglichkeit der Materialien und zu den versprochenen physischen Resultaten empfinde ich als äußerst professionell und ich fühle mich bei meinem ersten Sextoykauf sehr gut beraten. Auch wenn ich die Produkte nicht fühlen und nur online sehen kann, wächst meine Freude auf diesen Spielzeugtest immer mehr.

Ich habe mich für »Jimmy Love« entschieden sowie für Vaginalkugeln und einen vibrierenden Penisring. Und in Anbetracht der versprochenen Superorgasmen möchte ich das pinkfarbene Häschen Jimmy Love so schnell wie möglich zu Hause haben. Noch bevor ich mir die Frage stellen kann, was meine muslimischen Nachbarn bei eventueller Entgegennahme eines Päckchens von eis.de wohl denken würden, fragt mich der Versandservice, welches Absenderetikett aus Diskretionsgründen aufgeklebt werden soll. Meine kurze Panikattacke ist vorüber und das Spielzeug mit dem Versandkarton »Druckerzubehör« auf dem Weg zu mir nach Hause.

Vor einiger Zeit hat mich außerdem ein großer Hersteller von Sextoys angeschrieben und nachgefragt, ob ich Interesse hätte, Produkte der Marke Fun Factory zu testen. Die Marke ist insbesondere wegen der hautfreundlichen Materialien sowie der ansprechenden Farben und Formen der Sextoys bekannt geworden. Sie schicken mir ein wirklich tolles Paket, in dem unter anderem ein Analwürmchen enthalten ist. Es ist ein kleiner Wurm, dessen Schwanz mehrere kleine Kugeln säumen. Die Kugeln sollen in den After eingeführt werden und beim Herausziehen Lust bereiten. Die Verpackung ist sehr exklusiv und ansprechend, bei dem Thema »Anal« bin ich mir jedoch insgesamt noch sehr unschlüssig.

Und ich habe nach Durchsicht der kompletten Internetseite einen weiteren Entschluss gefasst: Ich werde den ersten Praxistest zunächst ganz alleine durchführen. Beim Durchstöbern von eis.de hat sich mein Kopfkino nämlich ruckartig vorgestellt, wie mein Liebster und ich unsere Sexware in Empfang nehmen und uns gleich ins Getümmel stürzen. Das Vorspiel ist vorüber und er hält mir in meinen Gedanken das erste Sextoy meines Lebens entgegen: ein Analwürmchen.

Na, herzlichen Glückwunsch. In meinem Kopfkinofilm sage ich zu ihm: »Ach, hatten wir nicht noch etwas mit Delfinen?« Er greift wieder in die Druckerzubehörkiste und hält mir freudestrahlend die Vaginalkugeln vor die Nase. Doch kein Delfinchen. Ich verziehe das Gesicht und versuche, zunächst eine der Kugeln in mich hineinzustopfen. Selbst bei dem bloßen Gedanken daran bin ich verkrampft, der Anblick für ihn ist unsexy und stümperhaft, die Stimmung ist dahin, die Sextoykiste verschwindet unterm Bett und setzt Staub an.

Ich teste das erst mal alleine!, sage ich mir entschlossen und tatsächlich habe ich wenige Tage später das Glück, das Paket selbst entgegennehmen zu können. Bis zum nächsten freien Abend dank »Bodypump« verstaue ich alles unter dem Bett, in der Hoffnung, mein Liebster wird nicht ausgerechnet jetzt auf die Idee kommen, verschollene Handyladegeräte oder Verlängerungskabel dort zu suchen. Bisher hat er nicht weiter nach dem Thema Sextoys gefragt. Und ich bin mir auch aus einem weiteren Grund noch immer sicher, den ersten Praxistest lieber ohne ihn über die Bühne bringen zu wollen. Denn wenn der kleine Rammler tatsächlich in der Lage ist, Orgasmen der Superlative zu produzieren, so will ich gern vorbereitet sein und wissen, wie so ein Superorgasmus bei mir aussieht. Mit Spritz oder ohne? Intervallartige Zuckungen, Schreie, Atemnot, gar multiple Orgasmen?

Am nächsten Dienstag ist es endlich so weit. Die Wohnungstür ist abgeschlossen, wie auch die Schlafzimmertür. Sicher ist sicher. Mein Handy ist aus und ich freue mich darüber, dass ich mich für diesen kleinen Sexausflug nicht einmal habe rasieren müssen. Mitgeschickt hat mir der »Druckerzubehör« eine kleine Probe Gleitgel, die ich großzügig auf dem bereits rotierenden Jimmy Love verteile. Ich habe Kerzen angezündet, das warme Licht flackert auf meinem Körper und wirft tanzende Schatten in unser Schlafzimmer. Vorsichtig taste ich mich heran und bin äußerst gespannt, welche Wirkung dieses Zaubergerät denn nun auf mich haben wird. Auf den Einsatz der Öhrchen freue ich mich natürlich auch.

Zunächst fühlt es sich etwas kalt und mechanisch an, als ich Jimmy ein gutes Stück weit in mir habe. Ich taste nach und spüre, dass lediglich ein winziger Teil von Jimmy in mir steckt. Ich stutze kurz und überlege, ob der Rest tatsächlich noch reinpassen soll. Wie beim echten ersten Mal Sex schwebt das Gefühl der Unsicherheit über mir. Soll das so sein? Soll der wirklich komplett reinpassen? Aber klar. Ein Mann benutzt ja auch nicht nur seine Eichel zum Poppen. Also keine falsche Scham, da geht noch was, ermutige ich mich selbst. Als Jimmy langsam meine Körpertemperatur annimmt, ich mich entspanne und die Bewegungen in mir spüre, gleitet er weiter hinein. Und es schnellt plötzlich die ein oder andere Erregungswelle durch meinen Unterleib. Die Perlen rotieren sachte im Schaft und die Eichel dreht sich in meinem Inneren. Jimmy gefällt mir immer mehr und ich traue mich noch ein Stückchen tiefer, sodass ich endlich in den Genuss der vibrierenden Ohren an meiner Glücksperle komme. Ich drücke das ganze Gerät noch etwas fester an mich und ziehe meine Scheidenmuskeln zusammen, um ihn komplett zu umschließen. Es dauert nicht lange, bis ich völlig unter Strom stehe. Die Hitze zwischen meinen Schenkeln verbreitet sich schlagartig. Wie eine aufgehende, heiße Sonne, die ich noch kurz an ihrem Erstrahlen hindern kann, durchfährt es meinen ganzen Körper und ich zucke vor Lust. Nach ein paar Sekunden dieses absoluten Glücksgefühls liege ich erschöpft in meinem Bett und schalte Jimmy aus. Das ging schnell. Guter Junge, denke ich mir.

Wenn mein Liebster das gesehen hätte, was würde er wohl sagen? So etwas wie: »Was hat er, was ich nicht habe?«

Und ich würde ihm antworten: »Öhrchen am Penis.«

OB DIESE ERFAHRUNG MEIN SEXLEBEN BEREICHERT HAT?

Ja. Für mich ist ein Vibrator mit Öhrchen die perfekte Unterstützung, wenn es alleine mal schnell gehen soll. Ich weiß, was ich zu tun habe, und das Gerät weiß es auch.

Und was sagt nun mein Liebster zu diesem Einkauf?

Das verrät mein erstes Mal Nr. 4, mit »Spaß zu zweit«.

SEXTOYS

SPASS ZU ZWEIT

*I*ch habe heute einen Vibrator benutzt«, weihe ich meinen Liebsten spät am Abend ein, als er endlich wieder zu Hause ist und ich einen dampfenden Teller frischer Spaghetti bolognese vor seine Nase stelle. Erstaunt schaut er mich an.

»Darf ich erst essen und dann sprechen wir darüber?«

»Bitte!«, fordere ich ihn strahlend auf und fläze mich auf das Sofa. Er atmet die Spaghetti nahezu ein. Als er fertig ist, wischt er sich mit einer Serviette den Mund ab, lehnt sich zurück und sagt: »Also. Erzähl mir von deinen Recherchen.«

»Ich habe einen Vibrator bestellt und noch ein paar andere Kleinigkeiten. Und ich dachte mir, bevor wir zwei zusammen loslegen, teste ich mal vor. Es war gut.«

»Und nun? Bekomme ich Konkurrenz?« Ich lache laut auf, denn ich hätte meinen Arsch darauf verwettet, dass er diese oder eine ähnliche Frage stellen würde. Ich lache ihn erst einmal aus und lasse ihn kurz zappeln.

»Nein. Es ist keine Konkurrenz. Aber es war sehr schön und ich denke, du bist mir auch nicht wirklich böse, wenn ich hin und wieder auf einen Vibrator zurückgreife, oder?« Er schüttelt den Kopf.

»Nein. Aber war das schon alles in Sachen Sexspielzeug? Steht für uns beide zum gemeinsamen Ausprobieren auch noch etwas an?«, fragt er und ich schmunzele verlegen.

»Ich habe mir natürlich auch für uns beide etwas ausgedacht. Wenn du mir bitte ins Schlafzimmer folgen würdest?«

Auf unserem Bett steht die Kiste »Druckerzubehör«. Mein Liebster bleibt vor dem Bett stehen und mustert die aus Versehen geschlossene Kiste argwöhnisch.

»Sag bitte nicht, du hast den Drucker wieder deinstalliert?!«

Ich lache und öffne die Kiste. Jimmy Love, Vaginalkugeln, Analwürmchen und der Penisring schauen uns neugierig aus der Kiste heraus an.

»Darf ich vorstellen: Penisring, Stimulationskugeln und mein Vibrator. Der Analwurm ist natürlich für dich!«, scherze ich. Ich hoffe, mit einem kleinen Scherz meine eigene Nervosität besser kaschieren zu können. Mit meinem Liebsten hier vor der Sextoy-Auswahl zu stehen ist irgendwie komisch. Ich fühle mich ganz anders als während meines Techtelmechtels mit Jimmy Love. Es ist so, als hätte jemand die Intimität zwischen mir und meinen Sextoys gestört. Als wäre mein Liebster hier fehl am Platz, neben mir und Jimmy Love. Mein Liebster lacht über den Witz mit dem Analwurm auch nicht mit. Er ist irgendwie beim Penisring hängen geblieben.

»Penisring? Schnürt mir das Blut im Schwanz ab, oder was?«, fragt er skeptisch und nimmt eine Schrittbreite Abstand von der Kiste.

»Keine Ahnung. Ich hoffe doch nicht. Eigentlich soll er nur vibrieren und uns beiden Freude bereiten.«

»Vielleicht probieren wir erst mal das andere aus. Was hat das mit den Kugeln auf sich?«

Ich setze mich auf das Bett und lese die Artikelbeschreibung auf der Rückseite der Verpackung vor. In den Kugeln befinden sich Schwingkörper, die mit der Vibration des Körpers mitschwingen und so erregend wirken sollen. Man kann sie außerdem als Beckenbodentrainingsmittel einsetzen.

»Alles verstanden?«, frage ich ihn und lege die Verpackung beiseite.

»Na dann, mach dich mal nackig!«

Ich lache wieder und bemerke, dass ich sichtlich angespannt bin. Ich könnte einen Drink gebrauchen!

Zunächst führe ich Jimmy Love vor. Dabei bin ich, um ehrlich zu sein, nicht so gelassen und entspannt wie zuvor bei der Session allein. Es ist komisch, beobachtet zu werden. Ich kann mich nicht wirklich fallen lassen und genießen. Während Jimmy in mir rotiert, sitzt mein Liebster vor meinen Beinen und beobachtet die Show. Ich bin verlegen, versuche aber, möglichst sexy und gelassen rüberzukommen. Ich konzentriere mich aber gar nicht auf mich. Ich versuche eher, in seinen Augen zu lesen, was er denkt, was er fühlt. Findet er das gut, was Jimmy und ich hier treiben? Oder ist es befremdlich für ihn? Mein Liebster legt mir eine Hand auf den unteren Bauch und fühlt nach. Ich halte ihm das Ende des Vibrators hin, damit er ihn für mich führt. Mein Liebster wirkt auf mich nun ebenso zurückhaltend, wie ich es wohl zuvor war. Obwohl er ja eigentlich nicht viel tun muss, außer Jimmy festzuhalten. Er sieht aus, als hätte er Angst, mich zu verletzen. Er weiß nicht, wie weit er in mir steckt, ob er ihn bewegen soll oder nicht. Wir sind hier nicht in einem Porno. So viel steht fest. In Pornos werden den Darstellerinnen oft von anderen Darstellern Dildos und Co. hemmungslos rein und raus geschoben, meist in schnellen, hektischen Bewegungen. Die Realität sieht etwas verletzlicher aus. Es ist das erste Mal meines Liebsten mit einem Vibrator. Ich selbst habe mich vor wenigen Stunden nicht viel besser angestellt. Aber auch mein Liebster taut nun etwas auf und wagt es, Jimmy in mir zu bewegen. Ich stöhne leicht auf, um ihn zu ermutigen, weiterzumachen. Viel weiter kommen wir aber nicht. Ich bin abgelenkt, kann mich nicht fallen lassen und werfe einen verstohlenen Blick auf die Kiste.

»Willst du etwas anderes ausprobieren?«

Ich nicke und befreie Jimmy Love selbst. Wenig später darf ich mich an das nächste Thema herantasten: die Liebeskugeln. Als ich sie in mir fühle, stehe ich auf und gehe einige wenige Schritte, um die Schwingung zu spüren. Nichts tut sich. Skeptisch blicke ich meinen Liebsten an.

»Und? Wie ist es?«, fragt er. Ich zucke mit den Schultern.

»Nicht sonderlich spektakulär. Ich hätte es mir elektrisierender vorgestellt.«

»Vielleicht müssen wir dabei poppen?«

»Während ich die Kugeln in mir habe? Wo soll denn dein Penis bitte hin, wenn ich fragen darf. Ich bin bereits ziemlich ausgefüllt.«

Vorsichtig entferne ich die Kugeln wieder. Jetzt kommen wir doch erst zum lustigen Teil des Abends, dem Penisring.

»Na los!« Ich halte ihm den kleinen, blauen Gummiring hin. Ein winziger Vibrationskörper hängt daran, der beim Sex sowohl die Klitoris der Frau als auch den Penis des Mannes erregen soll. Wir haben etwas Mühe, das kleine Ding bis ans Ende des Penis zu schieben. Er sitzt wirklich ziemlich eng und ich befürchte, mein Liebster hat Angst um sein bestes Stück. Aber da muss er jetzt durch. Wenigstens für ein paar Stöße. Ich schalte den Ring ein. Er summt leise vor sich hin. Er stimuliert weder meine Perle noch meinen Liebsten. Der Penisring ist ein Flop und mein Liebster heilfroh, als er ihn wieder abziehen darf. Wir spielen ohne unser Spielzeug weiter und mein Liebster schubst Jimmy Love und die Liebeskugeln vom Bett.

OB DIESE ERFAHRUNG MEIN SEXLEBEN BEREICHERT HAT?

Ach ja. Nee. Irgendwie schon, aber irgendwie auch nicht. Es war ganz spaßig, aber nicht wirklich auf eine Wiederholung angelegt. Ich glaube, mein Plastikspielzeug behalte ich lieber nur für mich. Mein Liebster braucht keine Gegenstände in mich einzuführen. Es ist für uns zu zweit schöner, auf die Natur zurückzugreifen.

SEX IN DER ÖFFENTLICHKEIT

ADRENALIN PUR!

Ich sitze in Köln in einem wundervollen Café nahe der Altstadt und warte auf die Redakteurin eines Boulevardblattes, die mit mir ein Interview führen möchte. Es soll um Liebe, Lust und Leidenschaft gehen. Klar, darüber sprechen doch alle gern. Die Redakteurin ist wirklich nett, ungefähr in meinem Alter und wir sitzen bei einer heißen Zitrone mit Honig nett beisammen und sie fragt mich, ob ich den Eindruck hätte, wir Frauen müssten immer alles mitmachen. Ob wir tatsächlich immer alles probieren müssen. Sie weiß nichts von meinem neuesten Projekt, von meinen 33 ersten Malen, denn eigentlich sitzen wir zusammen, um über *Höschenblues* zu sprechen. Aber ich grinse in mich hinein, denn diese Frage habe ich mir natürlich vor dem Selbstversuch auch gestellt.

Muss ich das wirklich tun? Muss ich diese 33 ersten Male erleben? Muss ich mir etwas beweisen? Werden *wir Frauen* von Medien, Erotikromanen, Sexshops und Dessous-Partys derart unter Druck gesetzt, dass wir uns dem Probieren beugen müssen? Ich denke erneut kurz darüber nach und nippe an meiner heißen Zitrone. Die Antwort ist simpel, aber hinsichtlich meines neuesten Projektes versuche ich eine Erklärung zu finden, die für mich selbst nicht widersprüchlich wirkt. Ich bin wirklich nur äußerst ungern widersprüchlich.

»Nein, müssen wir nicht«, antworte ich und stelle das Glas ab. Wissbegierig schaut sie erst mich an, dann auf das Diktiergerät, das zwischen uns auf dem Tisch liegt. Fragend hebt sie die Brauen und streicht sich ihr glattes, braunes Haar hinter die Ohren. Sie ist kaum geschminkt und leger in Strickpulli und Jeans gekleidet. Ich trage ein enges, graues Wollkleid und passende Stiefeletten mit Absatz. Es macht zwar keinen Spaß, in solch einem Outfit den ganzen Tag on Tour zu sein und später noch auf dem Flughafen rumzulungern, aber gut. Andererseits kann ich mich als »Sexautorin« ja auch nicht im Katzenstrickjäckchen oder im Hoodie mit Jeans zu einem Interview treffen.

»Es ist doch so: Wenn wir etwas erleben wollen, wenn wir neue Erfahrungen sammeln möchten, dann gehört es hin und wieder dazu, über den eigenen Schatten zu springen. Aber müssen tun wir doch gar nichts. Wenn wir nichts Neues erleben wollen, dann müssen wir uns auch nicht bewegen. Und dann müssen wir auch nichts probieren.« Die Redakteurin schmunzelt leicht und macht sich zusätzlich noch ein paar Notizen in ein winziges Büchlein. Zurück am Flughafen, muss ich geschlagene drei Stunden auf den Flieger warten. Ich streife durch die Wartehallen und beschäftige mich ausgiebig mit den Literaturangeboten im Presseshop. Wieder ein erotischer Roman auf der Bestsellerliste. Die Fragen aus dem Interview schwirren mir noch in kleinen Satzfetzen durch den Kopf. Frauen und Müssen. Frauen und Sexualität. Muss ich oder darf ich? Soll ich oder kann ich? Ich muss nichts. Ich will. Ich möchte mich in Situationen sehen, in denen ich noch nie war, um Erlebnisse zu sammeln. Ich bin Autorin und sehe mich gern als Versuchskaninchen, darüber kann ich lachen. Und ich weiß ziemlich genau, dass ich das Inhaltsverzeichnis dieses Selbstversuches selbst zusammengestellt habe. Nein, von Müssen kann ich nicht reden.

Mein Liebster hatte schon öfter den Wunsch geäußert, auch einmal außerhalb des Bettes Mätzchen veranstalten zu wollen. Outdoor. Aber jegliche Annäherungsversuche seinerseits wurden von mir gekonnt abgeblockt, denn ich wollte nicht und Müssen muss ich ja gar nichts. In der Uni zum Beispiel, wenn ich an einem Sonntag gegen 14 Uhr in den endlosen Gängen zwischen meterhohen Bücherregalen nach einem Buch gründlich buddeln musste, kam er mir hinterher und fing an, meinen Nacken zu küssen, während ich versuchte, besagtes Buch zu finden.

Doch sobald seine Hände anfingen, unter meinem Shirt zu kramen, unterbrach ich die Situation, schaute mich hilfesuchend um und sagte Dinge wie: »Hey, ich habe wirklich keine Lust auf ein Hausverbot. Ich brauche diese Bücher hier.« Die Lust entwich in solchen Situationen aus meinem Liebsten so schnell wie aus einem undichten Fahrradreifen. Und ich habe mich auch noch nie von ihm zu einem Intermezzo in der Umkleide bei P&C überreden lassen. Ich ließ ihn lieber schmollend allein in der Kabine zurück, als von irgendeinem Bekannten, den wir über 1000 Ecken kennen, beim Poppen erwischt zu werden. Berlin ist ein Dorf und wir treffen oft genug an den unmöglichsten Orten auf Menschen, die wir kennen. Neulich erst waren mein Liebster und ich bei Netto einkaufen. Und wer läuft uns über den Weg? Die flüchtige Affäre meiner Schwägerin in spe, ein Typ, den sie uns auf einer Party vorgestellt hat. Mittlerweile ist es zwischen den beiden aus, was ihn jedoch nicht daran gehindert hat, mit meinem Liebsten und mir zwischen Wurstregal und Schnäppchenecke Small Talk zu führen. Ich bin superschlecht in Small Talk, also verkrümelte ich mich einen Gang weiter und überließ meinem Liebsten das Quatschen. Und solch peinliche Szenarien während des Poppens? Das Flüstern würde anfangen: »Weißt du was, ich hab Nina Engele und ihren Liebsten letzten Samstag am Ku'damm beim Poppen erwischt, peinlich, oder? Du weißt schon, die kleine Blonde und der schicke Italiener, ja, genau die. Ich habe sie dir letztens im Ovest vorgestellt …«

Spießig? Kleinlich? Finde ich nicht! Ich kann mich einfach nicht konzentrieren, wenn die Gefahr besteht, erwischt zu werden. Was soll mir das bringen? Die Gefahr lässt mich nicht geiler werden als sonst. Die Gefahr beschleunigt meinen Puls auch nicht im positiven Sinne, sondern klappt die Dose zu. Wenn ich unruhig bin, geht bei mir einfach nichts mehr. Klar könnte ich einfach hinhalten und so tun, als hätte ich meinen Spaß, nur um meinem Liebsten einen Gefallen zu tun. Aber das ist es nicht, was er möchte. Er möchte in den unmöglichsten Situationen von meiner triefenden Geilheit überrascht werden. Er sagt immer, dass es mir Spaß machen muss, sonst habe es für ihn keinen Sinn. Wenn ich richtig heiß bin, dann sei es für meinen Liebsten immer am geilsten, sagt er.

Nur was tun, wenn ich den »Spaß« hinter dem Ganzen nicht erkennen kann? Diese Situationen sind für mich auch nicht mit dem bereits erlebten Sex im Insomnia zu vergleichen. Eine Sexdisco oder ein Swingerclub verstehen sich als Orte, wo man anderen Menschen beim Sex zuzusehen kann. Eine Toilette im Kino wohl eher nicht.

Ich bezweifele stark, dass eine Umkleidekabine in einem der größten Kaufhäuser Berlins solch eine geeignete Vorsichtsmaßnahme darstellt. Ein Bücherregal in der Bibliothek der Freien Universität mit Sicherheit nicht! Um hier jedoch nicht den §183a StGB mit verschiedensten Ficksituationen durchspielen zu müssen, um herauszubekommen, an welcher Grenze mein Liebster und ich uns bewegen dürfen, machen wir es einfacher:

Wir befinden uns hier an einem Punkt, an dem ich über meinen Schatten springen werde. Ich will den inneren Schweinehund in seinen Zwinger sperren, um zu erfahren, was bitte schön am Outdoorsex so toll sein soll. Ich will mich an dieses Thema herantasten, beschließe ich. Sex in der Öffentlichkeit meint vielleicht nicht gleich ein Schäferstündchen vor dem Brandenburger Tor. Vielleicht meint es eher Sex an anderen Orten als im Bett? Einen ersten Schritt wage ich an einem späten Herbsttag. Der Himmel ist blau, die Blätter gelb, rot und braun, die Sonne gibt noch einmal alles und schafft es sogar, die Außentemperatur auf milde 10° C zu erwärmen. Wir fahren hinaus aufs Land, um Pilze zu suchen, oder auch »in die Pilze«, wie der Berliner sagt. Ich weiß überhaupt nicht, ob noch Pilzsaison ist, geschweige denn, welche Art von Wald geeignet sein soll, um Pilze zu finden. Ich weiß nur, dass die Menschen im Mittelalter aufgrund der beengten Wohnsituationen fast ausschließlich in Wäldern Sex gehabt haben. Hätte ich also zu dieser Zeit gelebt … ist für mich bloß eine logische Schlussfolgerung.

Wir stellen unseren Wagen an einem Waldweg ab, ich schnappe mir mein Körbchen und auf geht es, hinein in den Wald. Ich finde mich wirklich tapfer. Ich verliere kein Wort über die Hunderte von Spinnweben, die mir bereits nach wenigen Minuten im Gesicht kleben, und ich meckere auch nicht über die Feuchtigkeit in meinen Gummistiefeln. (Die ich am nächsten Montag sofort reklamieren und umtauschen werde! Was bringen denn bitte Gummistiefel, die nicht wasserdicht sind?) Gebannt starren wir auf den Boden, von Pilzen ist weit und breit nichts zu sehen. Dafür entdecke ich am Rande des Waldes einen Hochsitz. Hoch und sitzen kommt mir wie gelegen und so ziehe ich meinen Liebsten in diese Richtung. Der Hochsitz wirkt noch recht neu, das helle Holz ist frisch und keineswegs durchgefault. Oben angelangt, eröffnet sich uns ein weiter Blick über endlose Felder, in der Nähe zieht eine Gruppe Pferde vorbei. Ja, tatsächlich, es sind Pferde und keine Kühe, das erkennt selbst eine Stadtpflanze wie ich auf den ersten Blick. Ich setze mich auf den Schoß meines Liebsten und schaue mich vorsichtig um. Nichts. Niemand. Kein Auto, keine Straßen, bloß das Zwitschern der Vögel und zu meinen Füßen etwas Eichhörnchenkacke. Ich lasse mich in die Arme meines Liebsten fallen und atme die frische Waldluft tief in meine Lungen. Sie ist sauber und klar. Ich rieche den erdigen Boden, feuchtes Laub und Holz. Mein Liebster streicht mit seiner Nasenspitze an meinem Hals entlang, was mich kitzelt. Ich drehe mein Gesicht zu seinem und schließe die Augen. Wir beginnen uns zu küssen, schnell begreift mein Liebster, dass das eine der bisher seltenen Chancen auf Sex im Freien ist. Er forscht unter meinem Pulli nach meinen Brüsten, küsst mich in den Nacken und streichelt mich über meiner Hose. Ich blicke in die Ferne und beginne, mich zu entspannen. Seine Küsse werden verlangender, sein Streicheln gröber und ich spüre nun deutlich seinen harten Penis durch unsere Hosen.

»Ziehst du deine Hose runter?«, fragt er, ich nicke und setze mich mit meinem blanken Arsch auf seinen nackten Schwanz. Ich bewege mich zunächst sehr vorsichtig, doch der Hochsitz ist stabiler, als ich dachte. Mein Liebster knetet meinen Hintern, zwischen uns fühle ich die frische Herbstluft, die die Feuchtigkeit um meine Muschi herum kalt werden lässt. Ich schließe die Augen, fühle die Luft, die Kälte und meine Nässe. Meine Oberschenkel drücken mich auf und ab, mein Liebster hilft nach, indem er meinen Hintern balanciert. Er küsst meinen Nacken. Ein riesiger Vogel fliegt dicht an unserem Hochsitz vorbei, direkt in den Wald hinein. Dass Luft so klar riechen kann, ist immer wieder ein Erlebnis. Noch erstaunlicher finde ich es, beim Sex solch saubere Luft einatmen zu dürfen. Ich bewege mich nun etwas schneller, mein Po klatscht auf die Oberschenkel meines Liebsten. Nach zwei, drei weiteren Stößen spüre ich ein Zucken unter mir, seine Atmung verlangsamt sich, er ist gekommen.

»Hast du ein Taschentuch?«, fragt er nach kurzer Zeit, in der wir immer noch vereint den Ausblick genießen.

»Scheiße, nein. Daran habe ich nicht gedacht. Aber bis nach unten schaffe ich es auch ohne«, antworte ich und vertraue auf die Kraft meines PC-Muskels. Wieder festen Boden unter den Füßen, hocke ich mich schnell hinter einen Baum. »Aua, Mann, Scheiße ey« fluche ich, erschrocken durch das leichte Stechen, das sich auf meiner rechten Arschbacke breitmacht.

»Was ist los?«, ruft mein Liebster vom Hochsitz nach unten.

»Habe mich in eine Brennnessel gesetzt!«, antworte ich und rutsche ein Stück weiter nach vorn. Brennnessel am Hintern ist mir neu, eine Erfahrung, auf die ich gern verzichtet hätte.

Etwa eine Woche später sind wir zu einer Geburtstagsparty in einen kleinen, angemieteten Club in Prenzlauer Berg eingeladen. Ich habe beschlossen, mich an diesem Abend richtig abzuschießen, wozu meist nicht mehr nötig ist als eine große Weißweinschorle. Mein Liebster bleibt dafür nüchtern, denn er muss fahren. Gegen halb eins stehe ich wie geplant munter feiernd auf der Tanzfläche und suche Augenkontakt zu meinem Liebsten. Um mich herum ist es voll, in dem kleinen Schuppen kaum noch Platz zum Stehen oder Gehen. Mein Liebster sitzt an der Bar und hütet unsere einzige Sitzgelegenheit. Ich tänzele auf ihn zu und wische mir etwas Schweiß aus dem Dekolleté. Meinen salzigen Finger stecke ich ihm ohne Vorwarnung in den Mund. Er lächelt, saugt den Finger sauber und zieht mich zu sich heran. Wir küssen uns heftig, so wie früher, und mir schwirrt der Kopf. Mein Herz schlägt unregelmäßig hart gegen meinen Brustkorb. Jetzt oder nie, denke ich mir, ziehe ihn von seinem Stuhl durch die tanzende Menge, nach hinten in einen langen Flur und zu meinem Glück wird die einzige Toilette in diesem Augenblick gerade frei. Ohne lange zu überlegen, ziehe ich ihn in das kleine, hell erleuchtete Kabuff, schließe hinter mir die Tür zu und drückte ihn gegen die Wand. Wir küssen uns so lange und leidenschaftlich wie schon lange nicht mehr. Ich spüre meine Zunge kaum noch, was dem Alkohol geschuldet ist. Ich schiebe meinen Rock hoch, unter dem ich nur einen Slip trage, rücke diesen beiseite und zeige meinem Liebsten, wie ernst es mir in dieser Situation ist. Seine Finger gleiten problemlos in mich, er stöhnt in unseren Kuss und beginnt, seine Hose zu öffnen. Ich drehe mich um, stütze mich an dem winzigen Waschbecken ab und halte ihm meinen Hintern hin. Ich starre mir während des Sex selbst in die Augen, mein Spiegelbild über dem Waschbecken zeigt mir zum ersten Mal, wie ich währenddessen aussehe. Gar nicht so übel, wie ich finde. Wir kommen beide nicht zum Höhepunkt, denn nach einiger Zeit klopft es an der Tür. Wir ziehen uns ganz gelassen wieder an, ich öffne die Tür und verschwinde wieder im Getümmel, mein Liebster folgt mir. Ich verschwende keine Sekunde lang auch nur einen Gedanken daran, wer uns gesehen haben könnte oder wer welche Vermutungen über die Situation anstellen mag. Hier, in diesem kleinen verpufften Club, in einem Hinterhof vom Prenzlberg, mitten in der Nacht, hier war es mir so unglaublich egal, wer was über uns denken könnte. Aber vielleicht war das auch dem Alkohol geschuldet.

OB DIESE ERFAHRUNGEN MEIN SEXLEBEN BEREICHERT HABEN?

Ja. Ich weiß nun, unter welchen Umständen ich gerne Sex in der Öffentlichkeit habe. Öffentlichkeit meint bei mir nämlich Sex an Orten außerhalb unserer Wohnung, die jedoch vor fremden Blicken sicher sind. Mit Sex in der freien Natur habe ich kein Problem. Es empfiehlt sich jedoch die Mitnahme eines Taschentuches. Und den Hintern in Brennnesseln zu halten, kann ich nicht empfehlen.

DIE VENUS

ALS PAAR ZU BESUCH AUF EINER SEXMESSE

DRUCKERZUBEHÖR

Wenn am Kurfürstendamm Plakate mit halb nackter, liegender Frau, die lediglich mit einem weißen Slip bekleidet ist, hängen, und einem abgebildete, halb nackte Frau auch noch bekannt vorkommt (ist das nicht die von … dings … die war doch bei dieser Show …), dann ist wieder die Venus in Berlin.

Die Venus wird auch als »Highlight der Sinne« betitelt und ist eine Sexmesse. Sie selbst nennt sich »Internationale Fachmesse«. Liveshows, Toys, Unterwäsche, Pornostars und vieles mehr gibt es alljährlich im Herbst dort zu bewundern. Draußen ist es kalt, grau und nass, es regnet seit Tagen. Es gibt zwei Jahreszeiten, die sind in Berlin ganz schrecklich: der feuchte Herbst (Ende Oktober bis Dezember) und der trübe Winter (Dezember bis Mitte März), der oft wochenlang kein Sonnenlicht durch die dicke Wolkendecke lässt. Beton und kahle Bäume tragen in diesen Jahreszeiten dazu bei, dass wir Berliner mit Selbstmordfantasien spielen. Oder mit Gedanken an einen Besuch auf der Venus.

Ich finde, es ist an der Zeit, mich einmal mit meinem Liebsten ins Getümmel zu stürzen, um als Paar zu erleben, was genau diese Messe alljährlich so anziehend für viele Tausend Besucher macht. Ist sie etwas für Paare, die sich Inspiration für daheim holen möchten? Etwas für Singles, eine lustige Mädelstruppe oder doch nur was für Perverse? Wir werden es herausfinden. Außerdem freue ich mich auf bunte Lichter und nackte Haut. Da muss man sich auf der Messe doch fühlen wie bei einem Strandspaziergang auf Mallorca, oder?

Ich muss zugeben: In Sachen Venus bin ich nicht ganz jungfräulich. Ich habe sogar schon dort gearbeitet. Keine Panik, weder als Darstellerin noch als Stripperin oder Ähnliches. Ich habe für einen Pornovertrieb Kaffee gekocht und Bier ausgeschenkt. Es war ein klassischer Messejob und was soll ich sagen: Ich war Studentin und brauchte das Geld. Natürlich habe ich mir, bevor ich den Job angenommen habe, schon so meine Gedanken gemacht, ob ich tatsächlich auf einer Erotikmesse arbeiten sollte. Aber letztlich war alles halb so schlimm, denn die Venus ist in zwei Bereiche eingeteilt.

Einen Besucherbereich, gleich in den ersten Hallen des Messegeländes. Hier tobt der Bär! Und dann gibt es noch den Fachbesucherbereich. Ohne entsprechenden Ausweis ist hier kein Zutritt möglich. In diesem Fachbesucherbereich finden keine Shows statt, es laufen keine Stripperinnen durch die Gegend und auch die heiß begehrten Pornostars sind hier eher selten zu finden. In diesem Fachbesucherbereich war ich damals tätig. Und nach meinem Feierabend schlich ich durch dunkle Messehallen nach Hause, von dem eigentlichen Trubel habe ich folglich nicht viel mitbekommen. Ein Grund mehr, mit meinem Liebsten der Sache nun einmal auf den Zahn zu fühlen.

Er hatte vor unserem kleinen Ausflug überhaupt keine Vorstellungen, was uns denn nun auf der Venus, dem »Highlight der Sinne«, erwarten würde. Ich hatte zumindest eine vage Ahnung. Wir entschieden uns, an einem Samstagnachmittag, gegen 17 Uhr auf die Messe zu gehen. Der Eintrittspreis von rund 35 Euro pro Person war schon nicht ohne, schien die vielen Besucher, die sich vor dem Messegelände tummelten, jedoch nicht abzuschrecken. Was mir gleich auffiel, war, dass kaum einer der anwesenden Herren ohne Kamera unterwegs war. Egal, ob Profikamera, Miniformat oder Handykamera. Überall blitzte es. Und etwas anderes weckte mein Interesse: Zahlreiche Besucher hatten sich einen Tritt unter den Arm geklemmt und schleppten diesen Richtung Eingang. So ein kleines Treppchen, um zu Hause auch an den obersten Küchenschrank gelangen zu können. Meine Mutter nennt das Teil »Elefantenfuß«. Ich runzelte die Stirn und puffte meinen Liebsten in die Seite, deutete mit meinem Kinn in Richtung eines Tritt-tragenden Mannes. Er zuckte nur die Schultern, unsere Eintrittskarten wurden am Einlass eingescannt und auf ging es ins Getümmel. Nein. Getümmel ist untertrieben. In den Wahnsinn. Bereits im Eingangsbereich dröhnte laute Musik, eine Frau mit orangefarbenen Hotpants und blanken Titten, über die in großen, schwarzen Buchstaben der Domainname eines Erotikchats geschrieben war, verteilte Flyer und ließ sich fotografieren. Bunte Lichter zuckten im Eingangsbereich zur ersten Messehalle, eine Domina führte ihren in ein schwarzes Lackhöschen gekleideten Hundesklaven auf und ab. Er auf allen vieren, sie in unendlich hohen, schwarzen Schnürstiefeln und rotem Lederkleid. Sie schimpfte ihr Hündchen, als er nicht schnell genug neben ihr herkroch, er entschuldigte sich mit einem rührseligen Hundeblick.

Nicht ganz wie bei einem Strandspaziergang auf Mallorca, aber ähnlich. Ich formte ein wortloses »Wow« mit meinen Lippen und war gespannt, was uns nun in den Hallen erwarten würde.

In der ersten Halle angelangt, präsentierte sich ein bunter, schriller, lauter Messestand neben dem anderen. Stripshows wurden neben etwas härteren Liveshows gezeigt und das weiß ich auch nur, weil ich auf den Displays der vielen Handys und Fotoapparate sehen konnte, was die Menschen um die Stände herum fotografierten. Es war nämlich so voll, dass weder die Bühne der Stände noch die Darstellerinnen zu sehen waren. Jetzt erklärte sich auch, weshalb sich die Amateurfotografen ihren Tritt/Elefantenfuß mitgebracht hatten. Um schön von oben das Objektiv direkt in die Muschis der Stripperinnen zu halten. Ich konnte nicht richtig glauben, was ich da auf den Handykameras zu sehen bekam. Also sagte ich zu meinem Liebsten »Warte mal kurz« und boxte mich mit meiner unübersehbaren Körpergröße von 160 Zentimetern durch die Massen. Das Schöne daran, klein zu sein, ist natürlich, dass man überall hindurchschlüpfen kann. Ich schlüpfte bis zur Bühne in die erste Reihe. Hätte ich es lieber nicht getan. Direkt vor meiner Nase rekelte sich ein junges Mädel, spreizte die Beine in die Luft und führte sich einen mächtigen Dildo ein. Ich war ihr und ihrem Loch so nahe, ich hätte nachstopfen können. Erschrocken riss ich den Mund auf. Die junge Frau blickte mit leerem Blick nach oben in die Kameras über ihr. Ihre blonden Extensions klebten an ihrem verschwitzten Körper, die Schminke um die Augen war verlaufen, sie hatte Augenringe und fahle Haut. Hinter ihr auf dem Podest tanzte eine ebenso klägliche Gestalt mit glasigen Augen und dünnen Beinchen.

Ich verzog mich vorsichtig und langsam wieder zu meinem Liebsten. Das ist also die Venus, dachte ich und ging wortlos mit ihm von Stand zu Stand. Nach fünf Minuten Schweigemarsch

beschloss ich jedoch, dass es keinen Sinn machte, sich über die Ausbeutung junger Frauen Gedanken zu machen, während mein Liebster auf einen Messestand mit Silikonimplantaten zusteuerte. Anfassen wollte ich dann doch auch mal und durfte sogar! Denn der Hersteller hatte natürlich lebendiges Anschauungsmaterial zur Messe mitgebracht und ich fand, so ein Implantat in Tropfenform kann wirklich toll aussehen.

Das Aufgebot an Produktanbietern mit Sextoys und Dessous war überschaubar. Bunte, organisch geformte Spielzeuge, die der Marke Fun Factory ähnelten, kannte ich ja bereits. Ein Aussteller präsentierte besonders hohe High Heels aus Lackleder (habe ich schon erwähnt, dass ich eine Vorliebe für Lackschuhe habe?) mit kleiner Schnürung hinten am Hacken, aber bei näherer Betrachtung war es eine billige Verarbeitung und kein echtes Lackleder. An Skurrilität kaum zu überbieten: ein Hersteller »lebensechter« Lovedolls. »Fickpuppen ganz nach deinem persönlichen Wunsch« werden hier hergestellt. Lieber braune Haare und grüne Augen? Großer Mops, offener Mund, mit Analzugang oder ohne? Echthaar soll die Möse umrahmen? Kein Problem! Auf der Venus sollten Puppensammler voll auf ihre Kosten kommen. Natürlich musste ich jede der ausgestellten Puppen begrapschen. Das verarbeitete Silikon fühlte sich erschreckend echt an, nur war es eben etwas kälter als die Haut einer Frau, aber so eine feuchte Silikonmuschi kann sich schon täuschend echt anfühlen. Mein Liebster überließ mir das Grapschen.

»Frag dich mal, wie viele Hände den Nippel heute schon berührt haben«, lachte er mich an, als ich einer Puppe zum Abschied in die Brust kniff. Ich verzog angewidert das Gesicht und schmierte meine

Hand an meiner Hose ab. Und da waren wir auch schon durch, mit dem Besuch auf der Venus. Gut, wir hätten noch zehn Euro extra zahlen können, um bei einem Live-Pornodreh zuzuschauen, aber was soll ich sagen? Uns war nicht danach.

Händchenhaltend schlenderten wir zurück zum Ausgang. Die Domina führte immer noch ihr Hündchen spazieren, der Ärmste hatte sicherlich schon wunde Knie. Aber darum ging es wohl auch. Auf dem Nachhauseweg lud mein Liebster mich zu einem Häagen Dazs von der Tankstelle ein. Wir löffelten es geschmeidig bei einer abendlichen Fernsehsession aus dem Becher. Kein Eis auf Titten. Kein Eis-vom-Schwanz-Gelutsche. Wie entspannend so eine Sexmesse doch sein kann.

OB DIESE ERFAHRUNG MEIN SEXLEBEN BEREICHERT HAT?

Ja. Denn ich weiß nun, derb ist nicht automatisch erotisch. Ein Strip ist nicht immer sexy. Eine Liveshow kann für zehn Euro Eintritt nicht sonderlich sehenswert sein. Und Lackpumps müssen aus echtem Lackleder sein!

BONDAGE

FESSELN DER LUST

Ich schnappe laut nach Luft und verharre stocksteif unter den fremden Fingerspitzen, die zart, kaum merklich, meinen Nacken streicheln.

Um 15.45 Uhr hole ich dich ab. Bitte sei geduscht, überall wo es nötig ist, enthaart und nackt. Ich werde dir etwas zum Anziehen geben«, flüstert mir mein Liebster ins Ohr, dann lässt er mich in unserer Wohnung zurück. Es ist mein Geschenk zu den bestandenen Examens-Klausuren. Und er kombiniert es mit einem Selbstversuch. Er hätte etwas organisiert, was ich so noch nie erlebt hätte, hat er verraten. Ansonsten weiß ich von nichts. Ich soll meine Lippen rot schminken und auf einem Zettel notieren, was ich mit meinen roten Lippen verbinde.

Ich sitze also nackt, frisch geduscht und glatt rasiert im Schlafzimmer und notiere *Sexualität, Erotik, Aufmerksamkeit, Selbstbewusstsein* und *Sex*. Ja, das sind wohl die Dinge, die ich mit roten Lippen verbinde. Und ich weiß, weshalb er mich diese Notizen machen lässt. Denn es waren nicht zuletzt meine rot geschminkten Lippen, die unser allererstes Gespräch miteinander provoziert haben.

Mein Liebster und ich, wir haben uns am 12. Juli 2003 kennengelernt. Wie bereits erwähnt, war ich damals 17, er 22 Jahre jung. Es war ein durchwachsener Berliner Sommertag, ich erinnere mich an dunkle Wolken und nervigen Wind. Aber es waren Sommerferien und es war Love Parade in Berlin. Ana und ich, wir ließen es uns natürlich nicht nehmen, das Spektakel der einst größten Technoparade der Welt live mit anzusehen. Wir brezelten uns richtig auf. Ich trug schwarze Lederstiefel, meine Jeans stopfte ich in die Stiefel. Meine Lippen schminkte ich mit Mamas teurem Clarins-Lippenstift knallrot, setzte einen Cordhut mit Krempe auf, den ich mir seitlich etwas ins Gesicht zog. So konnte ich Augenkontakt mit den vielen verrückten Menschen auf der Parade vermeiden, wenn ich es wollte. Es war nicht die erste Love Parade, die wir besuchten. Mit 14 durfte ich zum ersten Mal hin und war seitdem fast jedes Jahr wenigstens zum »Gucken« dort. Doch in diesem Jahr, 2003, kickte uns das Spektakel nicht. Irgendwie war in diesem Sommer alles zu laut, zu dreckig, zu staubig und die Teilnehmer beim Rave zu betrunken. Eigentlich waren Ana und ich darauf aus, nette Typen kennenzulernen, etwas zu quatschen und zu feiern. Nun, über diesen Punkt war die Love Parade schon weit hinaus.

Wir saßen also etwas verloren an der Gedächtniskirche, damals standen noch Bänke und Bäume zwischen der Kirche und dem Zoopalast, auf der sich meist Punks oder Penner tummelten. Heute ist der Platz viel offener und freundlicher. Und wir hatten eigentlich schon gar keine Lust mehr, auszugehen, denn alle 100 Meter wurden wir von besoffenen Typen angesprochen, die wir dann mühsam wieder loszuwerden versuchten. Aber dann lief mein Liebster an uns vorbei und hatte irgendwie eine ganz andere Ausstrahlung als all die Besoffenen und geiernden Typen vor Ort. Obwohl er auf den ersten Blick ein typischer, in Berlin großgewordener Südländer sein könnte, der mit seinem türkischen Kumpel über den Ku'damm schlenderte, um die Lage zu checken und Mädels anzugraben, war er irgendwie anders. Trotz zurückgegelter Haare und einem markanten Auftreten wirkte er offen und wissbegierig. Selbstbewusst, interessant und unangestrengt. Ich weiß es noch wie heute: Er trug ein lachsfarbenes Polohemd, hellblaue Jeans und Adidas-Sneaker. Neben ihm lief sein bester Freund in Baggyjeans und T-Shirt und redete auf ihn ein. Als sie schnellen Schrittes an mir und der schmollenden Ana vorbeigingen, blieb sein Blick an mir haften. Unter meinem Hut hervor schaute ich ihm nach. Immer und immer wieder drehte er sich um und suchte den Augenkontakt zu mir. Ich lächelte ihn an und gab mein Bestes, um zu signalisieren: »Du! Du darfst mich ansprechen! Die anderen Affen hier vor Ort mit ihren billigen Anmachversuchen und nervigem Gequatsche im Gettoslang können mir vom Halse bleiben. Aber du dürftest!« Es klappte nicht. Er ging weiter.

Ich habe keinen bestimmten Typ Mann, auf den ich stehe. Ich kann Männer mit hellen Haaren mögen, die nach Surferboy aussehen, wie auch dunkle Typen mit Dreitagebart und Locken. Latinos sind interessant, flirten mir aber meist zu aggressiv, damit kann ich nicht umgehen. Asiaten hingegen sind zu lasch, da kommt bei mir nichts rum. Ich war auf einem Gymnasium, das auch von vielen Russen besucht wurde. Russische Männer sind sehr eigen. Mit mir und den russischen Männern gab es immer nur Streit. Darüber hinaus konnten sich keine Gemeinsamkeiten finden lassen. Männer dürfen nicht dick sein, aber auch nicht dünn. Ich mag sportliche Männer und gegen ordentlich trainierte Oberarme und eine wohl ausgeprägte Rücken- und Bauchmuskulatur habe ich nichts einzuwenden. Tattoos: gerne. Piercings beim Mann mag ich nicht. Der Style eines Mannes ist mir ziemlich egal, Hauptsache, er sieht nicht abgeranzt aus und riecht immer gut. Und ein Mann darf nie aufgesetzt sein, so nach dem Motto: Ich bin jetzt mal »Veggie« oder »Hipster« oder »Metro« oder »Hip-Hop«. Aufgesetzt zu sein ist was für Frauen. Ich schnaufte tief durch und blaffte Ana dafür an, dass der einzig taugliche Mann an diesem Abend an mir vorbeigegangen war.

»Siehst du. Der sah nett aus. Aber er bleibt nicht stehen. Uns quatschen immer nur die bescheuerten Typen an. Und du lässt dich mit den Besoffenen auch noch immer auf Gespräche ein!«, zickte ich sie an, die ihre letzte Zigarette ausgetreten hatte. Sie pustete den Rauch in die Luft und zuckte mit den Schultern.

»Meinst du die beiden da? Die auf uns zukommen?«, fragte sie. Schmollend schaute ich auf. Die Jungs hatten es sich anders überlegt und waren auf dem Weg zu uns. Ja, Frau Engele. Damit hast du jetzt wohl nicht gerechnet, dachte ich mir und mein Herz rutschte mir kurz in die Hose, als mein Liebster und sein Freund vor uns stehen blieben. Meine flirtenden Blicke verlangten nun nach einer Rechtfertigung.

»Ey«, fing er direkt seine Ansprache an und schaute dabei zu mir. »Du hast so rote Lippen, ich konnte einfach nicht weitergehen. Das hat mich total fasziniert«, sagte er so ungefähr, an den genauen Wortlaut kann ich mich nicht mehr erinnern.

»Danke«, antwortete ich und blickte ihn strahlend geradewegs an. Liebe auf den ersten Blick? Faszination? Eine Wellenlänge? Bestimmung? Es passte alles. Und dann standen wir vier da. Um uns herum tobte eine der größten Partys der Welt und wir saßen nüchtern zusammen und redeten. Ana ging mit seinem Freund Zigaretten kaufen, in der Zeit konnten mein Liebster und ich uns etwas besser kennenlernen. Und die Fragen, die mein Liebster mir stellte, waren so ganz anders als die Gespräche, die ich sonst führte, wenn ich flirtete. Er fragte nach meinen Eltern, was sie beruflich machten. Ob ich Geschwister hätte. Wir stellten schnell fest, dass wir fast im selben Bezirk wohnten und dass unsere Eltern die gleichen Jobs hatten. Das fanden wir einen »krassen Zufall«, aber wir kamen nicht auf die Idee, unsere Nummern auszutauschen. Beziehungsweise, ich fragte nicht nach seiner. Und er fragte nicht nach meiner. Wenig später wollten wir Mädels in eine Diskothek am Nollendorfplatz fahren, die Jungs mussten einen Kumpel vom Bahnhof abholen. Unsere Wege trennten sich.

In der Diskothek am Nollendorfplatz war nichts los, der Abend war zum Schreien bescheuert und die Luft raus, als Ana und ich eine Stunde nach dem Kennenlernen meines Liebsten wieder in Richtung Bahnhof Zoo unterwegs waren. Und man mag es nicht glauben oder es als »krassen Zufall« bezeichnen, aber dort trafen wir uns wieder. Mein Liebster und ich. Wir freuten uns darüber, also sagte ich: »Willst du mich eigentlich nicht nach meiner Nummer fragen?«

»Doch, stimmt. Daran habe ich noch gar nicht gedacht«, lachte mein Liebster und zückte sein Nokia. Auch das ist doch nicht normal! Ich musste ihm meine Nummer nahezu aufzwängen, er hätte mich nie im Leben selbst danach gefragt. Er hatte einfach nicht daran gedacht. Dann wiederum tat er etwas, was gegen alle Datingregeln verstieß: Er schrieb mir wenige Stunden später, als ich zurück in Zehlendorf meine Klamotten in eine Ecke meines Zimmers schmiss und mich abschminkte, eine Kurznachricht. Und die klang so, als würden wir uns schon ewig kennen.

Schmunzelnd lege ich den Zettel mit meinen Notizen neben mich auf das Bett. Mir wird plötzlich warm zwischen den Beinen, es macht mich an, dass ich hier sitze und auf ihn warten muss. Meine Hände werden kalt und mein Herzschlag beschleunigt kurz. Dann ist es 15.45 Uhr. Auf die Sekunde dreht mein Liebster den Schlüssel im Schloss herum und betritt die Wohnung. Brav und gespannt wie eine Feder sitze ich auf unserem Bett und harre der Dinge, die da kommen. Er ist ganz in Schwarz gekleidet, schwarze Hose, Pullover, Jacke und Handschuhe. Er begrüßt mich mit einem zarten Kuss. Meine Nippel werden hart. Dann geht er zu unserem Kleiderschrank und öffnet meine Seite. Gekonnt greift er nach meinem schwarzen Chiffonkleid mit den goldenen Kettenträgern und schwarzen Lackpumps und legt mir beides hin. Ich stutze.

»Soll ich keine Unterwäsche tragen?« Er schüttelt den Kopf. Okay, das ist ein Punkt, den muss ich jetzt doch klären, Vertrauen hin oder her. Wir haben Winter. Draußen schneit es bei −5° C.

»Aber ich darf Strümpfe anziehen? Du hast gesehen, dass die Schuhe offen sind?«, hake ich nach und zeige aus dem Fenster in Richtung Schneeflocken. Er schüttelt wieder den Kopf und bittet mich, mich endlich anzuziehen. Ich schlüpfe in das zarte Kleid und steige in die kalten Schuhe. Im Flur hilft mir mein Liebster in meinen Daunenmantel und hält mir eine Schlafbrille hin. Ich soll sie aufsetzen, damit ich nichts sehe. Jetzt. Ich denke an die vielen Treppen in unserem Hausflur und an die 10-Zentimeter-Hig-Heels die ich trage. Keine gute Idee, aber es hilft nun nichts zu diskutieren, ich möchte ihm seine Überraschung nicht verderben. Mir wird allerdings immer unwohler. Mein eben noch schriftlich notiertes Selbstbewusstsein scheint mir zu entgleiten. Ich trage die Schlafbrille, mein Liebster stützt mich und wir schaffen den Weg bis nach unten, vor die Haustür. Dort angekommen, nimmt er mich auf den Arm und dreht sich mit mir mehrmals im Kreis, damit ich die Orientierung verliere. Der Wind an meinen nackten Beinen ist kalt und ich hoffe, keine Blasenentzündung wegen der fehlenden Unterwäsche zu bekommen. Mein Liebster dreht sich nun wieder in die andere Richtung und ich muss lachen. Es hat geklappt. Ich weiß nicht mehr, wo ich bin. Er trägt mich zu einem Wagen, der Motor läuft bereits und ich lasse mich auf warme Ledersitze fallen. Mein Liebster sitzt hinten bei mir auf der Rückbank und streichelt meine nackten Beine. Er hat tatsächlich einen Fahrer engagiert, überlege ich und atme tief ein. Das hier ist kein Taxi! Ein Taxi riecht doch nicht so sauber nach frisch gereinigtem Leder, es rauscht auch kein Taxifunk und es spielt keine Musik. Ich beginne zu zittern, obwohl ich innerlich noch sehr entspannt bin. Ich vertraue meinem Freund. Ich weiß, er würde mich nie in eine Situation bringen, mit der ich nicht zurechtkäme. Er küsst meinen Hals, eine Gänsehaut überzieht mich. Es ist dunkel, die Schlafbrille ist eng und lässt kein Licht zu meinen Augen dringen. Mir ist kalt.

Nach einer gefühlten Ewigkeit hält der Wagen.

»Nina, ich möchte dich bitten, diese Kopfhörer zu tragen«, sagt mein Liebster und hält mir zwei Ohrstöpsel hin, aus denen Musik schallt.

»Nein, dann bin ich ja völlig orientierungslos. Bitte tu mir das nicht an«, flehe ich, wohl wissend, dass beim ungeübten Menschen ohne Seh- und Hörvermögen ein aufrechter Gang kaum möglich ist, denn es fehlen den Sinnesorganen zu viele Orientierungspunkte im Raum. Aber er lässt nicht locker. Widerwillig stecke ich mir die Musik ins Ohr. In dieser Sekunde rutscht meine Stimmung auf einen Tiefpunkt. Denn ich möchte nicht stolpern, ausrutschen oder mich peinlich machen. Ich weiß nicht, wo wir sind und ob mich andere Menschen in meiner Aufmachung sehen. Offene Schuhe und ein schwarzes Sommerkleid. Im Winter. Kombiniert mit Augenklappe und Ohrstöpseln. Schönen Dank auch. Doch ich halte meine Klappe. Ich spiele mit und sehe es als Erfahrung. Mein Gang ist holprig, ich verlasse mich einzig auf meinen Mann an meiner Seite, der mir mehrere Treppen hinaufhilft. Innerlich verfluche ich meine Lackpumps, warum zum Teufel soll ich diese bloß tragen? Warum bin ich so fein ge-macht, während er neben mir sehr leger aussieht? Die Treppen sind erst hart wie Stein, dann weicher, vielleicht mit Teppich be-zogen? Ich habe Angst, hintenüberzukippen, und kralle mich an seinem Arm fest. Die Musik in meinen Ohren nervt und mir wird immer kälter. Ich schwanke, möchte mich aus der Situation be-freien, gleichzeitig bin ich elektrisiert und weiß nicht, was noch passieren wird.

Die Luft um mich wird plötzlich wärmer und ich spüre, dass wir einen geschlossenen Raum betreten haben. Der Duft in diesem Raum strömt an mir vorbei, vanillig, mit einem Schuss Zitrus und irgendwie herb, wie Muskat? Sind wir vielleicht in einem Puff? Wie riecht es in einem Puff? Doch vielleicht mehr nach Sex, oder? Der Boden unter mir ist weich, es muss Teppich sein. Wir laufen eine halbe Ewigkeit. Dann bleiben wir stehen und mein Liebster nimmt mir die Kopfhörer ab. Die Augenklappe bleibt drauf und er bittet mich, nicht zu sprechen. Mein Name sei ab sofort Rosa und wir werden uns siezen, erklärt er. Ich nicke als Zeichen, alles verstanden zu haben, und schlucke. Ich kann keinen klaren Gedanken fassen, es gelingt mir einfach nicht. Ich vertraue ihm immer noch und lasse auf mich zukommen, was auch immer er vorbereitet hat. Er klopft einmal kurz, zweimal lang an eine Tür. Sie wird von innen geöffnet und wir betreten einen Raum. Die Tür wird hinter mir geschlossen und ich weiß nicht, ob die Person, die sie geöffnet hat, sich noch mit uns im Raum befindet. Mir wird mein Mantel abgenommen, ich werde zu einem Stuhl geführt, der eiskalt ist. Ich beginne zu zittern. Vor Kälte und Nervosität. Sind wir in einem Puff?, frage ich mich wieder. Aber dort wäre es nicht so kalt. Musik ertönt. Es ist ein dröhnender Gesang, unheimliche Männerstimmen singen dunkel im Chor.

Mein Liebster ergreift das Wort: »Willkommen im Secret House, einem inoffiziellen Sexclub«, ich lache laut auf und unterbreche ihn damit. Das war nicht meine Absicht und da ich nicht weiß, wie viele

Personen sich noch in dem Raum befinden, halte ich lieber wieder meinen Mund.

»Dies ist ein geheimer Ort der Leidenschaft. Sie werden entführt in eine Traumwelt der Sinne, Lust und Emotionen. Lassen Sie sich fallen und vertrauen Sie uns. Sobald Sie eine Tür hören, ist vollkommene Stille und Hingabe erforderlich. Das Safeword ist ›Rot‹ wenn die Situation abgebrochen werden soll.«

Plötzlich schlägt ein Gong. Meine Arme werden hinter den Stuhl geführt und mit Handschellen fixiert. Damit hatte ich schon gerechnet, wozu sollte ich sonst auf einem Stuhl sitzen? Die Handschellen sind fest und kalt, definitiv kein Plastikspielzeug. Meine Lippen beben und eine Welle der Erregung durchfährt mich. Dann werden meine Beine gespreizt, zunächst wird der rechte Fuß mit einem weichen Seil an das rechte Stuhlbein gebunden, dann der linke Fuß an das linke Stuhlbein. Das Seil wird unter dem Stuhl hindurch zu den Handschellen geführt. Handschellen und Fußfesseln werden gekonnt und schnell miteinander verbunden. Der Bewegungsspielraum meiner Hände ist minimal, sobald ich eine Hand bewege, spüre ich, wie sich das Band an meinen Füßen verengt. Versuche ich, die Füße zu bewegen, werden die Hände weiter nach unten Richtung Boden gezogen.

Im Raum erklingt nur die Musik. Ich zittere mittlerweile am ganzen Körper. Meine Stimmung schwankt zwischen Erregung und

Überforderung. Meine Gedanken kreisen wirr in meinem Kopf und ich versuche, die Situation einzuordnen, aber ich kann es noch nicht. Gefällt mir, was hier passiert? Schreckt es mich ab? Was wird passieren? Sind wir allein oder sind mehrere Personen anwesend? Sanft bewegen sich Hände an meinen Beinen empor und streicheln meine Knie. Es sind die Hände meines Liebsten, das spüre ich sofort. Er streichelt sanft und ohne Druck meine Unterschenkel, dann schiebt er mein Kleid in meinen Schoß. Sollte jemand vor mir stehen und die Situation beobachten, hätte dieser Jemand nun einen wundervollen Einblick in meinen Genitalbereich. Ein Finger streift meinen Brustansatz. Das Kleid sitzt zu eng, man kann meine Brüste nicht einfach herausfischen. Der Reißverschluss an der Seite müsste hierfür geöffnet werden. Stille. Das unheimliche Lied ist vorbei. Es folgt ein zweites. Es beginnt mit Glockenschlägen. Die Hände meines Liebsten ruhen an meinen Beinen und als die Glocken ein letztes Mal schlagen, berühren mich zarte Fingerspitzen an meinen Schultern. Ich schnappe laut nach Luft und verharre stocksteif unter den fremden Fingerspitzen, die zart, kaum merklich, meinen Nacken streicheln. Die Finger wandern in meine Haare, streicheln Schultern, Nacken und Wirbelsäule. Ohne Druck, nur wie ein Windhauch umfahren sie mich. Die Hände meines Liebsten an meinen Beinen sind mal spürbar, mal nicht. Meine Gedanken spielen verrückt und von »mich fallenlassen« bin ich noch weit entfernt. Ist die Frau hinter mir nackt? Ist mein Mann nackt? Sieht er Dinge, die ich nicht sehe, und wird er Dinge mit ihr tun, die ich nicht sehe? Ich atme tief durch und versuche, die Stimmen in meinem Kopf zu ersticken. Fakt ist, wir sind nicht allein.

Ich würde nicht sagen, dass ich in höherem Maße erregt bin, trotz dieser neuen, ungewohnten und extrem spannenden Situation. Das mag zum einen daran liegen, dass ich friere. Vielleicht aber auch daran, dass ich zu viel denke. Ich kann das Denken nicht lassen. Die Musik blendet aus und alle Finger verlassen meinen Körper. Jemand geht um mich herum. Stille. Dann berühren wieder Fingerspitzen meine Beine und ich spüre einen zarten Kuss auf meinem Knie. Weiche Lippen. Nicht die meines Mannes. Oder doch? Ich kann es nicht mehr einordnen. Mein Kleid wird weiter hochgeschoben, ich sitze entblößt auf dem Stuhl. Meine Knie werden auseinandergedrückt, zarte Küsse wandern in Richtung meines Schoßes. Ich meine, es seien fremde Lippen, und bei diesem Gedanken wird mir plötzlich ganz warm. Wie weit werde ich gehen? Ist es die Frau, die eben noch hinter mir stand, die jetzt meine Beine küsst, während ich blind und gefesselt auf diesem Stuhl sitze? Lasse ich mich von einer fremden Frau lecken? Meine Gedanken quälen mich weiter.

Die Fesseln an meinen Füßen werden gelöst und ich werde aus meinen Schuhen befreit. Man trägt mich zu einem Bett und deckt mich zu. Etwas berührt meine Lippen, hart und kalt. Ich lecke zaghaft darüber und stutze über den eigenartigen Geschmack nach Plastik. Meine Beine werden gespreizt, die Handschellen hinter meinem Rücken beginnen zu schmerzen. Aber das gehört wohl mit dazu. Der kalte, harte Gegenstand dringt in mich ein und ich stöhne auf. Mein Stöhnen wird erstickt unter dem heftigen Kuss meines Liebsten. Ich spüre ihn auf mir, er ist mir nah und ich fühle mich geborgen, als ich seinen Körper auf mir spüre. Meine Gedanken quälen mich weiter, als ich plötzlich die Zimmertür zufallen höre.

Als er mir die Augenbinde abnimmt, brauche ich einige Wimpernschläge, um mich zu orientieren. Wir sind in einem edlen Hotelzimmer. Es ist dunkel, aber ich erahne Designermöbel, schwere Stoffe, einen Flat-Screen-Fernseher über uns an der Wand und ein offenes Badezimmer. Wir sind allein. Er lächelt mich an und küsst den Rest meines roten Lippenstiftes von meinen Lippen.

OB DIESE ERFAHRUNG MEIN SEXLEBEN BEREICHERT HAT?

Ja. Ich habe über die gesamte Inszenierung noch sehr lange nachgedacht. Ich fand es schön, überrascht zu werden. Es hat mich jedoch überfordert, ohne Orientierung zu sein. Meine Erregung wäre wohl auch höher gewesen, hätte ich sehen können, was mit mir geschieht. Ich bin ein visueller Mensch. Der Reiz des Sichtbaren löst mehr in mir aus als Empfindungen allein. Auch vermute ich, dass ich lieber dominiere, als dominiert zu werden. Aber das muss ich in einem anderen Selbstversuch noch einmal genauer herausfinden.

BDSM

HAST DU MAL 'NE SCHÜSSEL?

Ein Adrenalinschub krabbelt mir von den Fußsohlen die Wirbelsäule hinauf und hinterlässt eine Gänsehaut auf meinem Kopf. Ja. So fühlt sich Schmerz an, stelle ich fest.

Schatz, zieh dich bitte an, wir brauchen ein Latexlaken, sonst veranstalten wir eine riesige Sauerei, über die wir uns im Nachhinein ärgern«, rufe ich aus dem Bad ins Schlafzimmer. Ein Latexlaken ist ein lustiger Gegenstand, auf dem man lustige Spielchen mit Öl und Seife veranstalten kann, ohne danach neue Matratzen fürs Bett kaufen zu müssen. Und für den Selbstversuch »Ölige Spielchen« brauchen wir viel Öl. Viel mehr als für eine Rückenmassage oder einen Handjob. Es muss richtig schön flutschen, der ganze Körper muss glitschig sein wie ein Fisch, um den Widerstand beim Sex so gering wie möglich zu halten.

»Wo fahren wir hin?«, ruft er zurück. Er steht vor dem geöffneten Kleiderschrank und starrt hinein, ich kann ihn aus dem Bad beobachten.

»Nach Kreuzberg, in die Kirchhofstraße. Dort ist irgendwie ein ›Fetisch-Hof‹ mit mehreren Sexshops. Den habe ich im Internet gefunden. Die fertigen auch Klamotten aus Latex an. Da bekommen wir das bestimmt.« Es ist ein frischer, aber sonniger Freitagabend und der Fetisch Hof hat bis 20 Uhr geöffnet. Ich schmiere mir noch schnell etwas Lidschatten drauf, steige in schwarze Lederleggins und in meine Vintage-Cowboystiefel, dann stehe ich im Flur und warte auf den Liebsten. Es ist immer so. Immer stehe ich fertig bekleidet da und warte auf den Prinzen, bis er sich dazu bereitfindet, das Haus zu verlassen. Ich verdrehe die Augen und weiß insgeheim, dass es immer so bleiben wird. Eine Eigenart, mit der ich zurechtkommen werde, bis dass der Tod uns scheidet. Denn wir sind zwar noch nicht verheiratet, aber seit 2007 miteinander verlobt.

Nachdem mein Liebster und ich unsere Beziehungsunterbrechung überwunden hatten, fand er, es sei an der Zeit, mir um kurz vor Mitternacht, in einer sternenklaren Novembernacht in Paris, am Fuße des Eiffelturms einen Antrag zu machen. Mein Liebster ist ein Gentleman. Und wenn er möchte, dann kann er den italienischen Casanova in sich richtig zur Geltung bringen. So wie in dieser Nacht. Der Eiffelturm erstrahlte wie zu jeder vollen Stunde über und über in bezauberndem Licht. Mein Liebster kniete vor mir nieder, den Ring in Weißgold mit eingespanntem Diamanten in der Mitte griffbereit in einer verheißungsvollen, roten Samtschachtel. Ich hörte kaum, was er sagte, aber es ging um uns, um unser Leben, um unsere Zukunft und an der entscheidenden Stelle erwachte ich aus meiner Trance und sagte mit Tränen in den Augen: »Ja, ich will!«

Ich kontrolliere meinen Lippenstift, dann steht er endlich vor mir. Ich mustere ihn skeptisch.

»So willst du da hingehen?«, frage ich und zeige auf sein Outfit. Er trägt hellblaue Jeans, einen weiß-blauen Adidas-Pullover und passende, blau-weiße Y3-Turnschuhe. Ziemlich sportlich für den Besuch eines Fetisch-Shops, finde ich.

»Seit wann gibt es für den Besuch eines Sexshops einen Dresscode?«, fragt er und ich zucke nur mit den Schultern. Wie schön, dass er noch an diesem Abend von einer Dame, deren Arbeitsoutfit aus dunklen Strümpfen, schwarzem Minirock und schwarzer Korsage besteht, eines Besseren belehrt wird.

Wir fahren durch den Freitagabendverkehr nach Kreuzberg und finden tatsächlich auch einen Parkplatz. Der Fetisch-Hof befindet sich im zweiten Hinterhof eines Berliner Altbau-Traktes. Von außen wirkt alles noch ziemlich harmlos. Winzig kleine Schilder weisen im Hof den Weg zu einer steilen Holztreppe in einem Seitengebäude. Es wirkt alles sehr rustikal und mittelalterlich. Ein Hinterhof mit Pflastersteinen? Flache Gebäude, die in einem U angeordnet sind? Sind wir noch in der richtigen Zeit? Ich bleibe vor der steilen Holztreppe stehen und zögere kurz. Was wollen wir hier noch mal? Ja, richtig. Ein Latexlaken. Ich atme tief durch und steige die steile Stiege hinauf. Oben angelangt, empfängt uns ein dunkles Zimmer. Kleiderstangen, Latexsachen, Schuhe, Masken, Gummikleider und Schmuckvitrinen, wohin das Auge blickt. In einer Ecke entdecke ich eine kleine, rundliche Frau mit schwarzem Haar und lieblichem Gesicht, die vor einem Schreibtisch steht und in ihren Computer schaut. Ich begrüße sie freundlich und deute an, mich umschauen zu wollen. Mein Liebster und ich stöbern einige Zeit durch die vielen Kleider. Eine elegante Maske mit Federn und Strasssteinen hat es mir besonders angetan. Ich betrachte sie lange, ehe die Dame fragt, ob sie uns helfen könne.

»Ja, wir suchen nach einem Latexlaken«, antworte ich und sie verzieht traurig den Mund.

»Oh, das habe ich leider nicht da, tut mir leid«, antwortet sie. Ich bleibe weiterhin interessiert, will ich doch herausfinden, was es hier mit diesem Fetisch-Hof auf sich hat. Meine anfängliche Aufregung und Skepsis hat sich etwas gelegt und ich bin neugierig.

»Na macht ja nichts. Ich habe gesehen, es gibt noch andere Geschäfte hier auf dem Hof? Die können wir uns doch auch anschauen, oder?«, frage ich. Ihr Gesicht erhellt sich etwas und sie klärt uns auf. Ich habe das Gefühl, dafür, dass sie in einem Fetisch-Shop arbeitet, ist sie etwas zu schüchtern.

»Ja natürlich. Also nebenan findet ihr noch den Peitschenhandel und gegenüber in dem länglichen Gebäude ist ein Club, die ›BDSM Lounge‹«, spricht sie schnell. Ich kann ihr kaum folgen.

»Die was?«, frage ich naiv nach.

»Ein Club. BDSM. Unten ist eine Bar, oben befinden sich Zimmer mit Mobiliar, die man stundenweise mieten kann. Schaut euch einfach mal um.«

»Einfach umschauen, geht das?« frage ich weiter, weil ich noch keinerlei Vorstellung davon habe, was es mit einem BDSM-Club auf sich haben könnte.

»Klar. Geht einfach mal auf einen Kaffee rüber«, antwortet sie und wir verabschieden uns voneinander.

Mein Liebster und ich stolpern über die dicken Kopfsteinpflaster im Hof geradewegs zu auf den »Peitschenhandel«. Mittlerweile bin ich etwas mutiger. Vielleicht, weil es hell ist und ich nicht befürchte, unangenehm überrascht zu werden? Vielleicht, weil ich

BDSM vereint die drei Hauptbereiche des Sadomasochismus: Bondage/ Discipline, Dominance/Submission und Sadism/Masochism. Bondage und Discipline stehen hierbei für Fesselungs- und Erziehungsspiele. Dominanz und Unterwerfung stehen für die psychische Ebene im Sadomasochismus. Hierzu gehören Spiele, die darauf angelegt sind, ein ungleiches Machtverhältnis herzustellen. Sadismus und Masochismus sind wohl die Bereiche, die zuletzt dank zahlreicher, aktueller Erotikromane in der Öffentlichkeit am stärksten wahrgenommen wurden: das lustvolle Bereiten von Schmerzen und das ebenso lustvolle Empfinden von Schmerzen.[4]

keinerlei Vorstellung davon habe, warum manche Menschen einen Peitschenhandel überhaupt aufsuchen? Vielleicht, weil ich naiv bin und von der Vielfältigkeit und den tiefen Abgründen sexueller Begierden noch nicht viel mitbekommen habe?

Es ist wohl eine Mischung aus allem. Der Chef selbst begrüßt uns im Peitschenhandel und rät uns, ihn alles zu fragen, was es zu fragen gibt, wenn wir denn Fragen haben. Ansonsten sind wir allein im Peitschenhandel, mein Liebster und ich. Und Hunderte verschiedenster Peitschen. Ordentlich aufgereiht hängen sie an Metallgestellen von der Decke bis zum Fußboden. Es gibt russische Peitschen und welche mit Pferdehaar. Aus Glattleder, Gummi, Wildleder. Dünne Peitschenschnüre, dicke, viele oder wenige. Lange oder kurze. Es gibt alles. Auch Halsbänder, Lederhosen, Nippelklemmen und Genitalspreizer. Im Untergeschoss sitzt eine weißhaarige Dame an einem Tisch und schneidet Lederstreifen zurecht. Arbeitsmaterial wie Zangen, Scheren, Nägel und Kleber stehen bei ihr auf dem Tisch. Mein Liebster und ich sind nahezu überfordert, als wir weiter durch die Gänge schlendern und uns mit unterschiedlichsten Peitschen sanft auf den Po schlagen – dabei kichern und albern sind –, um Unterschiede zwischen den Peitschenarten festzustellen. Ich beschließe: Ohne professionelle Anleitung kommen wir in diesem Peitschenhandel nicht weiter.

»Entschuldigung!«, rufe ich zu der älteren Dame am Werktisch. Sie blickt streng, aber dennoch irgendwie nett über ihre Brille zu mir, ein ganz leichtes Lächeln umspielt ihr rundes Gesicht.

»Sagen Sie, wir kennen uns nicht aus. Gibt es eine Peitsche, die Sie Anfängern empfehlen würden?«, frage ich, selbst erstaunt darüber, dass wir von dem Plan, ein Latexlaken zu kaufen, so schnell abgewichen sind. Aber ich denke da ganz pragmatisch: Das Thema »BDSM, Lack und Leder« stand eh auf unserer Liste. Jetzt wird es vorgezogen.

»Na, jetzt komme ich doch mal zu euch«, antwortet sie mit weichem Akzent, ich tippe auf polnische Herkunft. Ihre Hüfte knickt beim Gehen leicht weg, als sie an meinem Liebsten und mir vorbeigeht und auf eine Wildleder-Peitsche zusteuert. Die Peitsche ist rot-schwarz, ich hatte sie bereits vor einigen Minuten in der Hand und fand sie sehr ansprechend. Sie nimmt sie herunter und bittet mich, meine Hand auszustrecken.

»Diese hier würde ich euch empfehlen. Das Leder ist weich, gut für Rücken und Po, du kannst weich schlagen, nicht gleich mit den harten Sachen anfangen, was wollt ihr sonst in zehn Jahren machen?«, fragt sie uns und lacht. Sie befreit mein Handgelenk von meiner Jacke und holt sachte aus, das Leder streift meine Haut.

»Ja, das ist schön. Schön weich. Man spürt es kaum«, sage ich und strahle meinen Liebsten an. Die alte Dame zieht ihre Stirn kraus und blickt wieder über ihre Brille hinweg.

»Das kommt, weil ich zart zu dir war. Du kannst damit auch doller schlagen«, schmunzelt sie. Mit einem Kopfnicken deute ich ihr an, es mir zu zeigen. Sie holt aus, nicht mit wesentlich mehr Schwung als zuvor, nein. Sie bewegt sich dabei eigentlich fast gar nicht. Aber als eben erwähntes »weiches« Leder nun meine Haut trifft, stockt mir kurz der Atem. Ein Adrenalinschub krabbelt mir von den Fußsohlen die Wirbelsäule hinauf und hinterlässt dort eine

Gänsehaut auf meinem Kopf. Ja. So fühlt sich Schmerz an, stelle ich fest.

»Siehst du. Das macht ihr dann in zehn Jahren«, lacht die alte Frau und dreht sich weg, um uns eine andere Peitsche zu zeigen. Mit aufgerissenem Mund starre ich meinen Liebsten an. Der unterdrückt einen Lacher.

»Die hier«, fährt sie fort und zeigt uns eine kleine Gummipeitsche, nicht größer als ein Stift, mit fünf dünnen Peitschenschnüren, »diese habe ich mir ausgedacht. Sehr schön für Anfänger. Du kannst sie über die Nippel streifen, über den Intimbereich, kannst leicht schlagen, gehst dann wieder in den Intimbereich, gut für euch!«, findet sie und strahlt uns an. Ich stehe zwischen Hunderten Peitschen und stelle mir vor, wie dieses kleine Ding mit seinen dünnen Gummischnüren zwischen meinen Schamlippen durchgezogen wird. Augenblicklich werde ich feucht. Ich nehme ihr die Mini-Peitsche ab. Außerdem entscheiden wir uns noch für die Wildleder-Peitsche in Schwarz-Rot und eine spezielle Kerze, deren Wachs nicht zu heiß wird, damit man es ohne Verbrennungen über den Körper träufeln kann.

Bezahlt wird oben, beim Chef, der uns mit einem strahlenden Lächeln empfängt. Sicher hat er nicht damit gerechnet, dass wir etwas kaufen.

»Sagen Sie, wie reinigt man das eigentlich?«, fragt ihn mein Liebster, während wir auf die Abbuchung über das EC-Gerät warten.

»Das Gummi könnt ihr mit lauwarmem Wasser reinigen. Das Wildleder gar nicht. Das ist so großporig, damit macht ihr euch die Peitsche kaputt. Ihr benutzt das doch eh nur unter euch, oder? Man sollte immer nur mit seiner eigenen Peitsche spielen«, klärt er uns auf.

Mein Liebster überrascht mich, als er noch mal nachhakt: »Ja, aber wie wird das in den Clubs, also in den SM-Studios, gemacht? Gibt es da für jeden Kunden eine eigene Peitsche?«

»Nee, leider nicht. Aber deswegen sage ich ja, man sollte immer nur mit seiner eigenen Peitsche spielen. Und da hin und wieder doch mal Blut fließt und die Peitschen aus Leder nicht richtig gereinigt werden können, ist die Ansteckungsgefahr einfach zu hoch. So, hier ist der EC-Beleg. Und, geht ihr jetzt noch rüber in die Lounge, ein Käffchen trinken?«

Blut. Es fließt hin und wieder tatsächlich Blut, grübele ich noch, als wir wieder über den Hinterhof zum letzten Gebäude des Fetisch-Hofes laufen. Aber ich komme mit meinen Gedanken nicht weit, denn mein Liebster öffnet mir schon die Tür und prompt stehen wir tatsächlich, Freitagabend um kurz vor acht, in einem BDSM-Club. Der Raum ist länglich, eine Trennwand direkt hinter dem Eingang verhindert neugierige Blicke. Erst als wir um die Wand herumgehen, eröffnet sich uns die volle Pracht der Räumlichkeiten. Dunkelrote Wände, schwarze Möbel, eine stilvoll inszenierte Bar mit indirektem Licht. An jedem Barhocker befinden sich Stahlringe zum Anbinden von was auch immer. Auch von der Decke hängen Ketten und Ringe. In einer Ecke steht ein kleiner Käfig aus Stahl. Auf einem schwarzen Ledersofa sitzt ein Mann, er trinkt ein Wasser. Er sieht recht normal aus und lächelt freundlich. Dann sehe ich am Ende der Bar die Bardame stehen. Sie ist dünn, nahezu hager und vom Leben gezeichnet. Ihr Haar dunkelrot gefärbt und schulterlang. Sie trägt einen schwarzen Mini, schwarze Strümpfe und eine schwarze Korsage. Zunächst beäugt sie uns skeptisch, dann kommt sie mit einem Lächeln um die Bar herum.

»Wir haben drüben eingekauft und der Chef hat uns hierhergeschickt, wir sollen uns mal die Räume anschauen«, versuche ich, das Eis zu brechen, und es klappt.

»Ja, das ist typisch mein Chef. Na klar, könnt ihr gerne machen, aber es spielen gerade zwei«, antwortet sie schnell. Sie spricht so schnell, ich kann ihr kaum folgen. Dabei bewegt sie ihre dünnen Arme wild und klatscht in die Hände. Sie lächelt.

»Ach so, na dann können wir ja jetzt nicht schauen«, denke ich laut. Falsch gedacht.

»Doch könnt ihr. Die Kette ist ja nicht davor. Nur wenn die Kette davor ist, ist Zuschauen absolut tabu, dann darf keiner hoch. Aber die Kette ist ja unten und die Dame, die oben ist, ist auch professionell. Aber ich weiß nicht, was die gerade machen, also erschreckt euch nicht«, spricht sie fahrig und deutet zum Ende des Raumes. Eine kleine Treppe biegt nach links ab und führt dann nach oben. Ich entdecke tatsächlich eine schwere Gliederkette, die neben der Treppe an der Wand hängt.

»Was meinen Sie damit? Dass wir etwas sehen, womit wir nicht klarkommen?«, fragt mein Liebster und ich starre gebannt dem dünnen Persönchen auf die noch dünneren, aufgesprungenen Lippen, als sie uns unterrichtet.

»Ich arbeite hier seit Jahren, ich hab schon Dinge gesehen, das geht auf keine Kuhhaut. Deswegen kann ich euch nichts zu dem Spiel oben sagen. Aber ich nehme mal an«, unterbricht sie und zeigt erst zu mir, dann zu meinem Liebsten, »dass ihr noch ganz neu in der Szene seid? Einsteiger oder?«, fragt sie und wir beide lachen. Ich schiele zu dem Herrn auf dem schwarzen Sofa. Neugierig folgt er unserem Gespräch, sein Körper ist uns zugeneigt, neben ihm, zu seinen Füßen, hockt mittlerweile seine Partnerin, die sich wohl im hinteren Bereich des Clubs umgezogen hat. Sie trägt Jeans und eine weiße, kurzärmelige Bluse. Die beiden sind mit ihrem Spiel anscheinend schon fertig und warten nur darauf, dass mein Liebster und ich eine Entscheidung in Sachen Clubrundgang treffen. Man sieht es ihren offenen Augen an, sie sind gespannt, was wir tun werden.

»Also, wer Dom, wer Sub ist oder ob ihr switcht, ob hart oder zart, ist bei euch noch nicht geklärt, ja, und wo fängt SM an und wo hört er auf? Das weiß ich bis heute nicht«, plappert die Barfrau. (Ich mache eine mentale Notiz: Fachjargon nachschlagen.) Bedächtig nicken wir mit den Köpfen und eigentlich bin ich kurz davor, meine Taschen abzustellen, um mit meinem Liebsten einen Blick ins Spiel zu wagen. Doch in diesem Augenblick kommt ein Mann die Treppe herunter, geradewegs auf uns zu. Sein Oberkörper ist nackt, auf seine 180 Zentimeter Körpergröße verteilt sich ein wenig Speck, seine Arme sind weich und nicht trainiert, die Haut weiß. Seine Füße sind nackt und während er auf uns zukommt, fährt er sich mit der rechten Hand durch seinen blond gefärbten Irokesenschnitt. In seinem Kinn steckt ein Piercing. Ein Ring.

»Ich hätt gern mal 'ne Schüssel«, sagt er zur Bardame und stellt sich vor uns.

»Watt für Schlüssel?«

»Nee, eine Schüssel«, korrigiert er und die Lady in Schwarz macht auf dem Absatz kehrt und verschwindet im hinteren Raum. Wir stehen da, zu dritt. Der Typ wirkt wie in Trance, nicht richtig anwesend, aber auch nicht abwesend. Die Barfrau kehrt mit einer Glasschüssel zurück.

»Also wenn er schon nach einer Schüssel fragt, hört sich das nach Wetgames an. Ich würde euch nicht empfehlen hochzugehen. Es kann sein, dass ihr euch dann sofort von diesem Themen verabschiedet, Kopfkino habt. Das wäre schade«, führt sie aus. Ich bin kurzzeitig etwas geknickt, hätte ich heute, ganz spontan, doch gerne einen Blick durch das Schlüsselloch geworfen. Aber es soll wohl nicht sein.

»Passt auf, ich geb euch mal was mit. Da könnt ihr die Termine der nächsten Partys sehen. Der Einsteigerabend wäre etwas für euch. Da bauen wir auch ein kleines Buffet auf, aber dann bitte im Dresscode«, sagt die Lady und blickt an meinem Liebsten und seinem Sportoutfit herab.

Ich lache und puffe ihn in die Seite, sie steigt sofort in mein Lachen ein und plappert: »Ich sag es, weil ihr Anfänger seid. Also du mit deinen Leggins und den Stiefeln, das geht. Aber du kommst besser in Schwarz. Oder Rot. Oder in Schwarz-Weiß«, sagt sie bestimmend und deutet auf meinen Liebsten. Wir verabschieden uns von der Lady und auch von dem schmunzelnden Pärchen, von dem mein Liebster im Auto behauptet, die hätten gern mit uns gepoppt. Ich habe daraufhin bezweifelt, dass BDSM zwangsläufig etwas mit Geschlechtsverkehr zu tun habe, was mich dazu anregt, mehr über dieses weitläufige Thema BDSM erfahren zu wollen.

Aber zunächst endet unser Abend wie folgt: Ich hätte nicht damit gerechnet, dass mich ein eher zufälliger Besuch in einem Fetischhof derart erregen kann, dass ich beim spätabendlichen Sex unter dem abwechselnden Einsatz von Gummi- und Lederpeitsche so heftig komme, dass ich mich selbst völlig neu entdecke. Meinen Körper neu erfahre und »Lust« neu definieren muss. Mein Liebster und ich sind keine BDSM-Profis und sicher wird man auch nicht dazu, weil einem eine Peitschenbauerin mal eben gezeigt hat, wie eine Peitsche eingesetzt werden kann. Aber es ist erstaunlich, wie anregend die Entdeckung neuer Welten sein kann, selbst wenn man erst an der Oberfläche gekratzt hat.

Wie empfohlen strich mein Liebster mit der kleinen Gummipeitsche über meinen Intimbereich, ich durfte dabei weder sprechen noch lachen oder mich wehren. Ich trug einen Ganzkörperanzug aus Netz, der im Schritt offen war. Ein Safeword gab es nicht. Es wäre wohl »Stopp« gewesen. Aber brauchen Anfänger unter sich ein Safeword? Die Lederpeitsche war schon etwas gewöhnungsbedürftig und hinterließ nach mehrfachen, sanften Schlägen eine ebenmäßig rote Fläche auf meinen Brüsten. Ich glaube, meine Nippel waren zuvor noch nie länger als zehn Minuten am Stück durchgehend hart gewesen. Während unserer Session standen sie über eine Stunde. Und sie wagten nicht, weich zu werden!

Mein Liebster und ich beschließen nach diesem erotisierenden Abend, etwas tiefer in die Thematik einzutauchen, hatte uns die nette Bardame doch eh zum Kennenlernabend eingeladen.

Eine Woche später ist es wieder Freitagnachmittag. Ich bin auf der Arbeit und sitze im Büro und bin bemüht, AGB für ein Headhunter-Onlinesystem innerhalb kürzester Zeit möglichst rechtlich einwandfrei zusammenzustellen, als mich das Klingeln des Telefons aus meiner Konzentration reißt. Mein Liebster ruft an.

»Was los?«, frage ich interessiert, denn im Normalfall unterlässt er es, mich auf der Arbeit anzurufen.

»Also, für heute Abend verschieben sich unsere Pläne. Das mit dem Kennenlernabend ist keine gute Idee«, erklärt er, ich schürze bereits die Unterlippe, enttäuscht darüber, dass er jetzt plötzlich einen Rückzieher macht. War vielleicht doch nicht so sein Thema, überlege ich und versuche, mich damit abzufinden.

»Der Kennenlernabend heute ist ein Workshop mit dem Titel *How to quäl richtig* unter Anleitung einer professionellen Domina.«

»Ja, ich weiß. Ist doch okay, wir gehen da ganz journalistisch ran und beobachten nur«, versuche ich, die Situation noch zu retten.

»Es gibt ein spezielles Thema. Ich lese dir vor, was hier auf der Homepage steht«, fährt er fort. Ich bin ganz Ohr, während er liest: »*Lady Susan und Dennis präsentieren den Workshop für alle, die ›es‹ richtig machen wollen. Profitiert von Lady Susans langjähriger Erfahrung als professionelle Domina, gepaart mit dem fundierten medizinischen Wissen ihres Partners. Einige Themen werden wir Euch anhand von entsprechenden Live-Präsentationen am lebendigen Opfer nahe bringen – anderes werden wir Euch anhand von Beispielen und unseren Erlebnissen erklären. Im Anschluss an die Workshops, die jeweils circa 1,5 Stunden dauern werden, feiern wir eine schön perverse SM-Party. Probiert Euer neues Wissen doch gleich an Eurer/ Eurem Subbie aus. Wem noch entsprechendes Handwerkszeug dafür fehlt, der kann im Anschluss an unseren Workshop noch schnell im Peitschenhandel notwendiges Equipment käuflich erwerben. Thema heute Abend: Klinik – Nadeln, Unterspritzungen und anderes.«*[5]

»Oh fuck!«, rutscht es mir raus. Nadeln und Unterspritzung??? Er hat recht, das ist nicht die Richtung, in die wir gemeinsam gehen wollen. Mein Liebster und ich, wir sind zwar offen für gewisse Spielarten, aber wir haben auch Grenzen. Unsere Grenzen sind bei

Themen wie Nadeln und Unterspritzung definitiv erreicht. Ich werde mir niemals von meinem Lebensgefährten eine Nadel irgendwo reinjagen lassen. Und genauso wenig werde ich ihn anpissen oder ankacken.

Wir beschließen, noch einmal genauer zu recherchieren, um eine für uns geeignete Einsteigerparty zu finden. Denn fest steht, dass wir Interesse an dem Thema BDSM haben – zumindest an Teilbereichen dieses weitläufigen Themenkomplexes. Aus journalistischer Sicht ist meine Neugierde natürlich auch an dem Workshop am heutigen Abend geweckt. Hat das noch etwas mit Sex zu tun?, frage ich mich wieder. Was umfasst BDSM alles? Welche Gelüste werden gestillt? Aus psychologischer Sicht: Worum geht es eigentlich bei Themen wie Dehnungen, Unterspritzung, Wetgames oder Katheterlegen?

Jedoch, dieser Selbstversuch ist nicht der richtige Rahmen, um Abhandlungen über die dunkle Seite der menschlichen Sexualität zu verfassen, beschließe ich abends, als ich mein Bürooutfit ablege und in bequemere Kleidung schlüpfe. Ich darf mich bei diesem Thema nicht verlaufen, möchte nicht vom Weg abkommen. Aber ich nehme die Dinge, die unkompliziert und ganz natürlich in mein Leben gekommen sind, dankend an. Ich streiche über das weiche Leder der großen Peitsche und hänge sie wieder neben unser Bett.

OB DIESE ERFAHRUNG MEIN SEXLEBEN BEREICHERT HAT?

JA! *Es ist eine lustvolle Qual. Und meine Unwissenheit belustigt mich.*[6] Unbeschreibliche Lust und skurrile Begegnungen, über die ich noch Tage später nachdenke, ohne mich zu ekeln oder geschockt zu sein, das ist genau der schmale Grat, auf dem ich gerne wandere. Bei Kaiser's an der Kasse feucht zu werden, weil ich an das Gefühl der kleinen Peitsche zwischen meinen Schamlippen denke – was für eine Wonne.

Und auch mein Liebster war nachhaltig beeindruckt von diesem Erlebnis. Er findet, die Peitschen sollten daheim öfter mal zum Einsatz kommen. Von einem weiteren Besuch in solch einem Club ist er hingegen noch nicht wirklich überzeugt. Die BDSM-Clubs sind ihm etwas zu intim, die Konzentration liegt voll und ganz auf den anwesenden Paaren. Er geht lieber im Getümmel unter oder setzt auf totale Privatsphäre. Irgendwas dazwischen ist nichts für ihn.

GELD VERDIENEN IM INTERNET

MEIN ERSTER EIGENER EROTIK-BLOG

Alice hat eine zauberhafte, schmale Figur und keine Spur von Cellulite oder Bauchspeck. Außerdem kokst sie gern. Sie ist perfekt für diesen Job!

Internetblogs sind aus dem World Wide Web nicht mehr wegzudenken. Und insbesondere in Berlin kommt man nicht an Menschen vorbei, die von sich sagen, sie seien Blogger. Es gibt Fashion-Blogs, Make-up-Blogs, Video-Blogs, Foto-Blogs, Rezepte-Blogs, Quatsch-Blogs und viele mehr. Und in letzter Zeit gab es kaum eine Party, ein Abendessen oder einen Geburtstag, an dem ich nicht einen Blogger kennengelernt hätte. Neulich, als ich mit meiner ehemaligen Lerngruppe unseren Abschluss und das Bestehen der mündlichen Examensprüfungen feierte, stellte sich mir die Bekannte meiner Freundin als Rezepte-Bloggerin vor, der es nicht auf schöne Fotos von perfekt in Szene gesetztem Essen ankäme, sondern auf tatsächlichen Genuss, der leicht nachzukochen sei. Ich schürzte beeindruckt die Lippen und beschloss, dem Phänomen »Blog« genauer auf den Grund zu gehen. Es stellte sich heraus, dass es natürlich auch Blogs gibt, die sich mit der schönsten Nebensache der Welt beschäftigen.

Ich werde regelmäßig auf meinen ersten erotischen Roman *Höschenblues* angesprochen und viele Menschen reagieren positiv darauf, dass ich schreibe, und möchten ihre Erlebnisse mit mir teilen. Für mich als Autorin stellt ein Internetblog deshalb in zweierlei Hinsicht ein interessantes Medium dar. Zum einen kann ich über einen Blog erfahren, wie den Besuchern meine Texte gefallen, worauf sie abfahren und worauf eher nicht. Auch erfahre ich über einen Blog, welche Themen meine Leser interessieren. Was ist angesagt in der Szene? Welche Themen werden totgeschwiegen und welche sind echte Dauerbrenner?

Aber bevor ich mich an die Arbeit mache, um meinen ersten Sexblog zu eröffnen, ist Recherchearbeit angesagt. Denn kein Geschäft, auch nicht das eines Sexbloggers, kann gestartet werden, ohne vorher eine Mitbewerberanalyse durchgeführt zu haben. Das meint jedenfalls mein Liebster, als er meinen neuesten Selbstversuch kommentiert. Während ich ihm nämlich von meinem neuen Business erzähle, hängt er gerade über der Kostenanalyse eines mittelständischen Unternehmens, das er als beratender Betriebswirt betreut. Ich würde natürlich am liebsten sofort loslegen mit dem Bloggen, ohne lang zu fackeln und mir über Mitbewerberanalysen oder Businesspläne Gedanken machen zu müssen. Aber mein Liebster stoppt mich und meine Fantasien über Sexgeschichten und erotische Kolumnen, legt seine Zahlen und Tabellen beiseite und fragt mich allen Ernstes, ob ich schon einen Businessplan vorweisen könne. Ich grunze kurz. Mein Lacher, der sich lauthals über ihn lustig machen wollte, bleibt mir nämlich im Halse stecken, als ich seinem festen Blick begegne. Verdammt, er meint das ernst mit dem Businessplan. Und natürlich begründet er sein Verlangen nach diesem schrecklichen Ding auch substanziiert: »Du hast mit deinem neuen Job und dem Selbstversuch schon genug zu tun. So wie ich das sehe, braucht ein Blog viel Pflege und ist zeitintensiv. Du solltest deine Zeit nur in etwas investieren, was gut durchdacht ist und zumindest in der Theorie Erfolg versprechend sein könnte. Was willst du eigentlich erreichen, mit dem Blog?«

»Menschen möchte ich erreichen!«, rufe ich euphorisch.

»Das reicht mir nicht. Schreib alles auf, wo die Reise mit dem Blog hingehen soll, und setz dir konkrete Ziele. Schau dir deine Konkurrenz an. Verschaff dir erst mal einen Überblick«, sagt er noch, bevor er sich wieder seinen Zahlen widmet. Ich schmolle kurz.

Aber ich weiß, dass mein Liebster im Businessbereich fachlich unschlagbar ist. Deswegen diskutiere ich über die Konkurrenzanalyse auch nicht. Wenn ich schon einen Berater zu Hause sitzen habe! Bei meiner Suche nach der Konkurrenz wende ich mich an eine Website, die bereits die interessantesten und aktuellsten Sexblogs zusammengetragen hat. Ich stelle fest, es gibt zahlreiche Sexblogs, geschrieben von Männern und Frauen jeden Alters, die schwerpunktartig von ihren sexuellen Abenteuern und Gelüsten berichten. Auch finden sich hier Testberichte über Sextoys, Gleitgele, Frauenpornos und Co. Aber es gibt auch die »professionellen« Seiten. Die Vermittlung von Prostituierten hat natürlich nichts mehr mit klassischer Bloggerei zu tun, weshalb ich mich diesen kommerziellen Angeboten nicht länger widme. Unter den echten Blogs gefallen mir auf Anhieb mehrere Seiten. Eine junge, offensichtlich sexuell aggressive Berlinerin berichtet von ihren feuchtfröhlichen Nächten in Berliner Sexclubs. Sie macht sich mit einem stets sarkastischen Unterton lustig über Männer, die glauben, sie, die Bloggerin, erobern zu können, was sie jedoch nie schaffen werden, denn diese Bloggerin hat ganz besondere Ansprüche an ihre Männer. Ihr Blog ist hell, zartes Grau und Rosa ziehen sich über die Seite, kaum erkennbar verschwinden die Illustrationen von Handschellen und Strapsen im Hintergrundbild. Sie hat außerdem ein Foto von sich veröffentlicht. Der Look der Seite erinnert mich an einen Fashion-Blog.

Ebenfalls gefällt mir ein schlicht aufgezogener Blog, dessen Einträge leicht überschaubar und ohne tief gehende Verlinkungen und Verweise untereinander geschrieben wurden. Der Blog ist hell, freundlich und sieht auf den ersten Blick aus wie ein Besuch im Kosmetiksalon. Die Bloggerin hat sich in der Szene bereits einen Namen gemacht. Sie bloggt seit einigen Jahren recht erfolgreich und sie hat sich auf die Beantwortung sexueller und emotionaler Fragen ihrer Leser spezialisiert. Sozusagen ein stilvoller, erwachsener Auftritt des Dr.-Sommer-Teams der *Bravo*. Ich mag, wie sie schreibt. Ihre Antworten kommen schlicht und gefühlvoll, ohne Sarkasmus und ohne den Versuch, möglichst hochgestochen über Dinge wie »Fick«, »Lustlosigkeit« oder »Scheidenpilz« parlieren zu wollen. Mir gefällt der Gedanke, dass andere Menschen die Ratschläge dieser Bloggerin zu schätzen wissen.

Bei einem weiteren Blog, der Verfasser ist männlich, kann ich auch nach mehrmaligem Durchklicken seiner Artikel und seiner Selbstbeschreibung nicht feststellen, ob ich mag, was der Typ da treibt und wie er schreibt, oder nicht. Er, Mitte 30, alleinstehend, berichtet von seinen sexuellen Eroberungen, von dem Singleleben eines Mannes und von alltäglichen Begegnungen mit Frauen. Er schreibt in kurzen, abgehackten Sätzen. Seine Schreibe erinnert mehr an eine Aneinanderreihung kurzer Gedankenfetzen denn an einen Text. Auch geht er nicht ins Detail, was seine Eroberungen anbelangt. Er schreibt nur, Dame X war am Abend bei ihm auf ein Glas Wein und dass sie Spaß hatten. Mehr sagt er nicht. Auch zieht er kein Fazit aus seinen Begegnungen. Der Leser weiß folglich gar nicht, ob ihm das Erlebnis nun gefallen hat oder nicht.

Ich frage mich, ob es elegant ist, nicht ins Detail zu gehen? Zeigt er damit Klasse, seinen Bekanntschaften gegenüber? Aber warum schreibe ich einen Sexblog, wenn ich weder über Sex noch über meine Gedanken zum erlebten Sex schreibe? Jedoch, die Aufmachung passt zu seiner Schreibe. Der Blog ist in dunkles Rot getaucht, im Header erahnt man auf einem Schwarz-Weiß-Foto einen Mann, der liegend eine Zigarette raucht. Geheimnisvoll möchte er rüberkommen. Das hat er geschafft.

Ich denke nach und die Worte meines Liebsten ziehen ihre Kreise in meinem Hirn. Was möchte ich mit meinem Blog erreichen? Will ich fremden Menschen Fragen zu ihrem Sexleben beantworten? Nein, das passt nicht zu mir und so viel psychologisches Geschick möchte ich mir nicht zutrauen. Von meinen sexuellen Ausschweifungen berichten? Oder möchte ich den Menschen meine Texte und Geschichten, zugänglich machen? Ja, das ist es. Ich möchte einen Blog mit erotischer Literatur. In irgendeinem verstaubten Ordner auf meinem PC befindet sich noch eine Sammlung mit sexy Kurzgeschichten. Die Kurzgeschichten sind teilweise frei erfunden, teilweise beruhen sie auf echten Erlebnissen. Und ich möchte eine Seite mit sexy Neuigkeiten aus meiner Stadt. Das klingt für mich rund. Ich notiere das in einem Dreizeiler, den ich mit »Businessplan« überschreibe.

Es ist bereits spät am Abend, ich hole mir eine Cola aus dem Kühlschrank, knipse die Schreibtischlampe an und mache mich an die Arbeit. Ich bin so euphorisch, dass ich selbst nach einem langen Arbeitstag noch die Kraft habe, mich auf das Bloggen zu konzentrieren. Das Thema treibt mich innerlich an und die damit verbundene Arbeit erledigt sich wie von selbst. Ich eröffne ein Bloggeraccount bei Blogger.com und befolge die Schritt-für-Schritt-Anleitung, bis die wesentlichen Daten und Fakten über meinen Blog hinterlegt sind. Dann wühle ich mich gefühlte Stunden durch etliche Designvorlagen, Templates und Tools, bis ich kurz nach Mitternacht feststelle, dass ich gar nicht weiß, wie mein Blog aussehen soll. Wie entsteht bloß das Design eines Blogs? Erschöpft und mit einem verspannten Nacken schließe ich mein Blogprojekt für diese Nacht. Bevor es weitergehen kann, möchte ich mich in der Bloggerszene noch etwas mehr umhören. Denn für mich steht auch fest, nachdem ich mehrere Stunden mit Recherchen und ersten Einstellungen auf dem Blog verbracht habe: Ich möchte mit meinem sexy Blog Geld verdienen. Denn das mit dem Geldverdienen im Internet kann funktionieren!

Ja, es gibt tatsächlich Menschen, die leben von Blogs, YouTube-Videos oder von der Werbung auf ihrer Website. Natürlich investieren diese Menschen ebenso viel Arbeitszeit in ihren Internetauftritt, wie andere Menschen einen Arbeitstag im Büro bestreiten. Ich möchte mit meinem erotischen Blog kein Monatsgehalt verdienen, eher ein Taschengeld. Mal hier einen Hunni, mal da einen Fuffi, das würde mir schon reichen.

Mit einem Blog lässt sich auf unterschiedliche Weise Geld verdienen. Zum einen besteht die Möglichkeit, den Blog zu kommerzialisieren. www.blogger.com ist ein Google-Unternehmen.

Wenn ich meinen Blog für Google zur Kommerzialisierung freigäbe, würde Google Anzeigen platzieren und mich an den Klicks auf diese Anzeigen finanziell beteiligen. Es gibt aber diese Möglichkeit der bezahlten Werbeklicks auf einem Blog auch über das sogenannte »Affiliate Marketing«. Als Website-Inhaber meldet man sich mit seiner Domain bei unterschiedlichen Affiliate-Partnerprogrammen an. Dort bewirbt man sich direkt bei potenziellen Werbepartnern, die zum Thema der Website passen. Wird man als Werbepartner angenommen, kann man selbstständig Anzeigen, Header oder Pop-ups auf der eigenen Website platzieren. Gezahlt wird dann pro Klick auf die Anzeige, die Preise der Klicks variieren je nach Werbepartner.

Ein weiterer Weg, Geld mit dem Blog zu verdienen, ist die Einrichtung eines »Spende-Tools« auf dem Blog. Besucher können so freiwillig eine kleine Spende an den Blogger entrichten, wenn ihnen der Blog zusagt. Aber um ehrlich zu sein, ist diese Lösung nichts für mich. Das fühlt sich zu sehr an nach: »Ich weiß nicht, wie gut der Scheiß ist, den ich schreibe, deswegen bitte ich um eine Spende. Aber nur, wenn dir auch wirklich gefällt, was ich hier tue.« Ich weiß, dass mein Blog cool wird. Ich brauche keine Spenden, sondern Werbepartner.

Ich entscheide mich für das Affiliate-Programm und stelle schnell fest: Als Erotikanbieter (und dazu muss ich mich nun einmal zählen) ist die Anzahl der potenziellen Werbepartner stark limitiert. Dennoch gibt es einige bekannte Unternehmen mit tollen Anzeigenformaten, die ich gern auf meiner Seite platzieren möchte. Die Designs der Anzeigen sind sexy und elegant, nicht billig oder zu provokant. Das passt zu mir. Die Platzierung der Anzeigen ist schnell getan und stört den Gesamteindruck des Blogs nicht. Ohne in die Untiefen des Internetmarketings einsteigen zu wollen, ist es doch so: Je weniger Besucher die Website hat, umso kleiner ist die Wahrscheinlichkeit, dass die wenigen Besucher auf die Anzeigen klicken, die ich platziert habe. Und nur an den Klicks verdiene ich Geld! Mein Blog muss sich folglich zunächst etablieren und viele Besucher haben, bevor ich mit Klicks auf Werbeanzeigen Geld verdienen kann.

Also mache ich mich daran, fleißig Posts zu schreiben, Bilder hochzuladen, das Ganze auf Facebook zu teilen und zu bloggen, bloggen, bloggen.

Meine erste, wirklich bemerkenswerte Begegnung in Verbindung mit meinem Blog hatte ich, während ich mit Ana in der Vodka Lounge sitze und ihr von meinem neuesten Vorhaben berichte. Beste Freundinnen machen im Laufe des Lebens viel miteinander durch. Angefangen bei ersten kosmetischen Fehlgriffen (Ana beschloss irgendwann, sich einen Pony zu schneiden, und ich färbte meine blonden Haare rot) bis hin zu ersten festen Freunden, die die beste Freundin mal weniger und mal überhaupt nicht leiden kann. Ana sagte jedenfalls, als ich meinen Roman *Höschenblues* veröffentlichte, dass ich gar nicht in der Lage wäre, Romane zu schreiben, wenn wir nicht zusammen so viel erlebt hätten. Sie sehe sich daher als Teilhaberin meines geistigen Eigentums. Ich fragte sie daraufhin, ob das jetzt ein Gespräch über Provisionsanteile wird, und sie antwortete kackefrech mit Ja. Wer uns kennt, weiß, es klingt alles härter, als es gemeint ist. Das ist nach über 16 Jahren Freundschaft erlaubt.

Deswegen ist sie auch eine der Ersten, die, wie immer, wenn ich ein neues Projekt am Start habe, von meinem Erotikblog erfährt. Manchmal ärgert sie sich darüber, dass ich ihr von den Dingen erst erzähle, wenn sie bereits entschieden oder entstanden sind. Ich rede nicht gerne über ungelegte Eier und manchmal muss man mir Dinge aus der Nase ziehen. Heute Abend in der Vodka Lounge erfährt sie von *Love Motel*. Und nachdem sie gefragt hat, was ich mir davon erhoffe, welche Leser ich anspreche und ob sich damit Geld verdienen lässt, findet sie, davon muss sie sofort ihrer Arbeitskollegin und deren Schwester erzählen, die sich im Laufe des Abends zu uns gesellt haben. Ana schwärmt von meinem Blog, obwohl sie ihn noch gar nicht kennt, lobt mich als Autorin und bittet die beiden, nennen wir sie Becci und Alice, meinen Blog zu lesen.

Meinen Blog taufe ich auf den Namen *Love Motel*. Eine Erklärung zu dieser Namenswahl findet sich auf meinem Blog natürlich auch: *Love Hotels finden sich überwiegend in Japan (rabu hoteru genannt) sowie in Südamerika. Sie dienen Paaren, Prostituierten und deren Freiern, aber auch Einzelpersonen als Möglichkeit der sexuellen Reise in Räume, Atmosphären und andere Welten.*

In Japan ist der Wohnraum extrem begrenzt. Oft teilen sich Eltern mit ihren Kindern die Schlafplätze, bis diese selbst heiraten und von zu Hause ausziehen. Ein Love Hotel bietet Privatsphäre und Raum, um Intimitäten und Fantasien nachgehen zu können. Viele Paare nutzen diese Gelegenheiten, um dem Alltag zu entfliehen. Der Besuch eines Love Hotel stellt keinerlei gesellschaftliches Tabu dar.

Love Hotels sind jedoch nicht bloß Hotelzimmer im üblichen Sinne. Sie werden mit viel Liebe zum Detail und architektonischen Besonderheiten ausgestattet. Viele Love Hotels verfügen über Themenzimmer. Dazu gehören zum Beispiel S/M-Zimmer, Spiegelzimmer, Hello-Kitty-Zimmer, oder Open-Air-Zimmer, in denen man inmitten eines Waldes unter blauem Himmel den eigenen Gelüsten nachgehen kann.

Service wird hier großgeschrieben. Die Zimmer sind geräumig, sauber und: schalldicht. Sonderwünsche erfüllt der Zimmerservice nur zu gerne. Die meisten Hotels verfügen über ein großes Sortiment an Sexspielzeug, Kleidung, Pornovideos und Verhütungsmitteln.[8]

Ich möchte, dass die Besucher meines Blogs in unterschiedliche Fantasien und Räume abtauchen können. Ähnlich, wie in einem Stundenhotel für Paare. Als mein Blog online geht, fühle ich mich, als hätte ich tatsächlich ein Unternehmen gestartet.

Alice sitzt neben mir und kippt bereits ihr zweites Glas Wodka innerhalb weniger Minuten. Sie trägt ein aufgeschlitztes Shirt, knallenge, schwarze Jeans und Plateau-High-Heels, so hoch bis zum Himmel. Sie schmatzt in sich hinein und sucht in ihrem iPhone sofort nach meinem Blog. Ihre vollbusige ältere Schwester und Arbeitskollegin von Ana verdreht die Augen, sie ist genervt von ihrer kleinen Schwester, das hatte sie heute Abend schon mehrmals verlauten lassen. Ihre Schwester Alice stört sich daran nicht, sie ruft lauthals nach dem Kellner, zuppelt ständig ihr Oberteil zurecht und fragt mich dann, ob ich hin und wieder kokse. Ich lache und verneine. Sie zuckt mit den Achseln und ihre große Schwester schimpft sie für ihre Offenheit. Ich schmunzele in mich hinein. Nein, ich kokse tatsächlich nicht. Aber ich mag exzessive Menschen, gerade im Hinblick darauf, neuen Stoff für meinen Blog sammeln zu können. Der Valentinstag steht bevor. Ich möchte gerne etwas über erotische Fotos zum Valentinstag posten und würde dafür gern eine eigene Fotoreihe schießen und nicht einfach Bilder im Internet kaufen. Ana steht für eine Fotostrecke nicht zur Verfügung, das weiß ich bereits. Obwohl ihre gemachten Brüste sich sicherlich hervorragend auf meinen Fotos machen würden. Ich fackele nicht lange und frage Alice frei heraus, ob sie für diese Fotos zur Verfügung stünde. Ich scheue mich nicht, ihr diese Frage zu stellen, obwohl ich sie erst seit wenigen Minuten kenne. Ich habe das Gefühl, bereits jetzt sehr gut mit ihr auszukommen. So eine Chance bietet sich nicht oft, ich muss sie jetzt ergreifen. Auf der Arbeit kann ich schließlich keine meiner Kolleginnen oder der Sekretärinnen fragen, ob sie mal eben für meinen Blog blankziehen möchten. Das kann ich nur hier, in der Vodka Lounge, in der ich heute Nacht als Autorin unterwegs bin. Alice hat eine zauberhafte, schmale Figur und sicherlich keine Spur von Cellulite oder Bauchspeck. Außerdem kokst sie gern. Sie ist perfekt für diesen Job!

»Alice, ich würde gerne erotische Fotos für meinen Blog zum Thema Valentinstag machen. Wie sieht es aus, wärst du dabei?«

Ihre Schwester lacht laut und schmeißt sich eine schwarze Locke über die Schulter.

»Natürlich ist sie dabei. Für so etwas ist Alice doch immer zu haben!«

Alice guckt mich an, ihre grünen Augen strahlen.

»Wird man mein Tattoo sehen?«, fragt sie und dreht sich auf ihrem kleinen Samthocker sitzend zu mir herum. Ich stutze.

»Wo ist es denn?«, frage ich. Alice steht auf und zieht ihr zerschnittenes Shirt hoch. Die übrigen 20 Gäste, die in unserer Nähe sitzen, staunen nicht schlecht, als Alice wie selbstverständlich nackte Haut zeigt.

»Wow!«, staune ich und auch Ana stellt ihren Drink ab, um im Dunkel der Lounge genauer hinschauen zu können. Chinesische Schriftzeichen schlängeln sich von Alice' Hüfte bis knapp unter ihre Achselhöhle. Sie verrät mir auch, was sie bedeuten, aber ich vergesse es sofort wieder.

»Ich habe aber ganz kleine Titten. Ist das egal?«, fragt Alice.

»Natürlich ist das egal. Ich werde eh keine Nippel fotografieren, mein Blog ist nicht FSK 18. Hast du schöne Unterwäsche?« Alice nickt und wir vereinbaren, uns am Montagmorgen um 11.00 Uhr in einem Designhotel am Kurfürstendamm zu treffen. Ana hat Verbindungen und organisiert mir für drei Stunden Fotoshooting eine Suite für umsonst. Ich trage in mein Outlook einen Tag »HO« (Homeoffice) ein und wir stoßen auf mein Model und den Blog an. Ich freue mich, eine ganz neue Seite des Autorenlebens kennenzulernen. Die Zeit, alleine hinter dem Laptop zu sitzen und tief in meinen Fantasien zu wühlen, um Fiktion und Realität möglichst lesenswert in eine Geschichte zu verpacken, die ist gerade vorbei. Jetzt beginnt meine Zeit als Bloggerin.

Am Montagmorgen bin ich nervös, schließlich wird sich eine mir noch nahezu unbekannte Person gleich für mich und meinen Blog ausziehen. Ich springe noch schnell bei Beate Uhse rein und kaufe Pasties und Babyöl. Morgens um 10.30 Uhr. Auch ein erstes Mal für mich. Im Hotelzimmer räume ich unschöne Wohnaccessoires beiseite und überlege, wie und wo ich Alice ablichten soll. Sie erscheint fast pünktlich mit einer Stunde Verspätung, ist noch ungeschminkt, dafür aber bestens gelaunt und sie hat tolle Outfits dabei. High Heels und Korsagen in allen erdenklichen Formen und Farben. Wir starten mit einem türkisen Zweiteiler, sie trägt passende türkise High Heels und einen Taillengürtel. Ihre Beine sind sehr schlank, ohne jeglichen Makel, ihr Bauch flach und ihre Brüste klein, aber schön im Push-up anzusehen. Ich fotografiere sie im Flur der Suite, von hinten, ihr kleiner Po ist ganz offensichtlich ihr schönster Körperteil. Wir wagen uns dann auch noch hinaus in den dunklen Hotelflur, um schnell und heimlich dort Fotos zu schießen. Alice ist begeistert von den weißen Pasties, die sie zu einem schwarzen String und einer weißen Maske trägt. So kann ich sie auch von vorne fotografieren, ohne ihr Gesicht zu zeigen.

Wir verstehen uns sehr gut und ich freue mich, so schnell eine unkomplizierte Beziehung zu Alice aufgebaut zu haben. Nach rund zwei Stunden haben wir nahezu 100 sexy Fotos mit unterschiedlichen Outfits im Kasten und verlassen die Suite. Ich bedanke mich bei ihr mit einer Pizza in der Bleibtreustraße und verspreche, die Fotos so schnell wie möglich zu bearbeiten und auf CD zu brennen. Beflügelt gehe ich nach Hause und mache mich an die Arbeit. Schnell finde ich meine schönsten fünf Fotos von Alice, bearbeite so noch leicht und schneide sie am PC zurecht, dann lade ich sie mit einem knackigen Text auf meinem Blog hoch und gebe Alice Bescheid, dass sie nun online ist.

Sie freut sich und bedankt sich für die tollen Bilder. Der Post *Erotische Fotos zum Valentinstag: So machst du es richtig* hatte innerhalb weniger Stunden über 100 Klicks.

Wochen später: Und, habe ich Geld verdient, mit meinem Blog? Ja. Tatsächlich kam vor einiger Zeit die Anfrage eines sehr großen Erotikversandhauses, ob ich nicht auf meinem Blog mal einen Artikel über die neueste Online-Videothek dieses Unternehmens schreiben könne. Klar, dachte ich mir. Das Unternehmen ist cool, und endlich mal etwas Kohle in der Tasche schadet dem Autorendasein nie. Für den Artikel auf meinem Blog habe ich 25 Euro bekommen.

Aber hey, es ist nicht das Geld, das mich weiterhin bloggen lässt. Es sind meine Blogbesucher, die Kommentare posten, E-Mails schreiben, zu weiteren Themen anregen oder auch einfach mal Dampf ablassen. Ich habe festgestellt, Bloggen ist sehr zeitintensiv, und ich ziehe den Hut vor all den fleißigen Bloggern, die fast täglich posten, Videos online stellen, Fotos hochladen und präsent sind. Noch mehr Zeit kann und möchte ich in meinen Blog nicht investieren. Es ist ein Hobby und ich finde es schön, meine Gedanken auch ohne neues Buch mit meinen Lesern teilen zu können.

Meine Blogposts wie *Ist es sexy, nicht zusammenzupassen?* oder *Wir waren nur Farben. Sex unter Rausch. Eine Pro-und-contra-Liste* lassen mich zwischen den langfristigen Buchprojekten immer mal wieder aufatmen und den direkten Kontakt zu den Lesern spüren. Das finde ich schön. Auch finde ich es wunderbar, dass mein Liebster jeden meiner Blogposts liest und mir Feedback dazu gibt. Dadurch entsteht wiederum ein aktiver Austausch über sexuelle Themen in meiner Partnerschaft. Er regt mich zu neuen Themen an und schlägt mir Beiträge vor, auf die ich selbst im Leben nicht gekommen wäre. Es ist ein schönes Gefühl, von ihm auf den Blog angesprochen zu werden und gemeinsam über Themen nachzudenken, die meine Leser interessieren könnten.

OB DAS BLOGGEN MEIN SEXLEBEN BEREICHERT HAT?

Nein. Aber es hat meinen Blick für das Geschäft mit der Erotik geschärft, ich habe viel recherchiert und dadurch neue Inputs für meine Arbeit als Autorin erhalten.

Und das Bloggen bereichert mich in meinem sozialen Umfeld. Denn der Blog ist Gesprächsthema auf Partys und Events. Bekannte kommen plötzlich auf mich zu und flüstern mir ins Ohr: »Du, ich hab da eine unglaubliche Geschichte für deinen Blog. Kann ich dich nächste Woche mal anrufen?« Es sind Begegnungen, die mir zeigen, wie offen die Menschen plötzlich werden, wenn es um ihr tiefstes Inneres, um ihre Sexualität geht. Sie erzählen mir Geschichten aus ihrem Leben, teils peinlich berührt, oftmals hocherotisch. Und sie möchten, dass ich darüber schreibe. Eine junge Frau, die ich erst wenige Stunden kannte, war sogar bereit, erotische Fotos von sich machen zu lassen. Erstaunlich, oder?

DER ERSTE FILMDREH

YOUPORN LÄSST GRÜSSEN!

Das ist die Geschichte? Frau unter Dusche wird mit Glasdildo gefickt? Wo ist die Handlung? Der Glasdildo des Grauens, oder was soll das werden?

Dass er das alles mit mir mitmacht, dafür hätte ich vor diesem Selbstversuch nicht die Hand ins Feuer gelegt. Und nicht nur, dass mein Liebster die bisherigen Selbstversuche nun schon seit Wochen mit mir durchzieht, nein! Er geht auch noch darüber hinaus und bringt sich ein! Er hat offensichtlich schauspielerisches Talent. Er arrangiert Entführungs- und Bondageszenarien, erträgt einen automatischen Penis mit Orgasmusgarantie neben sich und im Peitschenhandel war er die treibende Kraft, die mir den Rücken gestärkt und wichtige Fragen zum hygienischen Umgang mit Wildlederpeitschen gestellt hat.

Mir war natürlich klar, dass wir während dieses Selbstversuches neue Seiten an uns kennenlernen würden. Aber ich hätte nicht damit gerechnet, dass er sich so aktiv, wie bisher geschehen, in das Experiment einbringen würde. Obwohl er derjenige war, der den Anstoß zu diesem Selbstversuch gegeben hat, hätte ich irgendwie nicht damit gerechnet. Und ich freue mich über seine Initiative, denn normalerweise ist mein Liebster niemand, der gerne im Mittelpunkt steht. Was nicht heißt, dass er nicht kommunikativ wäre. Er drängt sich nur niemals auf. Er ist sehr strebsam und ein Perfektionist. Deswegen nimmt er diesen Selbstversuch sehr ernst. Er möchte mit mir neue Erfahrungen sammeln, denn er meint, sie verbinden und stärken die Partnerschaft. Es sind nämlich nicht nur die Erinnerungen an Urlaube und andere Lebensereignisse, die zusammenschweißen. Sondern auch Erlebnisse im intimsten Bereich. Bisher gab es in Sachen Selbstversuch auch erstaunlich wenig Diskussionsbedarf (außer dem ersten, grundlegenden Gespräch vor dem Start des Versuchs). Aber bei dem nächsten ersten Mal sind wir an einem Punkt angelangt, über den wir uns nicht einig sind. Denn weil mein Liebster nicht gern im Mittelpunkt steht, in keinem Freundschaftsnetzwerk, Telefonbuch oder Internetportal zu finden ist, findet er den Gedanken, einen Porno zu drehen, recht bescheuert.

Denn mir geht es nicht nur darum, uns beide beim Sex daheim im Schlafzimmer zu filmen, um das Filmchen dann auf einer externen Festplatte verstauben zu lassen, nein. Ich habe Größeres vor. Ich möchte unseren Porno auf einem der bekannten Pornoportale im Internet hochladen, am liebsten auf YouPorn.

Die Plattformen mit Gratispornos sind mir nicht neu. Ich weiß nicht, wann ich mich zum ersten Mal auf den Seiten getummelt habe, aber es ist schon einige Jahre her. Und ich finde an Pornos nichts anstößig oder verachtenswert. Vor einiger Zeit schimpften die Medien über die »Generation Porno«, wie schrecklich schlimm es wäre, was heute alles im Internet gratis abrufbar sei. Sicherlich hinterlässt der ungehinderte Zugang zu Pornos Spuren bei der Jugend. Die Gelehrten, die sich mit diesem Thema beschäftigen, sehen das jedoch ein wenig anders. So etwa Rüdiger Lautmann, ehemaliger Professor für Soziologie an der Uni Bremen mit den Arbeitsgebieten Geschlecht und Sexualität: *Ein zyklisch auftretender Fall von Moralpanik ist die sexuelle Verwahrlosung der Jugend. Zuletzt wurde die Sau einer Generation Porno durchs Dorf getrieben. (…) Weil die Erwachsenen das für schweinisch und peinlich halten, reden sie mit ihren Kindern nicht darüber. Die meisten Jugendlichen von heute haben bereits alles gesehen und bereden das in ihren Cliquen. (…) Gelassenheit ist angebracht.*[9]

Pornos fangen nur in begrenztem Umfang die wirkliche Sexualität ein, etwa in Amateurpornos, die daheim vor Herd und Ehebett gedreht werden. Hier spürt der Beobachter sofort, dass das agierende Paar einen anderen Umgang miteinander hat als Schauspieler. Letztere fügen sich in ihre Rollen, wollen Fantasien Bild werden lassen und den Zuschauer in andere, unreale Welten mitnehmen. Nichts anderes tun Science-Fiction- und Fantasy-Filme auch.

Ich persönlich finde das Rumstöbern auf Seiten wie YouPorn amüsant, inspirierend und anturnend. Mit einem gewissen Abstand und der Kraft, den PC auch wieder auszuschalten, ist es ein lustiges Intermezzo mit schneller Befriedigungsgarantie. Und ich bin sogar im Besitz richtiger Pornofilme. Richtige Pornospielfilme mit »Handlung«, Drehbuch, Make-up und Bühnenbild, unterschiedlichen Settings und so weiter. Nur, seit das Internet den Porno an sich gerissen hat und billigen Webcamproduktionen Tür und Tor öffnet, reißt sich niemand mehr um die richtigen Produktionen.

Eine Reise durch die Geschichte des Pornos in Deutschland machen meine liebste Freundin Ana und ich an einem kühlen Freitagabend im Frühling. Mich interessiert der Vortrag des Autors Philip Siegel, der zwei Jahre lang Pornoproduktionen in ganz Deutschland begleitet hat, um mich auf das Thema einzustimmen. Bilder vom Set und Behind-the-Scenes-Aufnahmen warten auf uns im Roten Salon am Rosa-Luxemburg-Platz. Unterstützt wird Philip von Simone Scherer, einer ehemaligen Pornodarstellerin, die ihm im Interview zur Seite steht. Ich fahre direkt nach der Arbeit zum Roten Salon und muss mich ziemlich beeilen, um pünktlich zu sein. Ana kommt direkt aus der Uni und findet davor einen Parkplatz. Sie trägt ihr dichtes, schwarzes Haar offen, hohe Schuhe hat sie immer im Auto dabei und tauscht ihre Ballerinas noch schnell gegen schwarze Plateaupumps. Wir begrüßen uns kurz, ich berichte, worum es geht, und dann suchen wir auch schon unsere Sitzplätze. Wir lassen uns in die dicken, roten Sessel sinken und bringen uns schnell auf den neuesten Stand in unserem Privatleben.

Ich: Job, Autorendasein, Selbstversuch. Sie: Job, Uni, Stress mit dem Freund. Darauf stoßen wir an und freuen uns auf unseren gemeinsamen Abend. Auf der Bühne ist eine Leinwand angebracht, der Salon in Rot getaucht, die Sitzreihen gut gefüllt. Auf der Leinwand ist ein Foto zu sehen. Zwei nackte Frauen sitzen auf einem Tisch, sie tragen große, barocke Perücken und kneifen sich gegenseitig in die Brustwarze. Um kurz nach acht geht es auch schon los. Philip stellt sofort klar, dass es heute Abend nicht um das Zeigen von Pornos geht und auch nicht um eine Diskussion über die Auswirkungen der Pornografie auf Jugend und Gesellschaft. Vielmehr geht es um die Geschichte des Pornos, eine Reise durch 40 Jahre Pornogeschichte in Deutschland. Wir erfahren etwa, dass der Porno 1973 in Deutschland freigegeben wurde. Es fallen Namen wie Josefine Mutzenbacher, eine der größten Darstellerinnen jener Zeit, oder Gunter Otto, der mit seiner Reihe *Lass jucken Kumpel* in den 70ern rund vier Millionen Kinobesucher in Deutschland begeisterte. Wir bekommen eine klassische Dialogszene aus einem alten Porno zu sehen, in der die »Familie Immerscharf« findet, die »mütterliche Fotze« müsse immer umsorgt werden. Der komplette Saal im Roten Salon lacht sich krumm.

Simone Scherer unterstützt den Vortrag mit eigenen Erfahrungen und Insiderwissen. Die dunkelhaarige Frau mit der üppigen Oberweite steht dem Publikum Rede und Antwort und lacht ein glockenhelles Lachen, das ich nur zu gerne höre. Sie dreht schon seit 2003 keine Filme mehr. Die Reise durch die Geschichte des Pornos geht weiter und wir lernen viel über die Unterschiede zwischen Low-Budget-, Hardcore- und Privatproduktion, bis wir irgendwann im Heute anlangen. Bei der Internetpornografie. Wir alle sind uns einig, dass das Internet zum Untergang des Pornos geführt hat. Aber wir glauben auch fest daran, dass die Zuschauer die billigen Fickszenen irgendwann satt haben werden und der Porno vielleicht, irgendwann, seinen Weg in die großen Kinosäle zurückfinden wird. Nach über zwei Stunden verabschieden sich Autor und Interviewpartnerin von den Zuschauern und laden noch zu einem Drink an die Bar ein. Ana verlässt den Raum, sie braucht eine Zigarette. Ich hingegen möchte mich von den maßgeblichen Akteuren noch verabschieden und ihnen für den gelungenen Abend danken. Beide sind überaus freundlich und laden mich noch auf ein Glas Rotwein ein, das ich jedoch ausschlagen muss. Ana wartet unten auf mich. Aber Simone gibt mir ihre Handynummer. Vielleicht kann ich sie ja mal gebrauchen. Um ein Interview zu vereinbaren oder so.

Einen eigenen Porno zu drehen ist eine besondere Herausforderung. Noch dazu, wenn man sich zumindest die Option offenhalten möchte, das Video auch öffentlich zu machen. Dann muss es schon was hermachen, finde ich. Einfach nur die Kamera auf eine Bumsszene draufhalten, möchte ich keinesfalls. Im Porno geht es doch um

Fantasie, Darstellung und um das Spiel mit dem Zuschauer. Mein Liebster und ich, wir sind uns über die Frage der Veröffentlichung noch nicht ganz einig. Deswegen beschließen wir, das Video zunächst zu drehen, es uns anzuschauen und dann zu entscheiden. Wir sammeln unsere Ideen. Fakt ist, wir beide möchten nicht unser Gesicht zeigen. Auch dürfen meine Tattoos nicht zu sehen sein. Es sollen nicht Nina und ihr Liebster das Paar in dem Video sein, sondern ein Schwanz, ein Hintern und die dazugehörige Muschi, die gemeinsam ein Abenteuer erleben. Abenteuer hört sich gut an, finde ich!

»Wir haben doch das Wurfzelt von deiner Cousine zum Geburtstag bekommen! Lass uns den Film darin drehen!«, schlage ich vor.

»Und dann? Was ist die Geschichte?«

»Na, eine schlafende Bergsteigerin wird nachts in ihrem Zelt überrascht und während sie schläft, von dem einsamen Bergmenschen gevögelt.« Mein Liebster grübelt.

»Der Bergmensch bist du!«, rufe ich ihm zu.

»Ich dachte, du stellst sich in die Dusche, ich öle dir deinen Hintern richtig schön ein, bis er glänzt. Dann ficke ich dich von hinten mit dem Glasdildo. Währenddessen prasselt das Wasser aus der Dusche über deinen Körper«, flüstert er geheimnisvoll. Ich puffe ihn in die Seite.

»Das ist die Geschichte? Frau unter Dusche wird mit Glasdildo gefickt? Wo ist die Handlung? Der Glasdildo des Grauens, oder was soll das werden?«, scherze ich. Er zieht einen gespielten Flunsch.

»Ach so. Eine Bergsteigerin, die vom Yeti gepoppt wird, während sie schläft, und dabei nicht wach wird, das ist ein besseres Drehbuch?«

»Hey, that's business, Baby. Der Glasdildo ist raus, sorry. Außerdem dachte ich, du spritzt mir ganz klassisch zum Abschied auf den Po?«

»Muss das sein?«

»Ein Porno endet normalerweise mit einem sichtbaren Ergebnis, dem Cumshot. Im besten Falle frisches Ejakulat auf dem Körper

Simone hat auch erzählt, dass ihr in ihrer bisherigen Karriere noch nie künstlich erzeugtes Sperma (zum Beispiel als Mischung aus Puderzucker und Wasser) untergekommen sei. Der »Cumshot« oder auch »Moneyshot« genannt, sei das Echtheitszertifikat am Ende eines jeden Pornos. Und wenn der Darsteller aus Versehen zu früh in der Darstellerin kommt, gibt es richtig Ärger. Anders bei den sogenannten »Creampie-Szenen«, in denen bewusst in der Darstellerin ejakuliert wird, um anschließend das Ausfließen des Spermas aus der Vagina filmen zu können.

oder im Mund der Darstellerin. Wenn schon, denn schon!«, beschließe ich für uns.

Das Wurfzelt passt genau in unser Schlafzimmer und es ist tatsächlich innerhalb von drei Sekunden aufgebaut. Und da ich detailverliebt bin, breite ich sogar noch einen Schlafsack und eine Isomatte im Zelt aus. Wir planen eine One-Cut-Produktion, ohne Schnitt. Das bedeutet, schon beim ersten Versuch muss unser Plan aufgehen. Sonst müssen wir noch mal ran. Mein Liebster hält die Kamera die ganze Zeit über in der Hand, die Kamera ist quasi sein Auge, auch »Point of View«-Darstellung genannt. Ich liege im Schlafsack, den er nur aufzuklappen braucht, um an meinen Hintern zu gelangen, und »schlafe« auf dem Bauch liegend.

Ich höre den Reißverschluss des Zeltes. Huch, wer wagt sich denn zu mir herein? Ganz langsam klappt er den Schlafsack weg und fängt an, mit einer Hand meinen Hintern zu kneten. Nach einer Weile zuppelt er an meinem pinkfarbenen Tanga und zieht ihn mir bis zu den Knien herunter. Ich spüre, wie ich feucht werde, als sich seine pralle Eichel zwischen meinen Schamlippen positioniert. Er versucht, in mich einzudringen, was jedoch ohne meine Hilfe nicht sofort gelingt. Ganz leicht kippe ich weiterhin schlafend mein Becken an, um ihm den Zugang zu meiner nassen Muschi zu vereinfachen. Es funktioniert. Vorsichtig gleitet er in mich. Seine linke Hand knetet weiter meinen Po. Er gibt keinen Ton von sich. Mir entwischt hin und wieder ein zartes Stöhnen. Wir haben zuvor beschlossen, dass der Film nicht länger als fünf Minuten dauern sollte. Ein selbst gemachter Porno mit einer Länge von rund fünf Minuten ist ideal, um ihn kurz zu genießen, ohne ewig lange davorsitzen zu müssen, ehe die Action beginnt. Außerdem können wir ihn so schneller hochladen. Er hält sich an das Drehbuch und spritzt mir auf den Po. Dann höre ich, wie er die Kamera ausschaltet und weglegt.

»Und?«, frage ich freudestrahlend und drehe mich halb zu ihm.

»Wie lange?«

»Vier Minuten und 48 Sekunden. Perfektes Timing!«

»Sehr gut!«, lobe ich ihn und wir klatschen ab. Dann reicht er mir Taschentücher.

Gemeinsam sitzen wir in unserem Schlafzimmer im Wurfzelt und schauen den Film. Ich finde ihn toll, ohne Schnitt, ohne Patzer, eine Eins-a-Darstellung!

»Und jetzt?«, frage ich und er zuckt schweigsam die Schultern.

»Ich bin mir nicht sicher mit deinem Upload. Was willst du denn damit erreichen?«

»Mich interessieren die Klickzahlen. Stell dir vor, wir stellen den Film rein und er wird innerhalb eines Monats Tausende Male angeschaut. Fändest du das nicht cool?«, frage ich euphorisch. Er zuckt die Schultern, aber ich sehe, dass ihm dieses Thema nicht behagt.

»Sprich, was denkst du? Warum bist du so skeptisch?«

»Es ist das Internet. Alles, was man ins Netz stellt, wird verbreitet und gestreut. Wir haben keine Garantie, dass der Film nicht anderweitig genutzt wird.«

»Aber man erkennt uns doch gar nicht. Deine Hände, dein Schwanz, mein Hintern. Kein Mensch kann das bei den Zigtausenden Pornos nachvollziehen.«

»Aber die Leser werden es wissen.«

»Die Leser wissen auch, dass wir zusammen Sexspielzeug benutzen und ins Insomnia gehen.«

»Das ist nicht das Gleiche.«

Ich hake nach und wundere mich darüber, dass unsere Meinungen hier so auseinandergehen. Damit hätte ich nicht gerechnet.

»Stell dir vor, wir hätten einen Geschäftspartner von dir im Club getroffen. Deinen ehemaligen Professor oder Ausbilder. Das findest du weniger schlimm, als einen nahezu anonymisierten Porno ins Netz zu stellen?« Er bejaht meine Frage mit einem Kopfnicken.

»Ja. Wenn man sich in einem Sexclub trifft, gibt es einen Kodex. Der Kodex lautet, dass das, was dort geschieht, nie außerhalb des Clubs zur Sprache kommen wird. Außerdem ist derjenige, den ich dort treffe, ja dann auch vor Ort. Er könnte mir also nichts vorhalten.«

Ich schalte den PC ein und checke die AGB von YouPorn. Um zu sehen, ob man Filme endgültig wieder löschen kann, müsste ich ein Nutzerkonto anmelden.

»Mein Bauchgefühl sagt mir, wir sollten das nicht tun. Und du weißt, ich habe ziemlich gute Instinkte. Irgendwie fühle ich mich mit dieser Sache nicht wohl«, erklärt er und betrachtet weiter nachdenklich die Kamera. Ich setze mich zu ihm auf die Couch.

»Okay. Dann machen wir es nicht. Ich achte dein Bauchgefühl und ich werde einen Teufel tun und dich zu irgendwas überreden.«

Ich küsse seine Wange, während er den Film löscht.

OB DIESE ERFAHRUNG MEIN SEXLEBEN BEREICHERT HAT?

Ja. Denn ich habe mir vorgenommen, irgendwann einmal einen echten Porno zu drehen. Ich als Drehbuchautorin und Regisseurin. Die Hauptdarsteller sind professionell und damit einverstanden, dass der Film veröffentlicht wird. Ein Regiedebüt bei einem Porno. Das wäre geil!

NACKT

EIN TAG OHNE HÖSCHEN

Du hast morgen Unten-ohne-Tag«, flüstert mir mein Liebster ins Ohr, während ich im Badezimmer stehe und mir die Zähne putze. Eigentlich hatte ich gerade überlegt, dass ich immer noch einen Gutschein für ZARA habe und endlich mal wieder shoppen gehen müsste. Was war das jetzt mit dem »unten ohne«??

»Bitte?«, frage ich nach und spucke Zahnpasta ins Waschbecken. Er zuckt frech mit den Augenbrauen und zeigt auf meinen Schritt. Ich trage eine graue Jogginghose und ein weißes Feinrippshirt von Schiesser. Ich blicke an mir herab.

»Was soll das bitte heißen? Sprich mit mir!«, ich puffe ihn in die Seite und deute einen Leberhaken an. Während er sich die Zähne putzt, lacht er sich kaputt. Dann spuckt er endlich auch aus, spült den Mund und setzt, theatralisch wie er manchmal ist, zu einer Erklärung an.

»Ich habe heute von einem Paar gelesen, das sich gegenseitig, jeweils einmal in der Woche, eine Pflicht auferlegt. Eine Pflicht sexueller Art. Sie suchte sich mal aus, von ihm geleckt zu werden, während das Champions-League-Finale läuft. Er suchte sich dafür aus, dass sie einen Tag ohne Slip unterm Rock verbringen muss. Den ganzen Tag! Und dass er ihr während dieses Tages immer zwischen die Beine fassen darf, egal in welcher Situation.«

»Das sind ja dann schon zwei Pflichten!«, bemerke ich spitzfindig.

»Entschuldige mal! Lecken, während Fußball läuft?« Ich zucke nur mit den Schultern.

»Du möchtest also, dass ich den Tag morgen ohne Slip verbringe? Und einen Rock trage? Was hast du davon?«

»Die Gedanken. Die habe ich davon. Und du wirst mir hoffentlich Bericht erstatten. Ich lade dich nämlich morgen Abend zum Essen ein«, flüstert er wieder, fasst mir an den Po und küsst meine Schläfe.

Beeindruckt schürze ich die Lippen. Einen Tag ohne Slip? Das werde ich überleben. Wenn dafür ein tolles Essen rausspringt. Ich willige ein. Aber, da fehlt doch noch etwas, oder nicht? Was darf ich mir aussuchen? Die Einladung zum Essen hat doch wohl nichts mit seiner sexuellen Gegenleistung zu tun, oder?

»Du darfst dich auf eine Revanche freuen, mein lieber Schatz«, drohe ich und deute mit einem Wattepad auf ihn, mit dem ich mir gerade die Wimperntusche abnehme.

»Heißt?«, fragt er unsicher zurück.

»Das wirst du schon sehen. Du hast den Stein ins Rollen gebracht und das mit dem ›unten ohne‹ ziehe ich durch. Aber danach bist du dran! Der nächste Selbstversuch geht auf dich, sei gewiss!« Ich lache dreckig und schiebe sofort meine Gedanken von links nach rechts und wieder zurück. Was kann ich mir Schönes für ihn ausdenken? Etwas, was wir bisher noch nie getan haben? Etwas, mit dem ich mir einen sexuellen Wunsch erfülle. Etwas, was mich heiß machen würde. Er steht vor mir und schüttelt den Kopf.

»Hey! Du kannst aufhören, über die Revanche nachzudenken. Überleg dir lieber, was du morgen anziehen möchtest. So ein Tag unten ohne muss doch wohl durchdacht sein!«

Jetzt ist er derjenige, der schmutzig lacht. Und ich weiß auch warum. Natürlich weiß er, dass ich hin und wieder Tendenzen habe, spießig zu sein. Und das Rumgespieße fängt bei mir beim Thema Hygiene an. Einen Tag ohne Slip zu verbringen, ist die eine Sache. Einen Tag ohne Slip unterm Rock zu verbringen, eine andere. Jede Frau, die im Hochsommer Miniröcke trägt und nicht darum herum kommt, mit den öffentlichen Verkehrsmitteln zu fahren, weiß, wovon ich rede. Es kleben nicht nur die Oberschenkel an den Sitzen in Bus und U-Bahn fest, nein. Die kurzen Röckchen rutschen beim Sitzen natürlich noch etwas höher, sodass kaum noch die Pobacken vom Stoff bedeckt sind. Die Mumu sitzt also, nur durch das dünne Stöffchen namens Unterwäsche geschützt, auf dem Sitz, auf dem Kalle letzte Nacht noch sein Hündchen hat sitzen lassen. Der Sitz, auf dem Jugendliche ihre heiß geliebten Airmax platzieren, damit jeder die teuren Schuhe auch sehen kann. Der Sitz, auf dem der *Motz*-Verkäufer mal eben Zwischenstopp einlegt. Der Sitz, auf den Oma Friede ihre dreckige Einkaufstüte hochhievt, die zuvor auf dem Bahnsteig abgestellt wurde. Der Sitz küsst jeden Sommer Hunderte von Muschis. Und alles, was uns Mädels davor schützt, keinen Herpes oder andere Infektionskrankheiten zu bekommen, ist unser Höschen. Und dieses Höschen soll ich nun weglassen? Gut, ich muss mich ja nicht setzen. Sitzen muss ich ja nur im Büro und dort habe ich einen Schreibtischstuhl, den nur ich benutze.

Am nächsten Morgen stehen wir beide früh auf. Ich gehe gerne früh ins Büro, ich schaffe in den Morgenstunden einfach viel mehr als am Nachmittag. Außerdem habe ich die Möglichkeit, mir einmal in der Woche »HO« einzutragen. Homeoffice. Wir brauchen uns nichts vorzumachen. Homeoffice ist eine Erfindung, um einen Tag in der Woche mehr frei zu haben. Mütter nutzen Homeoffice, um sich um Kinder und Kack zu kümmern. Stressgeplagte Manager checken in dieser Zeit ihre Mails von zu Hause und stellen fest, dass sie doch noch mal ins Büro müssen. Junge Rechtsanwältinnen wie ich waschen in der Zeit ihre Wäsche, hören Mariah Carey, üben sich in Kundalini Yoga oder arbeiten an erotischen Selbstversuchen. Na gut. Letzteres tue vielleicht auch nur ich. Jedenfalls muss ich heute ins Büro und gehe ohne Slip. Ich trage ein schwarzes Kleid mit Stehkragen. Bis zur Hüfte ist es eng geschnitten, der Glockenrock fällt weit und weich. Er schwingt wundervoll beim Laufen. Die Länge ist kniggegerecht und reicht bis zum Knie. Ich bekomme für dieses Kleid immer Komplimente, wenn Kollegen mich darin sehen.

Im Fahrstuhl greift mein Liebster hinter mich und schiebt mir mein Kleid über den Po. Er streichelt kurz über meine nackte Haut, küsst meine Lippen und strahlt mich an.

»Siehst du. Jetzt werde ich den ganzen Tag mit einer Latte herumlaufen.«

»Wenn es das war, was du wolltest, dann hat es funktioniert.«

Wir verabschieden uns und ein frisches Lüftchen weht mir zwischen die Beine. Ich schmunzele darüber, mich selbst so sehr zu spüren. Die ersten Schritte im Freien ohne Schlüppi sind ungewohnt. Es ist, als könnten die anderen sehen, dass ich unten ohne bin. Völliger Quatsch, klar! Aber ich bilde mir ein, die Menschen, die meine Wege kreuzen, blicken mich intensiver an. Sie blicken mir auf den Po und auf den Schritt. Oder doch nicht?

Nein. Tun sie nicht. Aber ich fühle mich bewusster. Ich fühle den ganzen Tag über jedes Überschlagen meiner Beine. Jedes Mal, wenn ich aufstehe, streiche ich mein Kleid glatt. Wenn ich mich setze, achte ich darauf, auf meinem Kleid zu sitzen. Aber ich gewöhne mich auch sehr schnell an diese neue Situation. Es ist erstaunlich, wie schnell der Mensch mit Veränderungen zurechtkommen kann. Heute bin ich den ersten Tag in meinem Leben ohne Slip aus dem Haus und kurz nach der Mittagspause ist es bereits so, als würde ich jeden Tag unten ohne gehen. Hat das »unten ohne« nun Vorteile? Weniger Wäsche. Keine Quetschfalten. Nachteile? Der Hygieneaspekt ist nicht außer Acht zu lassen.

Mein Liebster holt mich aus dem Büro ab und fährt mit mir nach Mitte. Die Stadt ist voll, wir brauchen vom Ku'damm bis zum Alex geschlagene 40 Minuten. Während wir im Stau stehen, befreit mich mein Liebster aus meinem Mantel und legt meine Beine frei. Er streichelt über meine nackte Haut, bis er irgendwann etwas grob meine Schenkel auseinanderdrückt. Er befühlt meine Schamlippen. Sein Gesichtsausdruck wandelt sich schlagartig. Eben noch war er gestresst, hungrig, leicht aggressiv. Jetzt ist er butterweich und fummelt an meiner Pflaume. Ich rutsche ein Stück nach vorn, um ihm sein Spiel zu erleichtern. Plötzlich runzelt er die Stirn, während einer seiner Finger fast in mir steckt.

»Was ist das?«, fragt er und fühlt weiter. Ich grinse.

»Ein Tampon«, antworte ich gelassen.

»Hast du deine Tage?«

»Nein.«

»Warum dann dieses unnötige Etwas? Oh Mann, eben noch war ich echt scharf. Jetzt ist die Illusion zerstört«, mault er und legt seine Hand wieder auf meinem Oberschenkel ab.

»Das ist die Realität, Baby. Was dachtest du denn, wohin damit?«

»Wohin womit?« Er versteht nicht, was ich meine. Ich versuche, sachlich zu bleiben, ohne das Wort »Scheidenschleim« in den Mund nehmen zu müssen.

»Darf ich dich kurz aufklären? Eine gesunde Vagina verfügt über natürliche Befeuchtungsmechanismen. Da die Vagina aber kein Auffangbecken dafür bereithält, sondern unten offen ist, wie du vielleicht mitbekommen hast, muss die Feuchtigkeit doch irgendwohin«, erkläre ich und finde meine Erläuterungen sachlich und biologisch einwandfrei.

Er verzieht das Gesicht. Ich lache laut auf und quetsche seine Hand wieder zwischen meine Schenkel. Sorry, Schatz. Ich kann zwar unten ohne durch die Rechtsabteilung eines Wirtschaftskonzernes hüpfen und so tun, als könnte ich kein Wässerchen trüben. Aber ich kann keine Flecken auf den teuren Polstermöbeln hinterlassen.

OB DIESE ERFAHRUNG MEIN SEXLEBEN BEREICHERT HAT?

Ja, auch wenn ich ihm kurzzeitig seine Illusionen geraubt habe. Ich mache es wieder gut, versprochen. Nächstes Mal schneide ich den türkisfarbenen Faden einfach ab.

ABSTINENZ

MEINE REVANCHE

Sex, Sex, Sex. Sex vorne, Sex hinten, Sex zwischendurch. Darf ich vielleicht mal durchatmen und das Ganze sacken lassen?

Was kann frau sich wünschen, wenn alle sexuellen Wünsche entweder bereits erfüllt wurden oder es absehbar ist, dass sie erfüllt werden? Ich weiß es nicht. Gut, auch wenn die Sache mit dem Tampon nicht hundertprozentig fair war, so habe ich dennoch den Tag unten ohne überstanden. Und nun liegt es an mir, mich bei meinem Liebsten zu revanchieren.

Eine Woche ist seit unserem letzten Selbstversuch herum. Und er fragte mich heute früh, zwischen Dusche und Honigtoast, was ich mir von ihm wünsche. Welche sexuelle Pein ich ihm auferlegen möchte. Ich antwortete ihm, dass ich kurz darüber nachdenken müsse.

Und nun sitze ich da, starre auf meinen Monitor und frage mich, welche sexuellen Wünsche ich habe. Was ist noch unerfüllt? Was brennt mir unter den Nägeln? Ich beginne, an meinen rot lackierten Nägeln zu knibbeln, und stelle fest, dass ich es nicht sagen kann. Allein das Nachdenken strengt mich an und ich fühle mich plötzlich so unter Druck gesetzt. Ich möchte mir jetzt nicht irgendeinen Quatsch ausdenken, weil mich die grünen Augen meines Liebsten heute früh so erfreut angestrahlt haben. Sex zu planen nimmt eh schon eine Menge Pfeffer aus der Sache. Momentan steht mir nicht der Sinn danach zu planen. Ich weiß, dass in den nächsten Wochen noch sehr viele Abenteuer auf uns warten, und ich freue mich darauf. Aber jetzt gerade möchte ich nicht an Sex denken. Ich will auch nicht kreativ sein und eine Sexbombe schon gar nicht! Ich möchte mir heute mal nicht die Beine epilieren, keine kneifende Spitzenwäsche tragen, die eigentlich zu teuer ist, um sie in der Maschine zu waschen, und ich möchte auch keine Vibratoren sehen, die neben meinem Bett liegen und auf ihren Einsatz geifern. Sex, Sex, Sex. Sex vorne, Sex hinten, Sex zwischendurch. Darf ich vielleicht mal kurz durchatmen und das Ganze sacken lassen?

Ich schlage die Hände vor dem Gesicht zusammen und schnaufe tief durch. Eine dunkle Gewitterwolke zieht von rechts nach links durch meinen Kopf. Ich strecke ihr in Gedanken die Zunge heraus. Ich will doch einfach nur kuscheln!

Am Abend liege ich im Bett und tue so, als würde ich einen Schriftsatz lesen. Dabei verstecke ich mich nur. Ich trage eine Schlabberhose und ein hässliches Sportshirt. Aus Protest! Ich versprühe eine Aura, die muss irgendwo zwischen »Fass mich nicht an!« und »Bitte komm schmusen« liegen. Ich kann meinen Liebsten nie wirklich von mir weisen. Selbst im härtesten Streit brauche ich nur einen Augenblick der Ruhe, um nach unserer Fetzerei auf ihn zugehen zu können und ihn auf die Stirn zu küssen. Es ist so, als ginge es nicht anders. Nicht, dass ich nie sauer wäre, nein. Ich bin innerlich sauer oder enttäuscht. Aber es zieht mich trotzdem zu ihm. Ich lebe nicht gern im Groll mit den Menschen, mit denen ich mein Leben verbringe. Wenn ich auf meinen Liebsten zugehe, egal, ob ich im Recht bin oder er, und mich mit ihm vertrage, dann führt das einfach dazu, dass wir beide uns schneller wieder wohlfühlen. Ich bin schließlich nicht das erste Mal mit 18 von zu Hause ausgezogen, um wieder in einer angespannten Atmosphäre zu leben.

Und auch heute, da ich mit Sicherheit keinen Sex möchte, hätte ich es trotzdem gerne, wenn er endlich neben mir im Bett liegen würde. Aber bitte keine erogenen Zonen berühren. Der Gedanke, er könnte jetzt nach meinen Nippeln greifen, macht mich schon wieder sauer! Endlich hat er etwas gegessen, geduscht, die Post geöffnet und den Weg ins Schlafzimmer gefunden. Ich weiß, dass er wissen möchte, wie es um meine Revanche steht. Aber er weiß noch nicht, dass ich heute nicht zu genießen bin.

»Und, hast du dir heute etwas für mich einfallen lassen?«, fragt er endlich, als er neben mir liegt und mich genauso freudig anstrahlt wie heute früh. Ich atme tief durch.

»Ja, habe ich. Ich wünsche mir von dir zwei Wochen ohne Sex.«

Er stutzt und dreht sich auf den Rücken. Er starrt an die Decke wie gelähmt.

Ich hätte nicht gedacht, dass ihn mein Wunsch so hart trifft.

»Ich brauche jetzt etwas mehr Kontext«, bittet er.

»Nun, ich liebe unseren Selbstversuch, aber es ist so: Wenn du in einer Parfümerie deinen neuen Lieblingsduft suchst, musst du an ziemlich vielen Parfümen riechen. Irgendwann können deine Sinne die feinen Unterschiede in den Nuancen nicht mehr wahrnehmen. Du musst kurz an Kaffeebohnen riechen, um dich zu neutralisieren.« Ich finde, ich habe das vorzüglich erklärt. Ich bin mir sicher, dass jede Frau ganz genau verstanden hätte, was ich ihm damit sagen möchte. Ich fürchte jedoch, mein Liebster hat dem etwas hinzuzufügen.

»Wir machen das doch hier, damit wir möglichst viel erleben, oder? Sind wir jetzt wieder am Anfang?«

»Nein, sind wir nicht!«, antworte ich genervt und schmeiße den Schriftsatz auf die Erde. Wieso wusste ich nur, dass ich dieses Gespräch nicht zu meiner absoluten Zufriedenheit führen würde?

»Ich kann im Moment nicht an Sex denken oder ihn planen. Mir ist gerade nicht danach. Wenn du unbedingt einen sexuellen Wunsch von mir hören möchtest, bitte. Hier im Schrank liegt noch ein Analwürmchen, steck dir das in den Po.«

Verwirrt über meine ausfallende Art schüttelt er nur den Kopf und macht Anstalten, mich und meinen Ärger allein im Schlafzimmer zurückzulassen.

»Wenn du jetzt gehst!«, drohe ich ihm wenig gehaltvoll. Wieder schüttelt er nur ungläubig den Kopf und zeigt mir einen Vogel.

Verdammt. Ich glaub, ich bekomme meine Tage.

»Du möchtest also eine kurze Sexpause?«, hakt er nach, bevor er mir und meinem Zickenanfall den Rücken zudreht und hinüber ins Wohnzimmer geht. Ich nicke.

»Zwei Wochen. Und dann geht es weiter?« Ich nicke wieder.

»Es wäre schön, wenn wir in den zwei Wochen nicht über Sex reden könnten. Kein Sex, keine Pornos, keine Dildos, nichts. Einfach nur chillen. Ich möchte von mir aus auf dich zukommen und dich um Sex anbetteln, weil du mich zwei Wochen hast links liegen gelassen. Wäre das möglich?«, frage ich butterweich, mit Rehaugen und Zuckerguss. Er grübelt.

»Ich finde die Idee nicht schlecht. Zwei Wochen ohne Sex, das hatte ich zuletzt vermutlich, als ich 14 war.« Ich lache laut auf und puffe ihn in die Seite. Er lacht mit und tut so, als würde er an seiner Behauptung festhalten. Ich weiß, wie wichtig ihm dieses Experiment mit mir ist. Ich möchte ihn nicht enttäuschen. Aber der Sex quillt mir gerade aus den Ohren heraus. Er ist einverstanden und verlässt sich darauf, dass dies nicht das Ende unseres Selbstversuches sein wird. Er betrachtet das Ganze offensichtlich von der positiven Seite und fühlt sich, als wäre er wieder 14. Er fragt noch kurz, ob Fingern und Oralsex erlaubt seien. Ich werfe ihm einen garstigen Blick zu und schüttele den Kopf.

»Und deinen Vorschlag mit dem Analwurm nehme ich gerne entgegen. Aber nächstes Mal verpackst du das Ganze etwas erotischer und nicht so ordinär!«, weist er mich noch zurecht, bevor unsere Zeit ohne Sex beginnen kann.

Wir halten durch. Es gibt keinen Sex. Ich fürchte, er leidet darunter sehr, und ich weiß, dass er es nur für mich tut. Aber das ist meine Revanche. Da muss er durch.

OB DIESE ERFAHRUNG MEIN SEXLEBEN BEREICHERT HAT?

Ich halte nichts davon, Jungfernhäutchen wieder zuzunähen oder sich in fraglichen Gruppierungen zusammenzufinden, nur um dem Sex aus dem Weg zu gehen. Aber so eine kleine Neutralisierungseinheit ist wirklich reinigend. Damit diese gelingt, ist natürlich Voraussetzung, dass beide Partner einvernehmlich die Sexpause einlegen und sich ein Signal geben, wenn genug neutralisiert wurde. Sonst besteht die Gefahr, dass sich die kurze Phase wie folgt ausdehnt.

VERABREDET ZUM SEX

ALLES NACH PLAN?!

Ein anderer Plan muss her!
Aber wie soll man sich für Sex
motivieren, wenn man das Gefühl
hat, Sex haben zu müssen?

Zwei Wochen später. Schmunzelnd liege ich im Bett und lege das Buch beiseite, in dem ich gerade gelesen habe. Es ist ein Mittwochabend, mein Liebster ist noch nicht von der Arbeit nach Hause gekommen. Und ich bin von meiner zu erschöpft, um mich auch nur einen Millimeter zu bewegen. Daher bin ich dankbar für ein wenig Zeit allein. Nur für mich. Ich schaue mich um und betrachte unser Schlafzimmer im seichten Licht meiner Nachttischlampe genauer. Als ich bei meinem Liebsten einzog, war klar, dass das Schlafzimmer dringend renoviert werden musste! Mein Liebster war damals mit den Möbeln aus seinem Jugendzimmer eingezogen. Es waren klassische, schwarze Schränke und Regale aus Pressholz, das Bett ein Futon, das mir persönlich zu hart war. Die Wände waren weiß und kahl, es gab kein indirektes Licht und keine flauschige Bettwäsche. Einen Mann davon zu überzeugen, das Schlafzimmer zu renovieren und die alten Möbel zu verschrotten, ist nicht leicht. Leichter wird es, wenn man darlegen kann, dass der Mann mit der ganzen Aktion so gut wie nichts zu tun haben wird.

Die alten Möbel vertickte ich bei eBay-Kleinanzeigen. Der Rest wurde abgeholt, als die neuen Möbel geliefert wurden. Das war ein Service des Möbelhauses, den ich sehr gerne in Anspruch nahm. Die Wände wurden von zwei »Studenten« gestrichen, in zartem Vanille – und eine Wand als Eyecatcher in Schlamm. Am Kopf unseres neuen Bettes wurde eine ebenfalls schlammfarbene Tapete mit zarten Ornamenten angebracht. Das Bett, das wir gemeinsam auswählten, ist ein Lederbett in Dunkelbraun. Ich finde, es gibt nicht Unerotischeres als Holz- oder Metallbetten. Ich besorgte noch zwei dunkelbraune Teppiche als Bettvorleger und siehe da, unser Schlafzimmer wurde innerhalb eines Wochenendes komplett renoviert. Natürlich hat mein Liebster mehr mitgeholfen, als er ursprünglich vorhatte. Nicht zuletzt war er es, der den neuen Massivspiegel vom Kunstmarkt Straße des 17. Juni bis zur U-Bahn und von der U-Bahn bis zu uns in die Wohnung schleppen durfte. Aber nun, da wir schon bei Selbstversuch Nr. 13 angelangt sind, gleicht unser

Schlafzimmer einem professionellen Stundenzimmer: Taschentücher auf jeder Seite des Bettes, ein rotes Tuch überdeckt meine Nachttischlampe, ein Paar Porno-DVDs stehen unter unserem Fernseher und ich habe mir, trotz der vereinbarten Trockenphase, eine Reihe erotischer Romane gegönnt, um zu erfahren, welchen Schwerpunkt andere Sexautoren in Sachen Liebesakt so setzen. Die zwei Peitschen hängen an Kleiderhaken an der Wand, die Handschellen und Bondageseile liegen zusammen mit Jimmy Love in einer großen Hutschachtel, die auf meiner weißen Kommode steht. Das schwarze Analwürmchen liegt daneben und lächelt mich jedes Mal an, wenn ich die Schachtel öffne.

Trotz all der Sextoys und der erotischen Grundausrüstung in unserem Schlafzimmer ist derzeit aber Fakt, dass mein Liebster und ich uns seit drei Wochen, seit dem letzten Selbstversuch, in der Umsetzung unseres Projektes schwertun. Zwei Wochen Abstinenz waren vereinbart. Die dritte Woche ohne Sex bringt mich nun langsam zum Grübeln. Zurzeit kommt uns der Alltag einfach zu oft in die Quere. Mein Job schlaucht mich seit drei Wochen ungemein, ich komme spät nach Hause und falle am Abend tot ins Bett. Ich habe keine Zeit, um zum Sport zu gehen, geschweige denn, um mich für irgendwelche Sexversuche aufzuhübschen und schweinische Orte aufzusuchen. Und zeitgleich bin ich maulig, denn ich würde in dieser Sache gern wieder vorankommen. Ich kann mich aber seit Tagen nicht zum Sex aufraffen. Ich bin einfach zu faul, die Beine breit zu machen oder für die nächsten Sexperimente zu recherchieren. Und deswegen, wer hätte es gedacht, ist mein Liebster seit einigen Tagen recht gereizt.

Fakt ist aber auch, ich möchte neue Erfahrungen sammeln und innerlich, ganz tief in mir, unter einem Berg von Akten, Telefongesprächen, AGB und Vertragsgestaltungen freue ich mich auf unsere nächsten Versuche! Um den Weg aus diesem innerlichen Hin und Her leichter zu finden, schmiede ich einen äußerst ausgefuchsten Plan, der als Sextipp schlechthin wöchentlich in jeder Frauenzeitschrift zu finden ist: Mein Liebster und ich, wir verabreden uns einfach zum Sex! Na ja, nicht nur zum Sex, natürlich auch zum Sprechen und Kuscheln und einfach Beieinandersein. Denn ich finde, wir schauen abends zu viel fern. Also trage ich einen dauerhaften Erinnerungsalarm in mein Handy ein. Jeden Dienstag und Donnerstag um 20 Uhr wird mein Handy nun klingeln und uns daran erinnern, den Fernseher auszuschalten, um mehr Zeit für uns zu haben.

Der Alarm klingelt tatsächlich jeden Dienstag und Donnerstag zu eben genannter Uhrzeit. In der Regel stehe ich auf und schalte das Klingeln aus. So geht es zwei weitere Wochen lang, bis ich mich daran erinnere, weshalb ich diese nervige Erinnerung eingerichtet habe. Allein das Geräusch der Erinnerung geht mir mächtig auf den Zeiger, ist nämlich der gleiche Ton wie der meines Weckers, der mich jeden Morgen wach klingelt. Es ist also ein pawlowscher Reflex, dass ich jedes Mal, wenn die Erinnerung losgeht, anfange zu maulen. So kann das ja nicht funktionieren, mit der Verabredung zum Sex.

Ein anderer Plan muss her! Aber wie soll man sich für Sex motivieren, wenn man das Gefühl hat, Sex haben zu müssen? Sei es wegen einer Verpflichtung dem Partner gegenüber, sei es, weil man einen Selbstversuch auf dem Tisch zu liegen hat und in der Zeitplanung mächtig hinterherhinkt? Schon oft habe ich von Freundinnen und befreundeten Paaren gehört, dass das Drama um den Sex dann beginnt, wenn einer will und der andere aufgrund des Alltags (Stress im Job, Kindererziehung, gesundheitliche Beschwerden, Faulheit, Müdigkeit, unrasierte Beine) sich einfach nicht zum Sex überwinden kann. Manche Paar bringen es so weit, nur noch einmal im Monat miteinander zu schlafen. Notgedrungen. Manche Paare begeben sich in eine Spirale die in etwa lautet:

»Wir haben keinen Sex mehr.«
»Setz mich nicht unter Druck.«
»Aber ich muss es dir doch sagen.«
»Das setzt mich aber unter Druck.«

Ob es in Deutschland eine eheliche Pflicht zum Sex gibt, ist umstritten. §1353 Abs.1 BGB sagt: *Die Ehe wird auf Lebenszeit geschlossen. Die Ehegatten sind einander zur ehelichen Lebensgemeinschaft verpflichtet; sie tragen füreinander Verantwortung.*

Manch ein Jurist hat in der Vergangenheit in die Worte »eheliche Lebensgemeinschaft« unter Berücksichtigung des individuellen Verhaltens der Ehepartner auch die Pflicht zur Geschlechtsgemeinschaft hineingelesen. Darüber hinaus hat der Bundesgerichtshof 1966 sogar entschieden: *Die Frau genügt ihren ehelichen Pflichten nicht schon damit, daß sie die Beiwohnung teilnahmslos geschehen läßt. Wenn es ihr infolge ihrer Veranlagung oder aus anderen Gründen, zu denen die Unwissenheit der Eheleute gehören kann, versagt bleibt, im ehelichen Verkehr Befriedigung zu finden, so fordert die Ehe von ihr doch eine Gewährung in ehelicher Zuneigung und Opferbereitschaft und verbietet es, Gleichgültigkeit oder Widerwillen zur Schau zu tragen. Denn erfahrungsgemäß vermag sich der Partner, der im ehelichen Verkehr seine natürliche und legitime Befriedigung sucht, auf die Dauer kaum jemals mit der bloßen Triebstillung zu begnügen, ohne davon berührt zu werden, was der andere dabei empfindet.*[11]

(Dann muss ich meine Lust auf Dauer anders befriedigen.)

»Das Schwein hat mich betrogen.«

Nun, ich bin keine Sexualwissenschaftlerin oder Paartherapeutin. Aber ich glaube, so in etwa spielt es sich häufig ab. Sollte man sich also zum Sex verpflichten, um die Beziehung am Leben zu erhalten, auch wenn einem eigentlich gar nicht der Sinn danach steht? Und wie sieht es eigentlich aus, wenn das Paar bereits verheiratet ist? So eine Scheidung wegen schlechtem Sex ist doch echt bescheuert. Lieber Augen zu und durch, statt Scheidung?

Wahnsinn, oder? Und das 1966! Es genügte den Richtern nicht, dass sich die Frau darauf berief, den Beischlaf doch regelmäßig geduldet zu haben. Sie hätte nach obiger Auffassung auch aktiv am Sexleben teilhaben sollen. 1966 war also nichts mit »Augen zu und durch«. Und auch die Pflicht zur ehelichen Treue wird heute noch unter § 1353 BGB subsumiert. Der eheliche Betrug als Scheidungsgrund ist jedoch abgeschafft worden, um Schuldzuweisungen im Scheidungsverfahren zu vermeiden. Auch kann die eheliche Pflicht zum Beischlaf, sofern man sie bejahen würde, nicht eingeklagt werden. Weshalb aber versteht manch ein Jurist unter der ehelichen Lebensgemeinschaft nun auch die Pflicht zum Beischlaf? Das rührt daher, dass nach unserem heutigen gesellschaftlichen Verständnis die Zivilehe zwischen Personen geschlossen wird, die mit der Eheschließung unter anderem ihre persönliche, gegenseitige Zuneigung bekunden wollen. Und wie wird gegenseitige Zuneigung ausgedrückt und ausgelebt? Durch Sex. Hingegen besteht Einigkeit unter den Juristen, dass § 1353 BGB heute nicht mehr die Verpflichtung oder das Versprechen zur Zeugung von Nachwuchs enthält. Und dass die Vergewaltigung in der Ehe strafbar ist, bedarf hoffentlich keiner besonderen Erwähnung, §177 StGB.

Nachdem ich diese Zeilen gelesen habe, wird mir ganz weich ums Herz. Irgendwie, ein kleines bisschen, hatten die Richter von 1966 doch recht. Der Partner spürt es, wenn man Sex einfach nur geschehen lässt und selbst keine Freude daran empfindet. Und es verletzt denjenigen, mit dem man eine Lebensgemeinschaft eingegangen ist, wenn das Verlangen nach körperlicher Nähe nicht befriedigt wird. Ich war in den letzten Wochen wirklich bettfaul. Ich lächle über mich und meine Faulheit und sehe in Gedanken den erhobenen Zeigefinger eines weißhaarigen Richters, der über seine Brille hinweg schielt, um nach der Ermahnung in seinem VW Käfer nach Hause zum Weibchen zu fahren. Ich schreibe meinem Liebsten eine Nachricht:

Kreuze an, heute Abend, du und ich um 20 Uhr im Schlafzimmer, ja oder ja?

Er schickt einen Smiley zurück. Plötzlich bin ich bereit, freue mich auf heute Abend und ich schäme mich auch ein wenig dafür, mich in letzter Zeit so blöd gehabt zu haben. Nur mit einer Perlenkette um die Hüften bekleidet, sitze ich um Punkt 20 Uhr auf dem Bett. Mein Liebster erscheint pünktlich zu unserem Date. Er setzt sich wortlos neben mich auf die Bettkante, nimmt meine rechte Hand und haucht einen zarten Kuss dagegen. Dann zieht er mich auf seinen Schoß und streichelt meinen Hals, nur mit seinem Atem. Ein Kribbeln flattert in meinem Bauch hin und her und ich spüre, wie ein kleiner, heißer Feuerball sich in meiner intimsten Region breitmacht und sich in meinem ganzen Körper zu verteilen beginnt. Dieses Gefühl habe ich vermisst. Aber jetzt ist es wieder da! Und dass der Fernseher den ganzen Abend ausblieb, bis wir eingeschlafen sind, ist uns gar nicht aufgefallen.

OB DIESE ERFAHRUNG MEIN SEXLEBEN BEREICHERT HAT?

Ich denke schon. Ich weiß nun, dass ich nur meine Faulheit zu überwinden brauche, um meinem Liebsten ganz nahe zu sein. Die Faulheit darf nie dazu führen, dass wir uns irgendwann mit uns und unserer Sexualität im Kreis drehen.

Aber zum Sport müsste ich mal wieder.

DIRTY TALK

DU BÖSES HASI!

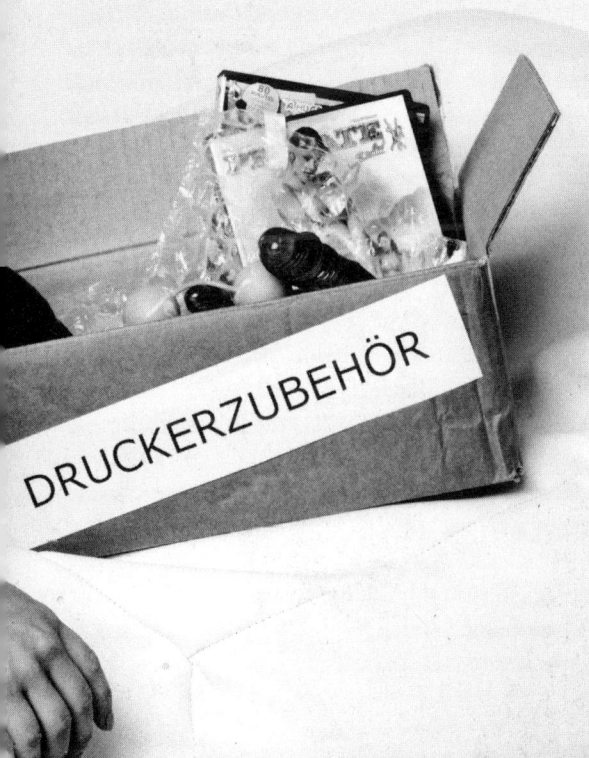

DRUCKERZUBEHÖR

Ich muss jetzt unbedingt deinen Schwanz im Mund haben, lese ich und reiße die Augen weit auf. Steht dort in der Frauenzeitschrift wirklich das, was ich gerade zu lesen dachte? Tatsächlich, ja. Ich sitze beim Friseur, meine Strähnen eingepackt in Alufolie, und habe Zeit, in einem Magazin zu blättern. Das Thema: Vier Männer lassen die Hosen runter und berichten, was sie wirklich anmacht. Auch das Thema Dirty Talk wird angesprochen. Einer der Männer berichtet von einer Erfahrung in einer Bar. Er saß am Tresen und trank ein Bier, neben ihm eine attraktive Frau, Mitte 30, die der Meinung war, ihm mitteilen zu müssen, wie es um die Leere in ihrem Mundraum bestellt war. Er war zunächst geschockt über diese direkte Ansprache, gönnte der Dame dann jedoch ein kurzes, ausfüllendes orales Erlebnis auf der Bar-Toilette.

Der Satz begleitet mich durch meinen Tag und lässt mich nicht mehr los. Die Experten in dem Frauenmagazin haben dazu geraten, Dirty Talk möglichst spontan geschehen zu lassen, sonst könne das Unterfangen schnell peinlich werden. Dirty Talk. Wohl auch etwas für mich und meinen Liebsten? Wie würde er auf solch einen Satz reagieren? Würde es ihn tatsächlich anmachen? Wäre es wie eine Art Vorspiel, mit einem anderen Einstieg als üblich? Ich werde ihm dank des Tipps im Magazin nicht von diesem Selbstversuch berichten, ich möchte ihn im Bett damit überraschen. Möglichst so spontan wie die Frau in der Bar.

Abends liegen wir im Bett und lesen beide. Ich in einem Buch, er in einem Finanzmagazin. Ich lege mein Buch nieder und bin äußerst spontan und möglichst sexy, als ich mich zu ihm drehe und sage:

»Ich muss jetzt unbedingt deinen Schwanz im Mund haben.«
Er wendet den Kopf ganz leicht nach rechts in meine Richtung.
Stille.
Ein vertrockneter Wüstenbusch rollt durch unser Schlafzimmer.
In der Ferne hört man eine Krähe schreien.
Der Gong schlägt Mitternacht.

»Schatz, das war jetzt nicht sexy«, antwortet er endlich. Mein Mundwinkel zuckt, als er sich wieder seinem Magazin widmet. Nicht sexy, okay. Vielleicht stimmt das Ambiente nicht? Immerhin sind wir nicht in einer Bar. Und ich bin keine fremde Frau, die jetzt unbedingt einen fremden Schwanz lutschen möchte.

Am nächsten Tag recherchiere ich in einem Forum, was denn nun wirklich scharf macht im Bett. Fest steht, dass Sprache eine komplexe und empfindliche Angelegenheit ist. Sprache im Bett macht das Ganze nicht einfacher. Eine junge Dame gibt zu, ihren Freund beim Sex mal mit den Worten »Du böses Hasi!« gemaßregelt zu haben, als dieser etwas dolle zustieß. Das Outing verursacht im Thread zahlreiches virtuelles Gelächter und auch ich muss zugeben, dass »Du böses Hasi!« wohl noch schlechter ankommt als »Ich muss jetzt unbedingt deinen Schwanz im Mund haben«.

Einigkeit besteht jedoch bei vielen Frauen darüber, dass ein ordentliches »Komm, fick mich« oder »fester« oder »Oh ja, du fickst mich so geil« bei den meisten Männern zu ungeahnt verfrühten Höhepunkten führen kann.

Interessant.

Um ehrlich zu sein: Ich tue mich mit diesem Thema sehr schwer. Wörter zur Erhöhung der Stimulation, pft! *So ein Blödsinn.* Ich klappe meine Rechercheergebnisse zu und schnaufe durch. Dieses Thema fühlt sich irgendwie so konstruiert an, etwas gewollt und unnatürlich. Ist es wider die Natur, beim Sex zu sprechen? Oder bin ich nur maulfaul und müsste mich mühsam, durch ständige Wiederholung daran gewöhnen, im Bett mal etwas zu sagen? Wenn dadurch die Chance besteht, sich gegenseitig in den Wahnsinn zu treiben? Grundsätzlich raten Frauenmagazine und Sexkolumnen in nervtötenden, immer wiederkehrenden Beiträgen, zu sagen, was frau beim Sex möchte. Es auszusprechen. Ein erfülltes Sexualleben sei eben davon abhängig, eigene Gelüste nicht nur mühsam durch Körpersprache und mal lautes, mal leises Gestöhne zu verdeutlichen, sondern ganz klipp und klar beim Namen zu nennen.

»Fass meinen Hintern an.«

»Ich mag es, wenn du meine Nippel leckst.«

»Stoß mich tiefer.«

»Du fickst mich so geil.«

»Rubbel links herum. Jetzt rechts herum … etwas weiter links und mehr nach oben … ja, so ist es gut.«

»Anstrengend!«, schreie ich meinen PC an. Ich habe kein Problem damit, meinem Partner zu sagen, was mir gefällt. Darum geht es beim Dirty Talk wohl auch nicht. Es geht darum, durch Sprache, Wörter, verbale Äußerungen dem Akt an sich mehr Pfeffer zu verleihen. Aber ich kann mich einfach nicht daran erinnern, dass mich Worte beim Sex jemals geil gemacht hätten. Weder bei meinem Liebsten noch bei vorangegangen Freunden oder Affären wurde beim Sex großartig gesprochen. Und es ist nicht so, dass ich nicht wortgewandt wäre, ganz im Gegenteil. Ich spreche den ganzen Tag, argumentiere berufsbedingt und versuche, möglichst viele Wörter zu finden, um andere Menschen davon zu überzeugen, dass das, was ich sage, Recht ist. Ich habe wirklich kein Problem damit, den Mund aufzumachen. Es gibt jedoch auch Situationen, in denen halte ich meine Klappe. Im Kino zum Beispiel. Ich finde es so *schrecklich*, wenn Menschen im Kino sprechen. Da könnte ich durchdrehen. Morgens, in den ersten zwei Stunden nach dem Aufstehen, halte ich auch meine Klappe. Und beim Sex bin ich auch eher schweigsam. Ich erinnere mich, dass es einmal eine Situation in meinem Leben gab, in der habe ich beim Sex gesprochen.

Es war ein One-Night-Stand am Strand, im Sommerurlaub in Griechenland. Eines der sehr wenigen *einmaligen* Sexerlebnisse, das ich genossen habe. Seit Tagen baggerte der süße Praktikant der Surfschule nun schon an mir herum und ich auch an ihm. Und irgendwann, mitten in der Nacht am Meer, unter dem griechischen Sternenhimmel küssten wir uns. Es war aufregend und romantisch. Ich fühlte mich ein wenig wie bei *Dirty Dancing*. Und auf den Kuss folgte irgendwann das erste Gefummel und ja, irgendwann wurde auf einer Strandliege hinter einem Windschutz auch gepoppt. Der Sex war dann doch nicht mehr so *Dirty Dancing*. Ich war nicht Baby und er war nicht Johnny. Ich lag eher gelangweilt als *excited* auf der harten Strandliege und wartete auf das Ende der Nacht oder ein Aha-Erlebnis. Und just in dem Moment, in dem

ich mich fragte, was wohl Aphrodite zu diesem lieblosen Gepoppe gesagt hätte, traf mich ein Tropfen. Es hätte ein Regentropfen sein können. Oder Schweiß, der von der Stirn meines Sexpartners tropfte. Ich war mir nicht sicher und da ich gerade nichts Besseres zu tun hatte, fragte ich nach:

»Hast du mich gerade angespuckt?«

Er keuchte ein »Nein«. Damit war die Sache geklärt und ich schämte mich rückwirkend für mich selbst, so eine bekloppte Frage gestellt zu haben. Seitdem schweige ich lieber beim Sex.

Ich lege meine Hände in den Schoß, lege den Kopf in den Nacken und schließe die Augen. Vor meinem inneren Auge stelle ich mir vor, wie mein Liebster und ich bei der Sache sind. Ich sitze auf ihm, er drückt meinen Hintern noch fester auf seinen Schwanz, meine Brüste baumeln über seinem Gesicht. Unsere Haut klebt aneinander, er leckt über meinen linken Arm und schmeckt einen Hauch von Salz, der ihn noch geiler macht. Ich versuche mir auch vorzustellen, ich würde nun in dieser Situation Dinge sagen wie:

»Gefällt dir das? Willst du mich noch tiefer ficken? Bist du heute sehr hart? Fickst du meine kleine Muschi ordentlich durch?«

Es passt einfach nicht! Der Klang dieser Worte aus meinem Mund ist unnatürlich! Es macht mich nicht an und wenn ich die Worte aus mir herausquälen muss, wird es meinen Partner auch nicht anmachen, da bin ich mir sicher.

Und umgekehrt weiß ich auch, dass mich harte Worte beim Sex nicht anmachen. Ich hatte während der Pause, die mein Liebster und ich vor einigen Jahren eingelegt haben, ein Techtelmechtel. Es kam nicht zum Sex, nur zu wildem Rumgeknutsche im Auto (einfach nur knutschen, bis die Lippen kribbeln, ist so geil!), im Hausflur, in der Wohnung und irgendwann wieder im Hausflur. Wir waren beide vollständig bekleidet, es war wirklich nicht mehr als ziemlich heißes Gebeiße und das war toll, denn ich küsste diesen Typen unglaublich gerne. Irgendwann griff er sich an die Hose, öffnete den Reißverschluss, fischte seinen Ständer raus und sagte in unseren Kuss hinein: »Komm, hol mir einen runter.«

Da ging die Dose zu! Sorry. Nichts zu machen. Aus meinem Mund folgten darauf diese Ausreden: »Hey, ich muss morgen früh in die Uni. Ein wirklich wichtiges Seminar zum Immobiliarrecht. Und meine Mutter braucht den Wagen. Ich gehe jetzt lieber«, und schwupp, weg war ich. Es muss hoffentlich nicht gesondert erwähnt werden, dass Immobiliarrecht so ziemlich die drückendste und langweiligste Materie im Zivilrecht ist, mit der sich Studenten rumschlagen müssen, und natürlich habe ich die Vorlesung geschwänzt. Es gehört nicht zu mir, beim Sex zu sprechen. Aber dafür stöhne ich sehr gerne. Ein ernstes, impulsives Stöhnen ist doch mindestens so anturnend wie Worte. Und dabei bleibt es jetzt auch.

OB DIESE ERFAHRUNG MEIN SEXLEBEN BEREICHERT HAT?

Ja. Ich weiß nun ganz sicher, dass Sprechen beim Sex nicht zu mir passt. Ich poppe keine bösen Hasis und wenn meine Muschi besonders feucht ist, wird mein Liebster das schon mitbekommen. Ihn auf feuchte Muschis, harte Schwänze oder orale Gelüste hinzuweisen ist überflüssig und kommt mir nicht ins Bett!

TELEFONSEX

ABRECHNUNG NACH MINUTEN

> Mein Herz schlägt wie wild, ich fühle mich elektrisiert. Telefonsex muss abwechslungsreich sein, wild in der Wortwahl, ein bisschen frech, aber immer hocherotisch.

Ein Wochenende allein zu Hause zu verbringen ist komisch und wundervoll zugleich. Es erinnert mich an die Zeit, in der ich eine eigene Wohnung hatte. Ich hatte doch dieses kleine Single-Apartment in Steglitz, mit Außenaufgang, wie in einem amerikanischen Motel. Es war hell, mit einer schönen Fensterfront und einer kleinen Küche und einem ebenso kleinen Bad. Die Wohnung lag zentral unweit der Schloßstraße, Ana hat sie mir vermacht, als sie während ihrer Ausbildung mit einer Arbeitskollegin in eine größere Bude ziehen wollte. Zuvor hatten sich die beiden Mädels die 40 Quadratmeter zu zweit geteilt. Echt crazy. Ich übernahm die Wohnung, die mich lächerliche 260 Euro Warmmiete kostete, unglaublich und mittlerweile kein realistischer Wohnungspreis mehr in Berlin. Manchmal vermisse ich die Wohnung. Dass ich abends nicht kochen musste, sondern eben mal schnell zum Sushiladen gegenüber huschte, um mir Makis und eine Misosuppe zu holen. Sich mit Freunden auf einen Kaffee bei Starbucks zu treffen. Einfach so. Mitten am Tag. Dass ich mit dem Fahrrad zur Uni fahren konnte und manchmal wochenlang den Boden nicht wischen musste. War ja niemand da, den die Staubmäuse gestört hätten. Außer mir. Andererseits schlafe ich so viel besser, seit mein Liebster jede Nacht neben mir im Bett liegt. Ich hasse es, ohne ihn schlafen zu müssen. Und obwohl wir zusammenwohnen und auch in unserer Freizeit viel Zeit miteinander verbringen, sind wir nicht gerne länger als zwei Tage voneinander getrennt. Unsere Familien belächeln uns manchmal dafür. Mein Liebster fährt nie ohne mich zu seiner Familie nach Sardinien. Letzten Sommer, als ich mich auf mein zweites Staatsexamen vorbereitet habe, hatte ich keine Zeit, um zu verreisen. Mein Liebster blieb den ganzen Sommer bei mir. Er wollte einfach nicht ohne mich fliegen. Wir fühlen uns irgendwie sicherer und vollkommener, wenn der andere da ist.

Aber diese eine Nacht, die ich heute für mich habe, da mein Liebster auf der Börsenmesse in Frankfurt ist, die kann ich genießen. Ich strampele mich beim Fitness zu Tode und genieße abschließend eine ausgiebige Runde in der Sauna. Ich liebe es, allein in der Sauna zu liegen. Es gibt kaum etwas, was diesem Wellnessgefühl näher kommt. Zu Hause bestelle ich über das Internet eine fette Portion Sushi mit einer Misosuppe und zahle gleich online. Ich lackiere mir die Fußnägel, telefoniere mit zweien meiner insgesamt vier Schwestern und lege eine Haarkur auf. Im Fernsehen läuft irgendwas mit Dieter Bohlen, ich sitze auf dem Sofa und beschäftige mich mit meinem neuen Tablet-PC, der ganz wundervolle Dinge kann, die ich jedoch noch nicht vollends durchschaut habe. Als ich gerade dabei bin, mir ein YouTube-Tutorial zu meinem neuen Tab reinzuziehen, klingelt das Telefon. Mein Liebster ist endlich im Hotelzimmer angelangt, nach einem stressigen, aber wohl erfolgreichen Tag auf der Messe. Er plaudert vor sich hin wie ein Papagei und berichtet mir von Chartworkshops, neuen Analysetools, Coachings und verschwitzten Brokern, die wie aufgescheuchte Hühner über die Messe rennen.

Er merkt, dass ich abgelenkt bin, und fordert mich auf, ihm zuzuhören. Ich stoppe das Tutorial und widme mich meinem Liebsten. Es ist nicht so, dass wir Telefonsex geplant hätten. Wir haben noch nie über Telefonsex gesprochen und es hatte sich in den letzten Jahren auch noch nie die Gelegenheit dazu ergeben. Besonders nach der »tollen« Erfahrung mit Dirty Talk wäre ich nie auf die Idee gekommen, dass Thema Telefonsex ernsthaft in Erwägung zu ziehen. Wie ich feststellen werde, unterscheiden sich die beiden Varianten arg voneinander. Heute Nacht passt es. Es ist der richtige Moment, es ist spontan, es besteht keine Möglichkeit, darüber nachzudenken, was wir tun.

Ich starte ganz klassisch.

»Was hast du an?«, frage ich ihn.

»Ich binde gerade meine Krawatte ab. Ein Hemd und dunkelblaue Jeans. Und du?«

Er steigt drauf ein. Sehr gut. Ich muss flunkern, sonst ist es nicht sexy: »Das pinkfarbene Spitzennachthemd. Und einen Bademantel«, sage ich und dämpfe meine Stimme etwas. Dass ich in Jogging-hose und Uralt-Unishirt auf dem Sofa sitze und meine Fußnägel immer noch trocknen, braucht er ja nicht zu wissen. Professionel-le Telefonsexdamen bügeln nebenbei oder schauen TV. Habe ich jedenfalls mal in einem Bericht gesehen.

»Und ich trage den pinkfarbenen Tanga, den du so gerne magst. Den mit dem kleinen Ausschnitt über dem Po«, erkläre ich weiter, ein Moment des Schweigens. Jetzt ist der Groschen bei ihm gefallen. Erst in diesem Moment, da ich eine etwas andere Tonlage in meiner Stimme anschlage und von meiner Unterwäsche berichte, weiß er, was hier abgeht. Und ich spüre durch das Telefon hindurch, dass er überlegt, was nun zu tun ist. Ich nehme ihm die Überlegung ab.

»Sitzt du auf deinem Bett?«

»Ja. Wo bist du?«

»Im Wohnzimmer. Auf dem Sofa. Hast du es bequem?«

»Geht so«, antwortet er.

»Zieh deine Hose aus!«, fordere ich und ich höre ein Rascheln und seine Gürtelschnalle.

»Ich kann noch nichts ausziehen, sonst säße ich hier gleich nackt«, necke ich ihn. Er lacht kurz auf.

»Ist dein Schwanz schon hart?«

»Nein«, haucht er.

»Dann massier ihn über den Boxershorts. Noch nicht anfassen. Das machen wir gleich zusammen. Und, wird er langsam härter? Ich fasse meine Nippel an und streichle sie ganz zart. Ich wünschte, du könntest jetzt mit deiner Zunge darüber lecken«, fordere ich ihn heraus und ich höre wieder Gerrasch. Er bewegt sich auf dem Bett im Hotelzimmer. Vermutlich hat er sich noch etwas gemütlicher hingesetzt.

»Und, jetzt ist er hart, oder?« Er haucht ein »Ja« zurück ins Tele-fon. Ich bleibe dabei, ihm geschlossene Fragen zu stellen. Mein Herz schlägt wie wild in meinem Brustkorb. Ich fühle mich elektrisiert, denn ich weiß, der Erfolg dieses Unterfangens hängt einzig von mir

ÜBRIGENS

Wenn Sie im Bett etwas Neues ausprobieren, erzeugt diese leichte Angst ein prickelndes Gefühl. Dagegen breitet sich Langeweile aus, wenn Sie sich bei Ihrem Partner zu wohl fühlen (weil zwischen Ihnen eine emotionale Verschmelzung besteht), und die Folge ist, daß Ihre Erregbarkeit abnimmt.[13]

und meiner Kreativität ab. Es darf keine peinlichen Schweigeminuten geben. Keine Systemabstürze und schnöde Wiederholungen. Telefonsex muss abwechslungsreich sein, wild in der Wortwahl, ein bisschen frech, aber immer hocherotisch.

»Willst du noch wissen, was ich mache? Ich ziehe meinen String beiseite und fühle, dass ich jetzt schon unglaublich nass bin. Das magst du doch, wenn ich richtig nass bin, oder?«

»Ja.«

»Zieh deine Boxershorts runter. Ich möchte, dass du ihn für mich anfasst. Nicht zu lasch!«, fordere ich ihn auf und ich glaube, so hätte er es gern. Ich habe meinem Liebsten noch nie beim Masturbieren zugeschaut. Ich weiß nicht, wie er es sich selbst macht. Ich tippe eben einfach mal auf »nicht zu lasch«.

»Was soll ich machen? Hast du einen Wunsch?«

»Nein, sprich weiter«, haucht er, seine Atmung geht unregelmäßig, er möchte passiv bleiben. Ist okay für mich.

»Weißt du, was ich geil fände? Wenn du sehen könntest, wie hart meine kleinen Nippel sind. Sie stehen richtig prall und warten nur darauf, dass du morgen nach Hause kommst. Möchtest du ein Foto haben?« Er nickt mit dem Kopf. Das weiß ich. Ich schieße ein Bild mit meinem neue Tablet und schicke es ihm auf sein Handy. Er sieht es innerhalb weniger Sekunden.

»Ich bin schon richtig heiß, bei dir ist es sicher ähnlich. Meine Muschi zuckt schon. Ich kreise jetzt auf meinem Kitzler. So, wie du es immer machst, wenn du mich quälen willst. Oh, ich vermisse deine Finger!«, stöhne ich etwas gespielt ins Telefon. Aber was soll's. Das hier ist Telefonsex. Etwas Schauspiel darf mit dabei sein. Ich gleite über meiner feuchten Perle hin und her und bin schon fast davor zu kommen. Lange halte ich es nicht mehr aus. Aber soll ich ihn jetzt schon erlösen? Ich schmunzele in mich hinein und stelle mir vor, ihn noch länger zappeln zu lassen. Das könnte aber auch in die Hose gehen und die Stimmung kaputt machen. Also lieber weiter im Text.

»Stell dir vor, du drehst mich um und knetest meinen Hintern. Dann dringst du ganz langsam von hinten in mich ein und ich massiere mich weiter. Bist du schon so weit?«

»Ja«, haucht er wieder.

»Meine Finger flutschen über meine Klit, mein Poloch ist auch schon ganz nass. Würdest du gern deinen kleinen Finger in mein Poloch stecken? Ich glaub, ich komme gleich«, stöhne ich. Meine Wangen beginnen augenblicklich zu glühen, ich schließe die Augen, konzentriere mich auf mich selbst und lasse es geschehen.

Nach einer angenehmen Minute des Schweigens stöhnt mein Liebster erleichtert in den Hörer.

»Na, wenn das mal nicht in Minuten abgerechnet wird«, seufzt er und klingt vollkommen entspannt.

»Du kannst mich mit Eis bezahlen. Du kennst ja meine Lieblingsorte«, scherze ich.

»Ich muss ins Bad. Schlaf gut, meine Süße!«

»Du auch. Bis morgen!«

Wir schmatzen ins Telefon und legen auf.

OB DIESE ERFAHRUNG MEIN SEXLEBEN BEREICHERT HAT?

Ja. Denn nach dem vorigen Selbstversuch, dem gescheiterten Dirty Talk, konnte ich es gar nicht fassen, dass ich nicht in der Lage sein soll, mit Worten anzumachen. Es gibt zwischen Dirty Talk und Telefonsex jedoch einen gewaltigen Unterschied: die Distanz. Ein

Paar, das nur über das Telefon die Möglichkeit hat, sich nahe zu sein, muss miteinander sprechen. Anders funktioniert es nicht. Personen die sich gegenüberstehen, einander küssen, anfassen, sehen, riechen und schmecken, brauchen nicht zwangsläufig Worte, um die Situation anzuheizen.

Telefonsex ist großartig. Man ist einander so nahe und doch allein. Diese Distanz ist zwischendurch gar nicht mal so übel, wenn man als Paar zusammenlebt.

STRIPTEASE

"SHOWGIRLS" IN BERLIN

Der Entschluss steht fest, mein Liebster und ich, wir werden im Sommer in die USA fliegen. Unseren letzten Strandurlaub haben wir vor vier Jahren genossen, als wir zwölf wundervolle Tage auf den Malediven verbrachten. Wir bewegten uns in diesen zwölf Tagen nur vom Bett zum Strand (der fünf Meter von unserem Bungalow entfernt lag), vom Strand ins Restaurant und wieder zurück. Wir erholten uns in diesen Tagen von der nervenaufreibenden Diplomarbeit meines Liebsten und ich tankte Kraft, um mich auf das erste Staatsexamen vorzubereiten. Einen ähnlich entspannenden Urlaub planen wir jetzt auch. Bis in die USA zu fliegen, um dann nur am Strand zu liegen, ist irgendwie auch doof. Also schieben wir vor den Strandurlaub einen Kurztrip nach Las Vegas rein. Ich muss zugeben, für Kult-Trash bin ich schon zu haben. Ich liebe fantasiereiche, bildgewaltige Filme, ich stehe auf Comics und Freizeitparks. Ich esse gern chinesisch aus dem Pappbecher und trage Levis-Jeans, hochgeschnitten bis zum Bauchnabel, aus den 90ern. Es liegt nahe, dass mich Las Vegas als bunt schillernde Spaßmetropole mitten in der Wüste fasziniert. Ich würde nie im Leben auf die Idee kommen, in Berlin ein Spielcasino zu besuchen. Aber in Vegas, in unendlich riesigen Hotels an glitzernden einarmigen Banditen zu sitzen, danach die Wasserfontänen vor dem Bellagio zu bestaunen und die Nacht in einer Panoramasuite hoch über der Stadt zu verbringen, stelle ich mir unendlich geil vor. Und als mein Liebster und ich wie gebannt vor unseren PCs sitzen und die Reise zusammenbasteln, steht natürlich auch schnell fest, dass wir eine der großen Shows besuchen möchten. Keine Zaubershow, auch nicht Céline Dion, nein. Eine klassische Vegas Show mit halb nackten Showgirls, roten Samtsitzen, eleganter Abendgarderobe.

»Kennst du den Film *Showgirls* mit Elizabeth Berkley, Mitte der 90er?«, frage ich meinen Schatz, der gerade nach dem größten, modernsten, schönsten und atemberaubendsten Hotel in Vegas sucht. Er schüttelt den Kopf und starrt weiter wie gebannt auf seine drei Monitore, auf denen er geschickt die Auswahl an Hotels so positionieren kann, dass man sich alle Hotels gleichzeitig anschauen und vergleichen kann. Normalerweise laufen tagsüber Index- oder Börsencharts über diese Bildschirme. Heute sind es Hotels in Vegas. Ich plappere weiter:

»Ein Trashfilm, keine Frage. Aber es gibt Szenen, die sind tänzerisch einwandfrei. Du kennst echt nicht die weltberühmte Szene, in der eine Frau ihrem Mann einen Lapdance bei der Hauptdarstellerin spendiert und die strippt vor dem Mann und reitet ihn angezogen«, diese Worte betone ich etwas lauter und ziehe sie in die Länge, »so hart, bis er kommt. Und die Frau sitzt in einer Ecke, raucht eine Zigarette und schaut den beiden genüsslich zu?!« Jetzt schaut er plötzlich von seinem Bildschirm auf. Ich sehe Fragezeichen in seinen Augen.«

»Wie, bis er kommt?«

»Ein Strip mit Happy End. Er wichst sich in die Hose«, erkläre ich, ohne von meinen Recherchen aufzublicken. Aber ich weiß, dass mein Liebster die Augenbrauen zusammenzieht und grübelt.

»Ohne Anfassen?«, fragt er weiter. Ich nicke.

»Das möchte ich auch.«

Jetzt habe ich die Fragezeichen in den Augen.

»Was möchtest du auch?«

»Einen Strip mit Happy End. Ich war noch nie in einem Stripclub, aber ich denke, jeder Mann sollte diese Erfahrung gemacht haben. Oder?«

Ich stutze. Eigentlich hat er recht. Jeder Mann sollte einen Stripclub mal von innen gesehen haben, egal, ob mit Happy End oder ohne. Aber soll ich jetzt Mitleid mit ihm haben, oder was?

»Unser Selbstversuch endet vor dem Urlaub. Sorry.«

»Dann gehen wir hier in Berlin in einen Stripclub?«

»Okay. Aber nur, wenn ich zuschauen darf«, beschließe ich und mein Liebster nickt. »Du möchtest also einen Lapdance mit Happy End und ich darf zuschauen, habe ich das richtig zusammengefasst?«, frage ich vorsichtshalber noch mal nach. Er nickt wieder.

Mir soll es recht sein. Ich sehe in einer Stripperin keine Bedrohung für mich oder meine Beziehung oder mein Sexleben. Ich stehe auf Tanz, Bewegung und Menschen, die gut aussehen und sich ästhetisch bewegen können. Das wird sicher interessant.

Eine erste, äußerst einschneidende Erfahrung in Sachen Strip habe ich vor circa zehn Jahren, wie sollte es anders sein, mit meiner liebsten Freundin Ana gemacht. Wir gingen damals alle 14 Tage in die »TU Mensa«. Das waren Partys für 14- bis 20-Jährige, die in einer alten Turnhalle der Technischen Universität veranstaltet wurden. Der Eintritt kostete um die zwei Euro, bis Mitternacht durfte man mit einem sogenannten Mutti-Zettel bleiben, wobei selbstverständlich war, dass sich jeder Besucher unter 18 den Zettel selbst schrieb. Und an einem Freitagabend war »Ladies Night«. Jetzt im Nachhinein betrachtet mutet es natürlich komisch an, dass für pubertierende Mädels eine »Ladies Night« veranstaltet wurde, aber so war es. Höhepunkt der Party war der Auftritt eines Strippers, der um Punkt elf mit Sonnenbrille und amerikanischer Flagge die Bühne betrat. Alle Jungs mussten für diesen Auftritt den Saal verlassen, damit die Teenie-Mädels mit dem Stripper unter sich sein konnten. Und wer wurde von dem afroamerikanischen Muskelpaket, der sicherlich schon Mitte 30 war, auf die Bühne gezogen? Ana. Ich stand in der ersten Reihe und gaffte mit weit aufgerissenem Mund und strahlenden Augen, was meiner besten Freundin nun widerfahren würde. Sie saß zunächst auf einem Stuhl, er tanzte wild herum, sie schmierte ihm die muskulöse Brust mit Bodylotion ein und verzog dabei angewidert und gleichzeitig lachend das Gesicht. Sie drehte ihr Gesicht von ihm weg, um seinem Körper nicht zu nahe zu kommen. Sie half ihm auch, seine Armee-Hose aufzuknöpfen, dann legte er plötzlich die US-Flagge auf den Boden und bat Ana, während die dröhnende Musik weiterlief und um uns herum sicher um die hundert Mädels kreischten, sich auf die Flagge zu legen. Mit 16 hat eine Frau entweder noch nicht die Eier, um Nein zu sagen, oder sie wollte ihn nicht bloßstellen oder sie war zu geschockt, um anders agieren zu können. Jedenfalls legte sich meine beste Freundin auf die Bühne, er schüttelte alles, was er hatte, im Takt der Musik, robbte sich über sie, machte Trockenfick-Übungen an ihr (jedes Mal, wenn sein Becken ihres berührte, tobte der Saal), bis er schließlich seinen String auszog und Ana tiefere Blicke gewährte als allen anderen Mädels im Raum.

Völlig benebelt wurde sie nach geschlagenen zehn Minuten von der Bühne geführt, die Show war vorbei. Wir mussten erst einmal vor die Tür, das eben Geschehene durchdiskutieren. Ana war ziemlich angeekelt und brauchte eine Weile, um sich von dem Schreck zu erholen. Sie erzählte, dass seine Brust ganz stoppelig gewesen sei, sein Penis im Vergleich zur Gesamtkörpergröße doch anschaulich, der Typ insgesamt aber viiiieeel zu alt. Es war schon kurz vor Mitternacht und unser Mutti-Zettel damit beinahe abgelaufen. Wir holten unsere Jacken von der Garderobe und machten uns zu Fuß auf den Weg zum Bahnhof Zoo.

Es ist ein frischer Samstagabend und die Stadt riecht nach Regen und Erde. In Berlin wegzugehen stellt kein Problem dar. An jeder Straßenecke finden sich Bars, Clubs, Sportsbars, Lounges, Restaurants und auch Stripclubs. Nur, in Berlin auszugehen bedeutet auch, die Nacht spät anzufangen. Wer etwas auf sich hält, setzt vor 1 Uhr nachts keinen Fuß in Berliner Clubs. Bei Stripclubs wird es sich wohl ähnlich verhalten, überlege ich und frage mich, was mein Liebster und ich nun den ganzen Abend miteinander anfangen werden, ehe wir in die Tabu Bar gegenüber der Deutschen Oper in Charlottenburg fahren. Die Tabu Bar ist ein bekannter Stripclub, außerdem hat mein Liebster Gutschein-Coupons, die uns freien Eintritt gewähren. Keine Ahnung, wo er sie herhat, aber so sparen wir schon mal zehn Euro pro Person. Ich beschließe, uns erst einmal lecker zu bekochen, um danach die Zeit bis Mitternacht mit einem Film zu überbrücken, der uns auf Strip und Co. einstimmen soll.

Ich stehe fröhlich lächelnd in der Küche und brate das Lammfilet scharf an, um es danach im Ofen zu verstauen. Ich koche nicht oft frisch, aber wenn ich es tue, beglückt es mich umso mehr. Zum Lammfilet gibt es eine Granatapfelsauce und Rosmarinkartoffeln. Das Essen gelingt mir außergewöhnlich gut, wahrscheinlich weil ein verregneter Samstagabend genau die richtige Zeit ist, um entspannt in der Küche zu stehen und die Anleitung im Kochbuch Schritt für Schritt zu befolgen. Mein Liebster sitzt im Wohnzimmer und schaut ntv. Ich serviere als Aperitif einen Venostano von Käfer, passend zum Gericht in der Geschmacksrichtung Granatapfel/Zitrone, mit Eis. Wir stoßen an und sinnieren über den möglichen Verlauf des anstehenden Abends. Das Essen ist köstlich und wir genießen es in vollen Zügen.

»Na komm, lass uns nicht weiter spekulieren. Leg die DVD ein!«, rufe ich ihm zu, während ich die leeren Teller zurück in die Küche trage und in den Geschirrspüler einräume. Ich habe uns *Showgirls* organisiert, wie sollte es auch anders sein. Die Geschichte ist schnell erzählt: Die junge Nomi und ihr 90er-Jahre-Lippenkonturenstift machen sich auf den Weg, um auszubrechen und in Las Vegas das Glück zu suchen. Sie bekommt zunächst einen Job als Stripperin, lernt dann aber die Tänzerin Cristal kennen, die in einer der großen Vegas-Shows tanzt. Nomi bekommt einen Job in der Show und tanzt bald, durch die Verkettung mehrerer Umstände, sogar eine der Hauptrollen. Der Erfolg währt jedoch nur kurz, denn schon bald werden Nomi ihre Vergangenheit und ihre Herkunft zum Verhängnis.

Berauscht von den glitzernden Kostümen, der knisternden Atmosphäre und der trashigen Grundstimmung in *Showgirls* machen wir uns um kurz nach Mitternacht auf den Weg zu unserem ersten Mal in einem Stripclub. Die Straßen sind immer noch nass, etwas Feuchtigkeit gerät in meine offenen High Heels, die ich zu einem hautengen, weißen Satinminikleid trage. Unter meiner Achsel klemmt eine schwarze Clutch, in der ich Bargeld, einen Lippenstift und mein Handy habe. Mehr brauchen wir heute Nacht nicht. Und die Gutscheine, nicht zu vergessen! Bei der Tabu Bar angelangt, blinkt rote Schrift über dem Eingang, direkt dahinter befindet sich die Garderobe. Als Frau habe ich heute Nacht sowieso freien Eintritt, wir tauschen ungefähr 20 Euro in Stripdollars, diese werden uns gleich an der Garderobe gewechselt.

Es geht eine Treppe hinunter in den Club. Das Szeneübliche rotschwarze Interieur kennen wir bereits, kleine Lichter weisen uns den Weg in den Club. Es riecht nach Rauch, aber es ist keineswegs so verqualmt, als dass wir nicht atmen könnten. Unten angekommen, eröffnet sich uns ein großer Raum, in der Mitte eine höher gelegene Tanzfläche, in deren Mitte die Poledance-Stange. Ringsherum stehen rote Ledersitzgruppen, Tische und Barhocker. Ein junges Mädchen in schwarzer Unterwäsche rekelt sich an der Stange. Sie hat langes, dunkles Haar und ihre Bewegungen sehen, um ehrlich zu sein, noch etwas ungelenk aus. Hinter ihr feiert eine Gruppe Männer in einer der roten Sitzecken. Auf der Mitte des Tisches steht eine Flasche Wodka, mehrere benutzte Gläser auf dem Tisch. Die Stimmung ist gelöst, jedoch nicht am Überkochen. Während wir wie automatisiert auf die Bar zusteuern, entdecke ich in einer anderen Ecke mit roten Polstern einen einzelnen Herrn, auf seinem Schoß eine Stripperin, die ihm etwas ins Ohr flüstert. Vor ihnen auf dem Tisch eine Flasche Sekt im Kühler, zwei Gläser und ein Aschenbecher. Wir nehmen an der Bar Platz und ich schnaufe durch. Ich bin immer noch aufgeregt, wenn ich erotische Etablissements besuche, weiß ich doch nie, was uns erwartet, welche Art von Menschen zugegen sind und wie meine Anwesenheit als Frau dort aufgenommen wird. Ja, es hätte doch auch sein können, dass ich gar nicht in den Club hineingelassen werde. Oder dass man mich für eine Prostituierte hält, die mit ihrem Freier einen schönen Abend dort verbringen möchte. Als Frau in der Nachtszene unterwegs zu sein ist für mich, obwohl wir mit dem Selbstversuch bereits die Hälfte durchhaben, keinesfalls selbstverständlich. Aber als ich mich an die Bar setze und an der klebrigen Getränkekarte festhalten kann, atme ich tief durch und werde etwas gelöster.

Das Mädchen an der Stange bewegt sich weiterhin steif und unrhythmisch, mein erster Eindruck hat mich nicht getäuscht, aber ich kann mich gerade nicht mit der skurrilen Show auf der Bühne beschäftigen. Die Barfrau fragt uns, was wir trinken möchten. Ich werfe nur einen flüchtigen Blick in die Karte, meine aber, meine bestelltes Glas Weißweinschorle kostet um die acht Euro, das Bier meines Liebsten irgendwas um die fünf Euro. Wir drehen uns einander zu und lassen die ersten Eindrücke sacken. Der Club ist großzügig geschnitten, mir persönlich ist es etwas zu leer, obwohl wir schon weit nach Mitternacht haben. Die Bardame lächelt freundlich, aber zurückhaltend, als sie uns die Getränke hinstellt und gleich abkassiert. Die Gruppe Männer beobachtet das ungelenke Mädchen auf der Bühne, zwei weitere Herren betreten den Club und setzen sich an das andere Ende der langen Bar. Mein Liebster und ich, wir stoßen an und ich kann bereits in seinem Gesicht lesen, dass ihm das Szenario nicht gefällt. Wir beobachten weiter das Mädchen an der Stange, wir sind uns im Stillen einig, dass ihre Show peinlich ist, sie übt wohl noch. Es ist wirklich unangenehm, versucht sie sich jetzt an der Paradedisziplin: dem Ausziehen des Höschens! Der Slip will nicht gleich an ihren Beinen heruntergleiten, sie muss nachhelfen und hält sich mit der linken Hand die Muschi zu. Als der Slip endlich ausgezogen ist, hebt sie ihn auf, hält ihn kurz in die Luft und macht sich dann auf den Weg, um Dollars einzusammeln.

»Oh Mann«, stöhne ich und nehme einen Schluck Schorle. Wässrig. Mein Liebster zieht die Augenbrauen hoch und schweigt sein Bier an. »Wir müssen ihr etwas geben, das ist dir doch hoffentlich klar?«, frage ich nach und mein Liebster legt die Clubdollar vor uns auf die Theke.

»Das überlasse ich gerne dir«, schmunzelt er und blickt mich frech mit seinen grünen Augen an, die im Licht der Bar funkeln. Heute Nacht trägt er seine Haare ganz leger, ohne Gel, ohne Haarspray. Seine Naturlocken auf dem Oberkopf kringeln sich ganz

ÜBRIGENS

Die Strip-Dollars sind das Trinkgeld für die Mädchen. Sie können die Dollars am Ende der Nacht gegen echtes Geld eintauschen. Zu welchem Wechselkurs verraten die Clubs allerdings nicht.

leicht. Ich würde ihm am liebsten in die Haare fassen, aber ich weiß, dass ich das nur darf, wenn wir unter uns sind.

»Wie, ich dachte, sie ist genau die Richtige für deinen Lapdance?«, scherze ich, zeige in Richtung der peinlichen Stripperin und puffe ihn in die Seite. Er schüttelt nur den Kopf und nippt wieder an dem Bier. Das Mädchen hat ihren Slip mittlerweile wieder angezogen, bahnt sich schüchtern auf ihren durchsichtigen Plateau-High-Heels ihren Weg zu uns. Ihr langes, braunes Haar fällt in ihr rundes Gesicht und lässt sie noch unbedarfter wirken. Sie ist kaum geschminkt, lediglich Wimperntusche und Kajal hat sie aufgetragen. Ihre Haut ist rein und faltenlos, keine Augenringe, keine Unebenheiten. Sie ist höchstens 22. Was treibt diese junge, bildschöne Frau dazu, hier zu strippen, frage ich mich insgeheim, verwerfe den Gedanken schnell, als sie vor uns steht, ihr Haar über die Schultern legt und auf ihr Höschen zeigt. Ein international gültiges Zeichen, einer Frau Scheine zwischen Haut und Höschen zu klemmen. Ihr Oberkörper ist nackt, ihre Brüste sind fest und rund, mit spitzen, dunklen Brustwarzen. Sie wird ohne Schuhe circa 1,60 Meter klein sein, ihr Körper ist weich und weiblich. Ich nehme zwei Scheine und klemme sie in ihr Höschen. Mein Liebster nickt bestätigend als Zeichen, dass ich die Aktion für ihn übernommen habe. Sie zieht ohne ein Wort von dannen und widmet sich den beiden Herren, die nach uns den Laden betreten haben.

Innerlich habe ich bereits beschlossen, dass wir unsere Drinks austrinken, um dann das Weite zu suchen. Es vermag einfach keine Stimmung aufzukommen. Die Drinks sind zu teuer, der Club zu groß und ungemütlich. Dann geht plötzlich das Licht auf der

Bühne aus. Nebelschwaden erfüllen die Tanzfläche, einige Lichter zucken, als zu den ersten Beats von Michael Jacksons *Dirty Diana* eine langbeinige, schlanke, wunderschöne Frau in glitzernder Wäsche die Bühne betritt. Sie trägt einen Zylinder, dessen Krempe ihr Gesicht verdeckt. Als sie die ersten, langsamen Bewegungen macht, ihre Arme, die in schwarzen, langen Handschuhen stecken, über ihre Beine gleiten lässt, in diesem Moment weiß ich, dass jetzt auf einem anderen Niveau für uns getanzt wird. Sie streckt die Füße, drückt die Knie durch, kreist rhythmisch-elegant die Hüfte und bewegt sich wundervoll über die Bühne. Nach einer Weile wirft sie ihren Hut weg. Lange, glatte blonde Haare präsentieren sich im Scheinwerferlicht. Ich finde, sie sieht eher wie eine knackige Sportstudentin aus denn wie eine Stripperin. Oder sie ist Sportstudentin, die sich hier etwas Geld dazuverdient? Ihre Show ist toll, wenn auch nicht so Gänsehaut erzeugend wie manch eine Tanzeinlage in *Showgirls*. Aber *Showgirls*, das ist Hollywood. Das ist Vegas. Wir sind in Berlin. Berlin gilt nicht unbedingt als Hochburg der Erotikshows. Vielleicht darf ich nicht zu viel erwarten. Auch sie entkleidet sich vollständig, ihre Brüste sind klein, ihre Muschi komplett enthaart. Als sie ihre Runde zum Einsammeln der Dollars macht, halte ich mit meinem Liebsten Augenkontakt. Ich weiß, dass er diese Frau attraktiv findet. Aber er macht mir im Moment nicht den Eindruck, einen Lapdance mit Happy End in Anspruch nehmen zu wollen. Dafür ist die Stimmung grundsätzlich einfach zu kalt. Strahlend steht die Blonde vor uns. Ihre kleinen, rosa Nippel auf Höhe meiner Augen. Sie ist eine bildschöne Frau, sie riecht nach Vanillelotion und Haarspray, ihr Höschen funkelt uns an.

»Und, wie hat es euch gefallen?«, fragt sie auffordernd und stemmt die Hände in die Seite. Mein Liebster nickt anerkennend und hebt den Daumen. Hat es ihm heute die Sprache verschlagen?

»Sehr gut. Du bewegst dich wirklich toll!«, antworte ich und zeige auf die Dollars. »Darf ich?«

»Na klar, wo willst du sie hin?«, fragt sie und streckt mir erst die Hüfte entgegen, dann presst sie ihre Brüste zusammen, ich soll einen Schein dazwischenklemmen. Ich spüre, wie ich rot werde, als ich ihre frisch eingecremte Haut berühre und einen der Scheine zwischen ihre Brüste klemme. Meine Finger sind kälter als ihre Haut. Ich an ihrer Stelle hätte spätestens jetzt harte Nippel.

»Jetzt du«, fordert sie meinen Liebsten auf, »aber mit dem Mund! Wenn du nichts dagegen hast«, wendet sie sich mir mit einem Augenzwinkern zu. Ich lehne mich entspannt zurück und beobachte meinen heute mal maulfaulen Freund im Umgang mit der Stripperin. Richtig wohl ist ihm dabei nicht. Vielleicht wäre er gelöster, wenn er mit seinen Freunden hier wäre? Er steckt ihr einen Dollar zwischen die Brüste, allerdings nicht mit dem Mund. Aber, immerhin, er hat seine Sprache wiedergefunden.

»Es ist noch recht leer. Sind wir zu früh gekommen?«, fragt er und die Blondine verstaut die gesammelten Dollars in ihrem Handschuh.

»Nein, es ist nicht zu früh. Es ist einfach ein ruhiger Abend. Manchmal brennt schon um Mitternacht die Bude. Und manchmal, so wie heute, ist es ruhiger. Aber hey, so könnt ihr die Show doch viel besser genießen. Ohne Hunderte besoffener Typen«, zwinkert sie und lächelt mir zu. Dann macht sie einen eleganten Turn und wandert weiter durch den Club. Meine Schorle ist mittlerweile warm, das Bier ausgetrunken.

»Darf es noch etwas sein?«, fragt die Bardame und ich winke erst mal ab. Es ist kurz vor zwei.

»Was jetzt?«, frage ich. Mein Liebster weiß, dass ich ihm mit dieser Frage zeigen will, dass das hier alles nicht so ist, wie ich es mir vorgestellt habe. Mein erstes Mal in einem Stripclub war reizlos und ohne wirklichen Höhepunkt. Wie es eben bei ersten Malen sein kann. Wir schlendern durch die Nacht zu unserem Wagen, in dem es sauber riecht und schön warm ist.

Ich freue mich auf Vegas. Dort wird es besser sein. Dort soll mein Liebster seinen Lapdance mit Happy End bekommen!

OB DIESE ERFAHRUNG MEIN SEXLEBEN BEREICHERT HAT?

Ja. Vielleicht ist ein Stripclub einfach kein Ort für ein Paar. Vielleicht sollte ein Stripclub Männern unter sich oder Frauen unter sich vorbehalten bleiben. Mein Liebster stimmt dem zu und meint, mit seinen Kumpels irgendwann noch einmal einen Abend in einem Stripclub verbringen zu wollen.

FUSSFETISCH

WASCHEN, SAUGEN, MASSIEREN

Das Prickeln im Nacken bei einer Fußreflexzonenmassage. Oder sein unendlich entspannter Gesichtsausdruck, wenn er zum ersten Mal eine Fußmassage genießen darf.

Füße sind nicht jedermanns Sache. Füße können stinken, gelblich und verhornt sein. Ungemachte Fußnägel erinnern mich schnell an die Zeit der Neandertaler und Urtiere, und rissige Sohlen und Fersen wirken zumindest auf mich ähnlich abschreckend wie ein dicker Herpes auf der Oberlippe.

Aber andererseits gibt es auch nichts Attraktiveres als zarte Frauenfüße in hohen Schuhen, mit frisch lackierten Nägeln und einem hübschen Fußkettchen um die Fessel. Füße, die sich in der Löffelchenstellung zwischen die Unterschenkel quetschen, um nach Nähe und Wärme zu suchen. Das Prickeln im Nacken bei einer Fußreflexzonenmassage. Oder sein unendlich entspannter Gesichtsausdruck, wenn er zum ersten Mal in seinem Leben eine Fußmassage genießen darf.

Das Spiel mit dem Fuß hat schon etwas für sich. Im Fuß verlaufen zum einen unendlich viele Nervenbahnen. Zum anderen wird der Fuß nach der Fußreflexzonentherapie in eben besagte Reflexzonen unterteilt, wobei jede Zone im Fuß einem Organ im Körper zugeordnet ist. Um 1900 herum fanden Wissenschaftler heraus, dass die Ausübung von Druck am Fuß Schmerzen lindern und zu allgemeinem Wohlbefinden führen kann. Nach und nach wurde die reflektorische Wirkung der systematischen Massage am Fuß erforscht und optimiert. Die Kuppen des zweiten und dritten Zehs werden zum Beispiel der Stirn- und Kieferhöhle zugeordnet, die Mitte des großen Zehs der Gehirnanhangdrüse. Der Bereich um dieses Zentrum herum gehört zum Großhirn. Die Fußreflexzonenmassage macht es sich zunutze, die Druckrezeptoren am Fuß, die innerhalb von Sekunden Informationen an das Gehirn übermitteln, zur Stimulation des gesamten Körpers einzusetzen. Neben dem besonderen anatomischen Aufbau des Fußes gibt es aber auch noch andere Gründe, auf Füße zu stehen. Und Menschen, die ganz arg auf Füße stehen, werden auch »Fußfetischisten« genannt.

Nun, zum Fußfetischisten wird man sicherlich nicht von einem Tag auf den anderen, darum soll es mir hier auch nicht gehen.

Ein Fetisch für Füße kann sich sehr unterschiedlich ausdrücken und findet sich bei Männern häufiger als bei Frauen. Manch einem Mann geht nichts über einen Footjob, wobei die Frau mit ihrem Fuß den Penis stimuliert und im besten Falle den Fetischisten mit dem Fußgerubbel zum Orgasmus bringt. Andere Fetischisten fotografieren gerne nackte Füße oder Füße in Schuhen, um sich dann anhand der Fotos zu befriedigen. Wieder andere massieren gerne fremde Füße, lecken und riechen daran, um hierbei sexuelle Lust zu erfahren. Wieder andere riechen an Schuhen, tragen selbst Nylons oder Strumpfhosen. Bei Frauen zeigt sich ein Fußfetisch zum Beispiel, wenn es sie anturnt, dem Sexpartner mit den Füßen ins Gesicht zu gehen, sich auf das Gesicht zu stellen (auch »Trampling« genannt) oder den Partner zu zwingen beziehungsweise dazu zu bringen, an den Füßen zu riechen.

Mir geht es in diesem Selbstversuch darum, ein ganz besonderes Körperteil in die Erotik mit einzubinden. Denn egal ob nun die Meinung der Fußfetischisten, Reflexzonentherapeuten oder Podologen zählt: Einigkeit besteht zumindest darüber, dass der Fuß Ausgangspunkt vieler körperlicher Reaktionen sein kann. Ich weiß, dass mein Liebster schöne Füße in schönen Schuhen mag. Der Fuß allein haut ihn nicht zwingend vom Hocker, aber die Wölbung eines Frauenfußes in sexy High Heels zieht seine Blicke in jedem Falle an. Und obwohl es für mich selbstverständlich ist, meine Füße zu pflegen, zur Fußpflege zu gehen und immer, egal zu welcher Jahreszeit, roten Nagellack auf den Zehennägeln zu tragen, so finden meine Füße recht wenig Beachtung, wenn wir uns körperlich nahe kommen. Zeit, das zu ändern. Denn wenn ich überlege, wie unendlich entspannend ich es schon finde, eine Pediküre mit Fußmassage zu erhalten, wie ekstatisch muss dann wohl die Einbindung des Fußes ins Sexleben sein? Aber wie bindet man Füße in das Rumgemache ein?

Es ist ein normaler Abend mitten in der Woche, an dem wir schon früh im Schlafzimmer herumlungern, der Fernseher läuft ganz leise nebenbei, wir sind ein wenig erschöpft vom Tag, aber dennoch zu wach, um zu schlafen. Ich sitze mit dem Rücken zur Wand im Bett, mein Liebster mir gegenüber, und wir quatschen über irgendwas. Ich versuche, nach der Decke unter mir zu fischen, mir ist etwas kalt, meine Zehenspitzen fühlen sich an wie Eiszapfen. Mein Liebster versucht, meine Füße unter die Decke zu schieben, und streift meine Haut.

»Ist dir kalt? Deine Füße sind ja eisig. Gib mal her«, sagt er und zieht meinen linken Fuß zu sich heran. Erst wärmt er ihn, indem er meine Zehen mit seinen Händen umschließt. Dann fängt er an, meine Fußsohle in langen, festen, gleichmäßigen Streichungen zu massieren. Ich staune nicht schlecht, dass ich tatsächlich in den seltenen Genuss einer Fußmassage kommen soll. Mit sanftem Druck knetet er meinen Ballen und die Mitte der Fußsohle. Dann streicht er hoch zu meiner Wade, massiert den Unterschenkel und zupft sanft an meinen Zehen. Ich lehne meinen Kopf zurück und schließe die Augen. Ich erinnere mich an meine Recherchen zum Thema »Fußfetisch« vom Beginn der Woche und konzentriere mich voll und ganz auf das warme Gefühl in meinem Fuß. Ein wohliger Schauer durchfährt meinen ganzen Körper, als mein Liebster meinen Fuß sanft küsst und ihn unter der Bettdecke verstaut. Dann schnappt er sich meinen rechten Fuß. Auch jetzt genieße ich das Prickeln in der Fußsohle und das Gefühl, mein Fuß würde zum ersten Mal seit langer Zeit richtig durchblutet werden. Ich grinse in mich hinein, mein Liebster schielt zu mir herüber.

»Was ist mit dir?«, fragt er, während er an meinen Zehen zupft.

»Nichts. Ist nur ungewohnt. Du an meinen Füßen. Es fühlt sich toll an. Du bist begabt«, schleime ich mich etwas ein. Er grinst nur schief.

»Bist du entspannt?«, fragt er und gleitet mit seinen Fingern durch meine Zehen.

»Hmmm«, brumme ich als Antwort. Mein Liebster küsst meine Fußsohle, es kitzelt etwas und ich muss lachen. Ich entziehe ihm meinen Fuß, krabbele auf ihn zu und bedanke mich mit einem langen, intensiven Kuss. Er zieht mich zu sich auf seinen Schoß und da ich gerade so schön entspannt bin und ein warmes Gefühl im Bauch habe, finde ich, etwas Sex kann nicht schaden.

Circa eine Woche später sitze ich allein zu Hause und denke an die Fußmassage, die mein Liebster mir geschenkt hat. Es mag vielleicht banal klingen und für andere Paare etwas Selbstverständliches sein, aber für mich war es tatsächlich sehr entspannend und mal ein ganz anderes Vorspiel. Das Schöne daran war wohl auch, dass die Massage gar nicht als Vorspiel angelegt war, mich aber derart entspannt hat, dass ich Lust auf mehr bekam. Heute Abend möchte ich mich deswegen gerne revanchieren.

Mein Liebster ist mal wieder beim Sport und wird gegen 20 Uhr zu Hause sein. Ich stelle ein paar Kerzen in den Flur, dunkle das Schlafzimmer ab und breite vor unserem Bett ein großes Handtuch aus. Dann lasse ich warmes Wasser und Seife in eine große Plastikschüssel, die ich so kurzerhand in ein Fußbad umfunktioniere. Ich möchte, dass es in unserer Wohnung duftet wie in einem Spa-Bereich. Zur Feier des Tages und weil ich mich an seine Worte erinnere: »Keine Standardnummer … mal etwas Neues«, schminke ich meine Augen noch schnell mit schwarzem Lidschatten, etwas unordentlich und verrucht, und ziehe mir ein schwarzes Kleid an. Meine Beine lasse ich nackt. Ich drehe auch die Heizung im Schlafzimmer voll auf, denn wenn ich eines weiß, dann, dass Kälte jeder erotischen Stimmung den Garaus macht. Er kommt pünktlich und schleicht auf leisen Sohlen in unser Schlafzimmer. Er staunt nicht schlecht und schürzt beeindruckt die Lippen, als er mich auf den Unterschenkeln kniend vor dem Bett findet, vor mir die dampfende Schüssel Wasser. Ich deute ihm an, sich zu setzen, spreche jedoch kein Wort. Er versteht natürlich, was los ist, streift seine Sporthose ab und setzt sich, nur in Boxershorts und T-Shirt gekleidet, auf unser Bett. So wie ich es von meiner Fußpflegerin kenne, nehme ich seine Füße bei den Waden und Knöcheln und hebe sie vorsichtig in das warme Wasser. Ich verteile das Wasser sanft bis zu den Knien und gebe mir dann eine Peelingpaste in die Hände, mit der ich seine Beine einreibe. Das Peeling besteht aus Sheabutter und zerkleinerten Aprikosenkernen, es macht eine herrlich zarte Haut und ich hoffe, mein Partner weiß die besondere Behandlung ebenso zu schätzen wie ich seine damals. Offensichtlich tut er das, denn er lässt sich zurück in unser Bett fallen und schnurrt ganz leise, als ich seine Waden mit dem Peeling massiere.

Nachdem ich das Peeling abgewaschen habe, trockne ich die Füße, wickele den linken in ein Handtuch und beginne, den rechten mit warmem Öl zu massieren. Nach kurzer Zeit tue ich das Gleiche mit dem linken Fuß. Als beide Füße ölig und locker sind, streife ich mir mein Kleid von den Brüsten und lasse es bis zur Hüfte hinunterfallen. Ich habe das Gefühl, mein Liebster ist etwas zu tiefenentspannt, und ich möchte gerne herausfinden, was ich mit seinen Füßen anstellen muss, damit er sich regt. Ich gieße mir etwas Öl über meinen Busen und lasse dann seine Zehen darübergleiten. Plötzlich richtet er sich auf und blickt mich fragend an. Ich bleibe stumm und fahre fort, meine Nippel mit seinen Zehen zu umspielen. Er lässt sich wieder zurückfallen und ich genieße dieses fremde Gefühl an meinem Busen. Als ich genug habe, lasse ich seine Füße sinken, reibe das Öl etwas ab und umwickele sie wieder mit dem Handtuch. Dann robbe ich mich zu ihm auf das Bett, um zu prüfen, ob der Totgeglaubte noch atmet. Ja, er atmet. Aber heute geht nichts mehr. Der Sport hat ihn seine letzte Kraft gekostet und ich finde es gar nicht schlecht, mal unbefriedigt schlafen zu gehen.

OB DIESE ERFAHRUNG MEIN SEXLEBEN BEREICHERT HAT?

Ich finde es schön, an den Füßen berührt zu werden. Aber das hat eher etwas mit Entspannung und Wohlbefinden denn mit sexueller Erregung oder Neigung zu tun. Hin und wieder kann der Fuß in das Sexspiel mit eingebunden werden. Ein öliger Zeh darf ruhig einmal mit meinen Nippeln spielen, und meine Füße dürfen auch schon mal einen Penis massieren. So ganz nebenbei, als kleines Zwischenspiel. Aber zu einem wahren Fußfeti werde ich nicht mehr mutieren. Und mein Liebster wohl auch nicht.

KAMASUTRA

DIE LEHREN DES VATSYAYANA

Es gab wohl kaum ein Thema, dem ich so viele Vorurteile entgegenbrachte wie das Kamasutra. In meinem Kopf schwirrten Zigtausende Bilder von Verrenkungen und Stellungen, die eh kein Mensch in die Realität umsetzen kann. Ich erinnerte mich an komische Namen wie »Die Supernova«, »Die Faulenzerin« oder »Schreiender Affe«. Zu meiner Skepsis kam hinzu, dass jedes Frauenmagazin alle naselang Artikel wie *Die 10 beliebtesten Kamasutra-Stellungen* verfasst und ich ein Spaßbuch mit dem Titel *Das Kölsche Kamasutra* im Regal zu stehen habe, das mein Liebster während unserer Trennungsphase von einer Affäre geschenkt bekommen hat. Da ich Bücher nicht wegschmeißen kann, steht es immer noch in unserem Wohnzimmer. Gut, dachte ich mir. Probieren wir alle 1.000.000 Stellungen halt mal durch, um danach berichten zu können, welche Stellung die komplizierteste ist. Ich recherchierte etwas im Internet, mein Liebster lud zusätzlich eine App herunter und wir beide notierten jeder zehn Stellungen, die wir gerne mal ausprobieren würden.

So jedenfalls der Plan bis vorgestern. Denn vorgestern brachte mir ein großer Internetversandhandel ein Buch mit dem Titel *Das Kamasutra des Vatsyayana*, das ich vorsorglich als Anleitung oder Begleitlektüre zum akrobatischen Turnen bestellt habe. Mich bloß auf eine App und etwas Internetrecherche zu verlassen schien mir bei diesem althergebrachten Thema, das Zigtausende von Jahren überdauert hat, doch etwas respektlos. Und nun sitze ich auf meinem Sofa und muss alle Vorurteile über Bord werfen. Ich habe das Buch gestern Abend in einem Rutsch durchgelesen, während mein Liebster bei seinem besten Freund Salamipizza mit Jalapeños gegessen und Horrorfilme geschaut hat.

Das Kamasutra des Vatsyayana, welches als die Ur-Fassung des Kamasutra gilt, wurde zwischen 100 und 600 n. Chr. von Vatsyayana Mallinaga verfasst. Über den Autor selbst ist nichts bekannt, spekulative Überlegungen zu seiner Person finden sich jedoch sowohl im Buch als auch im Internet. Und das Kamasutra ist keinesfalls eine bloße Aneinanderreihung von Sexstellungen, nein! Es ist so viel mehr als das und ich bin beeindruckt von dem Wissen über die menschliche Sexualität, die Ehe und die Darstellung des Zusammenlebens von Mann und Frau – und das kurz nach Christi Geburt! Das Kamasutra enthält detaillierte Empfehlungen für Mann und Frau, den Umgang miteinander und die Sexualität. Das Buch ist in Abschnitte gegliedert, die da etwa heißen *Über die sexuelle Vereinigung* oder *Über die Heirat* oder *Über Kurtisanen.* Angefangen von Schilderungen, wie ein Mann den Gemütszustand einer Frau prüfen kann, über unterschiedliche Kussarten und das Wecken der Lust bis hin zum Zusammenleben als Ehegatten erläutert das *Kamasutra* Vorgehensweisen zur Erweckung sinnlichen Verlangens und dessen Befriedigung. Denn die »Erfüllung sinnlichen Verlangens« umschreibt das Sanskrit-Wort »Kama«. Es gehört im Hinduismus zu einem der vier Lebensziele des Menschen, das *Kamasutra* wird auch als »Aphorismen über die Liebe« bezeichnet, wobei das Wort »Sutra« die 1250 enthaltenen Verstexte meint.[14] Wie in der heutigen Gesellschaft auch, drehte sich schon damals nicht alles nur um Sex. Eine körperliche Zusammenkunft sollte vom Mann wohldurchdacht und geplant werden, wobei das Werben um eine Frau ritualisiert vollzogen wurde.

Heute sitze ich wieder wie festgewachsen auf meinem Sofa und lese diese Zeilen immer und immer wieder. Ich bin wie berauscht von der Feinfühligkeit der beschriebenen Umgangsweisen, dem Aufruf zu Verständnis und Achtsamkeit. Verbunden mit Aufforderungen wie dem Kratzen des Partners, sanften Schlägen während des Sex, Geräuschen beim Sex und Gruppensex. Das *Kamasutra* fesselt mich mit seinen bunten Bildern und seiner Weisheit, insbesondere über die des weiblichen Körpers. So war bereits damals schon klar, dass der Mann die Tendenz zeigt, sich nach dem Höhepunkt zurückzuziehen, während die Frau auch nach ihrem eigenen Höhepunkt erst warmgelaufen ist, und der Mann nun nicht nachlässig sein sollte, indem er einschläft und den Liebesakt nach seinem Höhepunkt beendet. Und natürlich werden auch verschiedene Stellungen erläutert und deren Sinn dahinter erklärt. Hat eine Frau mit einer weiten Scheide etwa Sex mit einem Mann mit kleinem Penis, so sind zur Erlangung sexueller Leidenschaft andere Stellungen empfehlenswert, als wenn etwa eine Frau mit enger Scheide Sex mit einem gut bestückten Mann hat. Die Scheide sollte im ersten Fall verengt, im zweiten Falle geöffnet werden.[15]

Um ehrlich zu sein, leuchtet mir diese Betrachtung der Dinge so viel mehr ein als ein schnödes Darstellen von Verrenkungen. Denn warum soll ich beim Sex einen Handstand machen, damit der Mann meine Beine hält und »von oben« in mich eindringt? Damit mir das Blut in den Kopf rauscht? Um meine Schultermuskulatur zu trainieren? Damit der Samen auf direktem Wege in Richtung Eizelle fließt??? Solange mir das niemand erklären kann, weigere ich mich, einfach nur nachzuturnen. Ich halte mich für das nächste Intermezzo mit meinem Liebsten an die Empfehlungen Vatsyayanas, die sowohl die kommunikative Ebene des Paares berücksichtigen als auch Vorspiel, Oralverkehr, den Akt an sich, Nachspiel und gemütliches Beisammensein zum Schluss.

Die Liebenden könnten sich auf die Terrasse setzen, sich am Mondschein ergötzen und romantische Gespräche führen. Während die Frau in seinen Armen liegt, das Gesicht zum Himmel gewandt, erklärt ihr der Mann die Planeten, den Morgenstern, den Polarstern, die Sieben Rishis oder den Großen Bären. All dies schließt sich der sexuellen Vereinigung an.[16]

Gott, wie romantisch. Wie stilvoll und weise! Ich möchte mir am liebsten sofort einen Bindi auf die Stirn kleben und in seidenen Gewändern mit meinem Liebsten im Mondschein sitzen. Aber alles der Reihe nach. Ich meine, verstanden zu haben, was mir das *Kamasutra* sagen möchte. Natürlich werde ich mir nicht anmaßen zu behaupten, diese althergebrachte Weisheit bereits leben zu können. Aber ich habe die Kernaussage begriffen und möchte mich in dieser

Kunst auch praktisch versuchen. Das *Kamasutra* hat mich zu einem ritualisierten Abend inspiriert.

Es ist bereits warm genug, um eine Nacht in unserer Land-Lodge zu verbringen. Meine Familie hat ein wundervolles Grundstück im grünen Brandenburg, circa 70 Kilometer von Berlin entfernt. Mein Vater ist handwerklich äußerst begabt und hat vor einigen Jahren einen kleinen Holzbungalow unter den riesigen Walnussbaum auf unserem Grundstück gebaut. Es ist eine »Lodge«, wie er zu sagen pflegt, und die Lodge hat alles, um den Stress des Stadtlebens, die staubige Cityluft, die Arbeit und die Sorgen des Alltags vergessen zu können. Von der Terrasse aus genießen wir regelmäßig bei einem kühlen Glas Wein den Blick in die brandenburgische Toskana. Ich pflege in der Regel mein Gemüsebeet und mein Liebster sitzt mit meinem Vater im Schatten des Walnussbaumes und parliert über dies und das. Heute fahren mein Liebster und ich jedoch alleine zu unserer Lodge. Ich habe einen Picknickkorb mit Käse, Baguette, Wein und Obst gepackt, die Schlafsäcke liegen bereits im Kofferraum. Es ist keine wirkliche Überraschung, mein Liebster weiß, dass wir hinausfahren. Er weiß bisher jedoch noch nicht, wie es um meine Recherchen und Erkenntnisse zum Thema Kamasutra steht. Er geht davon aus, wir würden irgendwann die besagten Sexstellungen durchspielen und daraus ein Fazit ableiten. Dass Kamasutra so viel mehr ist als das, kann er ja noch nicht wissen. Zunächst bringen wir unsere Sachen in den Bungalow und brechen zu einem Spaziergang auf dem nahe gelegenen Waldweg auf. Die Luft ist mild, die Sonne lugt durch einen dunstigen Wolkenschleier hindurch zu uns herunter.

Das *Kamasutra* geht natürlich zeitgemäß von der Annahme aus, der Mann sei der Initiator der Zusammenkunft zwischen Mann und Frau. Diese Lehre erging auch zum Schutz der Frau, denn jede Frau hätte sich ihren guten Ruf verdorben, hätte sie einem Mann nachgestellt oder sich angekündigt. Hier nun, 2013, sind die Rollen vertauscht. Ich leite das Ritual, von dem mein Liebster noch nichts weiß. Der Spaziergang ist der erste Schritt:

Im Vergnügungsraum, der mit Blumen dekoriert und parfümiert ist (…) empfängt der Herr die Frau. (…) Eine amüsante Unterhaltung über verschiedene Themen folgt.[17]

Der Waldweg ist unser Vergnügungsraum. Am Rande blühen Butterblumen, Gänseblümchen und es duftet herrlich nach Flieder. Schmetterlinge kreuzen unsere Wege und wir lassen die Woche von uns abfallen. Zurück auf der Lodge, gönnen wir uns die mitgebrachten Leckereien und genießen ohne Zeitdruck, ohne Telefongeklingel oder das Abrufen von E-Mails den Nachmittag.

(…) über die Kunst zu reden und einander immer immer wieder zum Trinken zu ermuntern. (…) Gemeinsam naschen sie Süßigkeiten oder andere Leckereien, die sie mögen.[18]

Langsam wird es dunkel, die Sonne geht hinter unserem Grundstück, zur rechten Seite unseres Birnenbaumes unter. Ich kuschele mich enger an meinen Liebsten und sehe am noch dunkelblauen Himmelszelt den ersten Stern funkeln. Und auch der Mond strahlt uns von Minute zu Minute, in der die Sonne untergeht, immer kräftiger an. Ich verschwinde kurz, um mir die Zähne zu putzen und mich frisch zu machen.

Am Ende des Beisammenseins sollten die Liebhaber, in Sittsamkeit und ohne aufeinander zu schauen, getrennt ins Bad gehen.[19]

Ich zünde überall im Bungalow Kerzen an. Da wir auf unserer Lodge keinen Strom haben, bleibt uns auch nichts anderes übrig. Mein Liebster legt sich zu mir in die Schlafsäcke und streichelt mein Haar. Er ist tiefenentspannt und freut sich gleichzeitig darauf, gleich mit mir zu schlafen.

»Das ist Kamasutra«, flüstere ich und zeige um uns herum. Er stutzt kurz und ich berichte ihm ausführlich von meinen Recherchen. Als ich fertig bin, holt er sein Handy aus der Tasche und legt es zwischen uns hin. Eine App mit unseren zuvor notierten 20 Lieblingsstellungen erscheint. Ich lache laut auf, als ich »Die Faulenzerin« und »Die Supernova« in der App entdecke. »Das probieren wir trotzdem aus«, beschließe ich und küsse meinen Liebsten mit dem »Berührungskuss«.

OB DIESE ERFAHRUNG MEIN SEXLEBEN BEREICHERT HAT?

Ja. *Da Verschiedenheit und Abwechslung in der Liebe notwendig sind (…) so wird Liebe auch erzeugt durch das Mittel der Abwechslung.*[21]

Mein Liebster und ich, wir beschließen in dieser Nacht, dass wir am Strand von Miami heiraten werden. Allein. Zu zweit. Ohne Familie. Es wird eine geheime Hochzeit. Immerhin feiern wir während des Urlaubs sowieso unseren zehnjährigen Kennenlerntag. Es gibt keinen perfekten Augenblick für eine Hochzeit, das wissen wir nun, da wir seit sechs Jahren miteinander verlobt sind. Aber es gibt perfekte Momente. Und diese Momente widerfahren meinem Liebsten und mir immer dann, wenn wir zu zweit sind. Miteinander. Allein.

TANTRA

DIE SINNLICHE BERÜHRUNG?

Nachdem ich nun mit dem Kamasutra eine überraschend positive Erfahrung sammeln durfte, die so überhaupt nichts mit Klischees zu tun hatte, freue ich mich (zwischen geheimen Hochzeitsvorbereitungen und Reiseplanung) auf eine spirituelle Erweiterung der Kamasutra-Lehre: Das Tantra. Aber hier mache ich es gleich richtig: Ich bestelle eine DVD, die vom Deutschen Tantraverband empfohlen und, laut Internetanbieter, als weltweit führendes Lehrmaterial gilt.

Die DVD heißt *Tantra-Massage – Die sinnliche Berührung* und wurde in zahlreichen Käuferkommentaren hochgelobt. Es gab auch andere DVD-Varianten zur Auswahl, etwa Tantra-Anal, Tantra Lingam-Massage und vieles mehr. Mittlerweile finde ich eine klassische Herangehensweise an solch neue Themen ganz sinnvoll. Man muss sich ja nicht immer gleich auf das Poloch stürzen. Die DVD enthält außerdem Flyer vom Tantrazentrum Berlin. Überraschung! Das Tantrazentrum befindet sich nur wenige Gehminuten von unserer Wohnung entfernt! Ein Wink des Schicksals? Sollte ich lieber gleich einen persönlichen Termin dort machen?

Ich schaue mir die Website an, auf der es unter anderem heißt:
Unser Institut für Körper, Geist und Seele widmet sich mit sehr viel Liebe Ihrem Wohlergehen und Ihrer Zufriedenheit.[22]

Das Konzept ist, wie der Name des Institutes besagt, ganzheitlich. Neben zahlreichen Massagen werden auch Ernährungsberatung, Energie- und Heilbehandlungen, Lichtenergiearbeit und tantrische Workshops und Massagen angeboten. Die abgebildeten Räume sehen gemütlich, einladend und spirituell aus. Nun muss ich gestehen, dass ich einen kleinen Hang zum Spirituellen und Esoterischen habe. Schon als Teenager schmückten Räucherstäbchen und Kristalle am Fenster mein Zimmer und während der Abiprüfungen hatte ich einen »Lernstein« in der Hosentasche, der meine Konzentration stärken sollte. Ich weiß zwar noch nicht, ob Tantra in Zusammenhang mit Esoterik oder Spiritualität steht, aber es fühlt sich zumindest so an. Und dass ich diese Recherchen zusammen-

stelle, während ich in meiner frisch erstandenen Haremshose vom
Mauerpark vor dem Laptop sitze, bestärkt mich irgendwie darin,
dass dieses Thema gut zu mir/uns passen könnte. Ich fühle mich
schon total im Flow, wo sind nur die Räucherstäbchen?

Ich schicke dem Team des Tantrazentrums eine Anfrage, ob sie
bereit wären, mir einige wichtige Fragen zu dem Thema in einem
Interview zu beantworten, und hoffe, sie geben mir Feedback.
Doch bevor es so weit ist, lade ich mich und meinen Liebsten ein,
die DVD zu genießen. Es ist ein Mittwochabend. Wir sind beide
von der Arbeit recht aufgekratzt, aber ich denke, es gibt sowieso
keinen »perfekten« Moment, um eine Tantra-DVD zu schauen.
So, wie es auch keinen perfekten Moment für das Kinderkriegen,
Heiraten oder die Scheidung gibt. Also schalte ich Fernseher und
DVD einfach ein, ziehe unsere schweren Gardinen im Schlafzimmer zu, zünde eine Kerze an und stelle eine Flasche Babyöl neben
unser Bett. Die ersten melodischen, unaufdringlichen Klänge erfüllen den Raum. Zwei Frauen sitzen einander gegenüber in einem
warm beleuchteten Zimmer. Im Hintergrund plätschert ein Wasserspiel.

»Namaste«, begrüßen die Frauen einander, führen ihre Hände
zusammengelegt gen Stirn, verbeugen sich kurz und berühren einander an den Fingern. Sie tragen nichts außer einem bunten Tuch,
das über den Hals hinweg vor der Brust geknotet ist. Die Haut der
beiden glänzt, als ob sie schon eingeölt wären.

Auch die Frauen in der DVD tragen einen Lunghi. Ich rufe nach meinem Liebsten, der endlich ins Schlafzimmer geschlurft kommt. Er ist oben ohne. Sein Bauch sieht toll aus. Seit wir unseren Sommerurlaub/unsere Hochzeit planen, trainiert er noch härter als zuvor. Das Training zahlt sich aus, er sah schon lange nicht mehr so rundum trainiert aus. Klar, sein Bauch war schon immer knackig, er hat einfach keine Veranlagung, dick zu werden. Aber jetzt machen auch seine Oberarme, sein Rücken und sein Po eine ordentliche Figur. Ich mag es, wenn mein Mann etwas mehr wiegt und das Gewicht in Muskelmasse umsetzt. Das Body-Pump-Training macht seinen Hintern prall und rund. Im Vorbeigehen streiche ich mit dem Handrücken gern darüber. In einem Lunghi würde mein Liebster eine gute Figur abgeben. Jetzt hängt ihm seine dunkelblaue Calvin-Klein-Pyjamahose lässig auf der Hüfte. Eigentlich könnte er zu unserer Hochzeit am Strand doch auch nur einen Lunghi tragen, grübele ich kurz. Dann stelle ich jedoch fest, dass sich der Baumwollstoff mit dem meines Kleides beißen würde. Ich habe das Kleid für meine Hochzeit schon seit Jahren im Schrank hängen. Als meine kleine Schwester vor vier Jahren ihren Abi-Ball feierte, zogen wir zusammen mit meiner Cousine an einem warmen Sommertag von Shop zu Shop, um DAS perfekte Kleid für den Ball zu finden. Nachdem sich meine Schwester bei P&C in eine ausladende, perlenbestickte, orangefarbene Robe gequetscht hatte, entdeckte ich an einem der Kleiderständer einen cremefarben Traum. Knielang. Neckholder. Enge Taille, weich fallender Saum, zarter Unterrock. Meine Cousine fand, das sei das perfekte Kleid, um am Strand zu heiraten. Und da es wie angegossen saß, nahm ich es einfach mit. Die Preisschilder hängen sogar noch daran und es passt immer noch. Ich werde es etwas kürzen und mir aus dem restlichen Stoff kleine Rosen anfertigen lassen, die ich entlang des Neckholders anbringen werde. Weiter bin ich mit meiner Planung in Sachen Hochzeit am Strand noch nicht und eigentlich geht es doch gerade um Tantra, oder? Gedankenverloren schüttele ich den Kopf und deute auf meinen Liebsten.

»Setzt du dich bitte hinter mich?«, frage ich ihn, als ich bemerke, dass die beiden Damen ihre Stellung gewechselt haben. Die eine hält die andere von hinten im Arm, die eine Hand ruht auf der Stirn, die andere ist locker um die Hüfte gelegt.

»Was wird das?«, fragt er und schaut neugierig, dennoch skeptisch auf die DVD.

»Tantra. Setzt du dich bitte?«

Er setzt sich hinter mich und ahmt die Sitzhaltung nach. Ich lehne mich zurück und versuche, zu den Klängen der DVD runterzukommen. Es gelingt mir nicht wirklich, denn ich spüre, dass mein Liebster noch keine innerliche Ruhe auf mich übertragen kann.

»Mach mal kurz die Augen zu. Du bist viel zu unruhig«, pflaume ich ihn an. Er pustet mir frech in den Nacken. Ich schnalze mit der Zunge als Zeichen, dass es mir ernst ist. Er atmet tief durch und ich spüre, dass er die Augen schließt. Die DVD spricht mit ruhiger, fester, männlicher Stimme zu uns. Der Gebende soll die Empfängerin noch einige Augenblicke im Arm halten, fest umschlungen, bis ein Moment der Ruhe einkehrt. Ich lege mich nieder, auf den Rücken. Dass ich die Empfangende bin, war nicht geplant. Es hat sich irgendwie ergeben. Mein Liebster berührt sanft meine Stirn und massiert meine Schläfen. Das macht er nicht schlecht. Ich spüre, dass er sich langsam darauf einlässt. Weiter geht es mit Massagen der Vorderseite, dem Yin-Yang-Ausgleich, lustigen Bewegungen, die sich anfühlen, als würden unzählige kleine Fischchen über meinen Körper streichen, etwas festeren Bewegungen unter Einsatz seines Unterarmes und dem Hauchen warmer Luft auf meinen Körper.

Nach circa 30 Minuten bin ich schon sichtlich entspannt und völlig eins mit mir und der Umwelt. Auch ohne Räucherstäbchen und Springbrunnen im Zimmer lässt es sich gut runterkommen.

Jetzt muss es doch irgendwann losgehen. Mit dem Sex. Zumindest mit der Massage meines Genitalbereiches, oder? Ich habe Tantra immer so verstanden, dass die Genitalmassage den Höhepunkt der tantrischen Zusammenkunft markiert. Lange hält mein Liebster bestimmt nicht mehr durch. Diese halbstündige Massage geht schon weit über jede Massage hinaus, die ich je von ihm bekommen habe. Er wird bestimmt bald ungeduldig. Aber wir müssen offensichtlich noch etwas ausharren. Der komplette Massagedurchlauf wird nun nämlich auch auf der Rückseite meines Körpers angewandt. Als die männliche Stimme andeutet, man solle weiterhin absolute Ruhe aufeinander übertragen, ahne ich Böses. Ich bin kurz davor, in lautes Lachen auszubrechen, als ich mir vorstelle, weitere 30 Minuten rumzuliegen. Das Wasserspiel in der DVD plätschert im Hintergrund, mein Liebster sitzt nackt neben mir und wartet auf das Ende der Welt, während er zum 100. Mal den Yin-Yang-Ausgleich durchführt.

Die letzten fünf Minuten der DVD widmen sich dann endlich der Yoni-Massage. Mein Becken wird kurz wachgeschüttelt, das soll die erogenen Schwingungen in diesem Bereich wecken. Viel zu wecken gibt es bei mir nicht mehr. Es ist schon spät am Abend, ich wurde geschlagene 75 Minuten durchgestreichelt und anmeditiert, wo sollen denn nun bitte erogene Schwingungen herkommen? Aber um Anmachen oder »Ansexen« geht es bei der Massage des Intimbereiches wohl auch nicht, wie die sanfte Stimme im Hintergrund erklärt. Wir öffnen die Verbindung zwischen Sexual- und Herzchakra. Es solle sich das zeigen, was sich zeigen mag. Ganz sanft. Sehr langsam. Es ist ein sanftes Streicheln, wird immer wieder betont. Kein Anheizen. Ich kann mir vorstellen, dass das Betrachten der DVD, in der immerhin eine komplett nackte Frau einer anderen die Muschi massiert und an deren Schamlippen zupft, mehr in mir bewegen würde als das Empfangen der Streicheleinheiten. Obwohl sich mein Liebster solche Mühe gibt.

Wer nun Lust auf mehr Intimmassage hat, kann sich gerne die DVDs mit der Yoni- und der Lingammassage zulegen, verrät die sanfte Begleitstimme. Ich stutze. Wer lesen kann, ist hier klar im Vorteil. Unsere DVD heißt ja nicht *Tantra – Die erotisierende Massage mit super Orgasmusgarantie*, sondern *Tantra-Massage – Die sinnliche Berührung*. Von mehr war nicht die Rede. Und ich habe die falschen 80 Minuten aus dem Tantrasortiment gewählt. Mein Liebster legt eine Hand schützend auf meinen unteren Bauch, während er die Massage zu Ende bringt und den linken Zeigefinger sanft auf meine Klitoris legt, um so, in einem weiteren Moment der Ruhe, zu verweilen. Meine Klitoris beschwert sich heimlich bei mir, weil sie nicht gerubbelt wird. Sorry, Klitoris. Das ist Tantra. Gefickt wird später. Wir tun, wie uns gesagt wird.

Die Empfängerin wird zum Abschluss mit einem warmen Waschlappen gereinigt. Ich verzichte dankend und verbeuge mich vor meinem Liebsten. Wir wollen den Geduldsfaden ja nicht zerreißen.

Namaste.

OB DIESE ERFAHRUNG MEIN SEXLEBEN BEREICHERT HAT?

Nein. Ich konnte eine wundervolle Massage genießen und ich danke meinem Liebsten für seine Geduld. Aber mit Sex oder Erotik hatte diese Tantrabegegnung für mich persönlich nichts zu tun. Bin ich noch zu jung für diese spirituelle Erfahrung? Ach was! Gestreichelt werden kann ich auch noch nach den Wechseljahren. Ich dachte, Tantra fickt mich auf ganz besondere Weise. Da habe ich mich vielleicht geirrt. Oder, um es mit den Worten des Sexualtherapeuten David Schnarch zu sagen: »*Ficken« ist kein Synonym für Geschlechtsverkehr, denn viele Menschen, die Letzteres getan haben, haben Ersteres nie erlebt.*[23]

Zwei Wochen später liegt morgens ein kleiner Notizzettel im Wohnzimmer. Mein Liebster konnte nachts nicht schlafen und hat irgendwelche Dokumentationen im Fernsehen geschaut. Wohl auch eine über Tantra. Er hat notiert: *Der Atem ist alles im Tantra. Die Massagen sollen zu einem selbst führen. Akzeptanz seines eigenen Körpers und Nähe zulassen, darum geht es beim Tantra.*

Kein Wunder, dass niemand auf meine E-Mail geantwortet hat.

ANALE SPIELCHEN

FINGER IM PO, MEXIKO?

Warum sollte ich Hochgefühle bekommen, wenn ein Schwanz in meinem Hintern steckt? Warum? Weil sich besonders viele Nervenenden am Anus befinden?

Ich finde schon, dass ich ein sexuell offener Mensch bin. Ich genieße Sex, ich habe gerne Sex, ich schreibe und spreche darüber und ich versuche unter anderem mit diesem Selbstversuch, noch mehr aus meinem Sexleben zu machen. Ich hätte nichts dagegen, wenn mein Liebster alleine in Stripclubs ginge, und ich freue mich darüber, wenn mir gute Freunde Tipps für erotische Partys oder geile Pornos geben.

Aber es gibt ein Thema (und es war klar, dass ich hier ein Aber anführen muss), darauf verstehe ich mich nicht, und ich kann auch sehr simpel erklären, weshalb nicht: Warum sollte ich Hochgefühle dabei bekommen, wenn ein Schwanz in meinem Hintern steckt? Warum? Weil besonders viele Nervenenden im Bereich Anus und Darm liegen? Weil es homosexuellen Männern auch gefällt? Weil es eine vom Kopf gesteuerte Luststeigerung ist? Weil das »sich unterwerfen« den Reiz ausmacht? Mag alles sein und normalerweise bin ich immer für chemisch-biologisch-physikalisch-psychologisch hergeleitete Analysen zu haben. Aber warum finde ich es dann nicht geil, wenn ich auf dem Klo sitze und ein großes Geschäft mache? Das muss doch an dieser Stelle mal gefragt werden! Ich bin noch nie von einem Toilettengang zurückgekehrt, triefend nass vor Geilheit, und habe gesagt:

»Schatz, wir müssen jetzt unbedingt Sex haben. Mein Toilettengang hat mich total in Wallung gebracht.«

Nun gut. Offensichtlich gibt es aber Menschen, und das schon seit Jahrhunderten, die schwärmen gar vom Besuch durch das Hinterstübchen. Dass die alten Griechen diese Art der »Zusammenkunft« liebten, dürfte bekannt sein. Manche Sexautoren scherzen gar darüber, indem sie sagen: *Dank des Erfindungsreichtums der alten Griechen gibt es in unserer Welt heute unter anderem Politiker, Anwälte, Ärzte und Analsex. Das einzige davon, was niemals Schmerzen bereiten sollte, ist der Analsex.*[24]

Und es gibt Menschen, die geben sich dieser besonderen Spielart sehnsüchtig verlangend hin. Man nehme den berüchtigten Marquis de Sade (1740-1814), der in *Die 120 Tage von Sodom oder Die Schule der Ausschweifung* schrieb: *Denn es ist wahr, daß die Ehrung, die man diesem Tempel erweist, immer feuriger ist, als das Opfer, das im anderen verbrannt wird.* Auch seine Romanfiguren ließ de Sade die Lust des Analsexes ausleben: *Ich habe mich mitunter einem Mann versagt, der mich in die Votze vögeln wollte, aber nie demjenigen, der meinen Arsch wollte!,* spricht Juliette in seinem gleichlautenden Roman. In der berühmten *Geschichte der O* von Pauline Réage trägt die Protagonistin eine Woche lang Analstöpsel in unterschiedlichen Größen, um sich für ihren Herrn zu dehnen.

Und da ich gewillt bin zu lernen, frage ich erneut: Was ist der Reiz des Analsex?

Um Näheres zu diesem Thema herauszubekommen, gehe ich sehr klassisch vor. Ich lese ein Buch, das beschäftigt sich einzig und allein mit dem Fick ins Hinterstübchen. Es ist ein Sachbuch, das Paare vorstellt, die von ihren Erfahrungen und Herangehensweisen an dieses Thema berichten. Und ja, es gibt Berichte, die machen mich schwach. Die gehen mir unter die Haut, an die Nieren, bis in die Zehenspitzen und stellen mir jedes Härchen im Nacken auf. Und es gibt Spielarten, die kann ich mir durchaus als intensiv und elektrisierend vorstellen. Die Geschichte eines Paares hat es mir besonders angetan. Bei diesen beiden geschah es unter der Dusche. Sie verspürte plötzlich Lust, ihn an ihrem Poloch zu spüren. Egal wie. Er tat ihr den Gefallen und schäumte sie unten herum ein. Dann rasierte er ihr die Ritze. Meine Möse zuckt, als ich eben erwähnte

Zeilen immer und immer wieder lese, bis ich wild entschlossen das Buch zur Seite lege und finde, es muss ja nicht gleich die volle Dröhnung sein. Wir können uns ja herantasten.

Es ist ein Freitagabend, mein Liebster und ich, wir kommen von einem Shoppingmarathon nach Hause. Er hat sich ein neues Paar Turnschuhe gegönnt, ich mir einen überaus wundervollen Bikini in Himmelblau mit mehreren kleinen, gleichfarbigen Stickereien auf dem Busen und dem Po. Wir sind beide verschwitzt und erschöpft, als wir unsere Tüten und Taschen im Flur abstellen und uns erst mal einen Schluck Cola aus der Flasche gönnen. Ich schlage ein gemeinsames Bad vor. In Gedanken sehe ich das Paar aus dem Anal-Buch vor mir. Seine mit Duschschaum bedeckte Hand gleitet von hinten zwischen ihre Beine, seine Finger flutschen durch ihre Mösenlippen. Sie spürt ihn kaum, aber ihre Beine geben unter ihrer aufkeimenden Lust nach, sie knickt ein. Er stützt sie mit seinen Händen, sie klammert sich um seinen Hals, während er von hinten mit der Kuppe seines Zeigefingers um ihre nasse Rosette kreist. Der Strahl der Dusche trifft die Frau im Nacken, sie ist wie elektrisiert und greift nach ihrer Klit, die angeschwollen schon darauf wartet, endlich gerubbelt zu werden. Mein Liebster ist nicht der Typ fürs Baden. Er möchte lieber duschen. Alles klar, kein Problem. Ich lasse das warme Wasser über meinen Körper gleiten und strecke das Gesicht in Richtung Duschkopf. Ich lasse den Strahl über meine Kopfhaut wandern und genieße den Schauer, der mir über den Rücken jagt. In Gedanken kreisen die Bilder des anderen Paares durch meinen Kopf.

»Schatz?«, frage ich durch den Wasserstrahl hindurch.

»Geh mal rüber, jetzt bin ich dran«, findet mein Liebster und ich quetsche mich an ihm vorbei, damit er sich abduschen kann.

»Möchtest du meinen Po rasieren?«, frage ich und korrigiere dann schnell, »also die Ritze, von vorne nach hinten? Ich glaube, es könnte mir gefallen, wenn du mich so berührst«, erläutere ich weiter und seife mich ein. Er blickt mich durch den Duschstrahl hindurch an, auffordernd ziehe ich die Augenbrauen hoch.

»Okay … dann dreh dich mal um. Und beug dich vor«, fordert mein Liebster und ich tue, was er sagt. Er stellt keine weiteren Fragen, wie ich jetzt plötzlich darauf komme, wieso, weshalb, warum. Wir tun es einfach und anscheinend ergreift er die Gelegenheit beim Schopfe, meiner Rückseite mal besonders nahe zu sein. Natürlich weiß ich schon seit längerer Zeit, dass er sich für den Hintereingang interessiert. Welcher Mann tut das nicht?

Auch er schäumt mir erst den Hintern ein, er verteilt den fluffigen Rasierschaum vorsichtig mit seinen Fingern in meiner Ritze. Es kitzelt etwas und es fühlt sich plötzlich komisch an, meinen Hintern so rauszustrecken, in dem Bewusstsein, dass sich jetzt alles nur um das eine Loch drehen wird. Es dreht sich gerade nicht um Sex im Doggy-Style. Er wird mich nicht in der Dusche poppen, so, wie wir es schon so oft getan haben, nein. Der Fokus liegt auf meinem Hintern. Ich entspanne mich, da ich weiß, dass er nichts tun wird, woran wir uns zuvor nicht herangetastet haben. Er ist nicht der Typ dafür, mir ohne Vorwarnung den Daumen in den Hintern zu jagen, das weiß ich. Die Rasierklinge gleitet vorsichtig und zart über meine eingeschäumte Haut. Er geht viel sensibler vor, als ich es bei mir selbst je tun würde. Er spreizt meine Backen noch etwas weiter und fühlt vorsichtig nach, ob er alle Härchen erwischt hat. Er klopft den Rasierer aus und ich spüre, wie meine Muschi anfängt zu pochen.

Meine Haut ist weich und duftend zart, als er mich ins Bett trägt und wir in einen langen Kuss versinken. Er streichelt sanft über meinen Körper und zieht ein Bein zu sich heran. Ich bin warm und gelassen, ich genieße unsere Zweisamkeit und ich bin entspannt genug, um noch mehr zu fühlen. Ich möchte nachfassen, das Gefühl genauer erleben und mit allen Sinnen verfolgen. »Fass meinen Hintern an«, flüstere ich ihm ins Ohr. Er fängt an, meine Pobacken unter sich zu kneten, wobei mein Becken noch enger an seines gedrückt wird.

»Richtig!«, wispere ich und er tastet sich mit seinem kleinen Finger vor. Mir stockt kurz der Atem, als ich ihn in mir spüre. Es ist eng und in mir zieht sich alles zusammen. Es ist kein Schmerz, dafür ist der Finger zu klein und zu schmal und ich bin zu entspannt, um Schmerz zu fühlen. Aber es ist bis jetzt auch kein Gefühl, das ich noch intensivieren möchte. Der kleine Finger in mir ist okay und das besondere Gefühl der Enge, das mir bei meinen Recherchearbeiten immer wieder beschrieben wurde, kann ich nachvollziehen. Und ja, der Reiz der Unterwerfung und des Vordringens in dieses besondere Territorium lässt das Herz schneller schlagen, verwundbare Teile der Seele zeigen sich beim Sex noch heftiger entblößt als in jeder anderen Situation des Lebens. Ich kann nachvollziehen, dass es reizvoll ist. Ja, ich kann die Gefühle, die in meiner Recherchelite-ratur beschrieben wurden, nun auch erahnen. Und ich finde es sehr besonders, an dieser reizvollen Stelle gestreichelt zu werden. Mein Liebster sagt, die Enge fasziniere ihn. Und es habe etwas Verbotenes.

Anale Spielchen sind ein abwechselndes Schmankerl für zwi-schendurch. Aber ich bin noch nicht bereit, mir Analstöpsel in unterschiedlichen Größen anzuschaffen, um mich zu dehnen und für richtigen Analsex vorzubereiten. Und ich bin erst recht nicht be-reit, es ohne diese Dehnübungen zu versuchen. Vielleicht muss ich hierfür noch reifer werden? Vielleicht muss der Sex erst noch durch-schnittlicher werden, ehe ich hierin den besonderen Kick finde?

Wir werden es sehen.

OB DIESE ERFAHRUNG MEIN SEXLEBEN BEREICHERT HAT?

Ja. Es stellt eine interessante Abwechslung dar, in dieser sensiblen Zone berührt zu werden, und Intimrasuren von meinem Partner durchführen zu lassen ist extrem prickelnd. Das Vertrauen, das ich ihm während der Rasur schenke, macht mich an. Und es reicht mir vollkommen.

SEXKINO

OHNE WORTE

»Riecht sauber!«, rufe ich meinem Liebsten zu, setze mich auf den roten Plastiksessel in der Kabine und schließe die Tür hinter ihm.

Such aber einen schönen Film aus, wenn's geht in 3-D«, ruft mir mein Liebster aus der Küche zu, als ich ihn an einem Samstagmorgen in unsere heutigen Pläne einweihe. Es ist ein wundervoller Frühlingstag und während ich an meinem PC sitze und recherchiere, blicke ich sehnsüchtig zu unserem Balkon, der mir bald wieder, wenn es warm genug ist, als Schreibplatz dienen wird.

Am liebsten sitze ich dann mit meinem Laptop so, dass meine Beine in der Sonne sind; sie brauchen einfach ewig, um etwas Farbe abzubekommen. Mein Kopf muss hingegen im Schatten sein, Sonnenfalten und knittrige Haut kann doch wirklich kein Mensch gebrauchen. So sitze ich bei schönem Wetter stundenlang draußen, bearbeite Klagen, Verträge, AGB und diese und jene Schweinereien, die in meinem Autorenleben so über mich kommen. Doch noch ist es zu kalt, der Balkon ist vom langen Winter schmutzig, es müssen Pflanzen in die Töpfe und die Balkonmöbel geputzt werden. Aber nicht heute. Heute werden wir ein Sexkino besuchen. Wir beide tun es zum ersten Mal in unserem Leben. Ob daher der merkwürdige Spruch mit dem schönen Film, möglichst in 3-D, herrührt? Ich für meinen Teil habe eine vage Vorstellung davon, was in einem Sexkino gespielt wird. Mein Liebster offensichtlich nicht.

»Schatz, 3-D ist nicht. Ich sag es dir lieber schon jetzt. Stell dich lieber auf kleine Leinwände mit billigen Hardcoreproduktionen ein«, rufe ich zurück. Ich lebe seit meiner Geburt in Berlin, bin in dieser Stadt schon fünfmal umgezogen und kenne daher die ein oder andere Ecke, an der Sexkinos zu finden wären. Ich möchte uns jedoch nicht uninformiert in unseren Kinoabend stürzen, also suche ich im Internet nach einer geeigneten Location für unser erstes Mal.

Ich weiß bereits, dass es viele Sexkinos in Berlin gibt, in denen Prostituierte im Saal anwesend sind und versuchen, die Männer auf die Zimmer zu locken oder zumindest einen Hand- oder Blowjob bezahlt zu bekommen. In solche Kinos haben Frauen in der Regel keinen Einlass, außer Frau ist gewerblich unterwegs. Ich suche viel mehr nach einem Pärchenkino, einem gemütlichen Saal mit roten Kinosesseln und einigermaßen erotischer Atmosphäre. Gar nicht so leicht, solch einen Laden zu finden. Viele Einträge im Netz, die unter »Sexkino« laufen, beinhalten zwar das Abspielen eines Pornos auf irgendeinem Fernseher, der jedoch umgeben von Liege- oder auch Spielwiesen in einem Swingerclub steht. Das Thema »Swingen« ist definitiv nicht mein erstes Mal für den heutigen Tag und soll auch ansonsten keine Rolle in meinem Sexperiment spielen. Das war eine der Grenzen, die mein Liebster und ich vor diesem Projekt miteinander abgesprochen hatten. Keine analen Spielchen bei ihm und kein Besuch im Swingerclub!

Nach langen Recherchen finde ich in einem Forum die Empfehlung eines Paares, mal den Erdbeermund in der Sybelstraße zu probieren. Zu bestimmten Uhrzeiten hätten dort nur Paare Einlass und es sei »ganz angenehm …«, was auch immer darunter zu verstehen ist. Auch interessant hört sich das »Seitensprungzimmer« und das »Minikino« im Erotica Berlin, in der Rosa-Luxemburg-Straße an. Das Minikino soll 15 Euro kosten, darin enthalten sind ein Film und der Aufenthalt im Kino. Das Seitensprungzimmer kostet wohl 20 Euro, enthalten sind hier drei Stunden Aufenthalt und ein Film der Wahl. Minikino hört sich gut an, finde ich. Ich weiß aber auch, dass der Beate-Uhse-Shop am Zoo an ein Sexkino angeschlossen ist. Das möchte ich zuerst auschecken, denn immerhin ist Beate Uhse am Zoo eine Institution in Berlin.

Als es gegen 20.30 Uhr draußen dunkel geworden ist, ziehen mein Liebster und ich los. Nach den langen Wintermonaten freue ich mich, endlich wieder in meine leichte Lederjacke, Ankleboots und Jeansshorts mit Strumpfhose schlüpfen zu können. Mein Liebster macht es sich auch leicht und trägt passend zur Jeans eine Jeansjacke und helle Turnschuhe. Wir lassen den Wagen zu Hause stehen und beschließen, mit der U-Bahn zu fahren. In Berlin mit den öffentlichen Verkehrsmitteln unterwegs zu sein lässt einen die Stadt ganz anders spüren als im Auto. Wenn man die Menschen in der U-Bahn beobachtet, stellt man schnell fest, dass es eine solche Vielfalt an Charakteren und äußerlichen Eigenarten gibt, dass man eigentlich den ganzen Tag über U-Bahn fahren müsste, um auch nur annähernd begreifen zu können, mit welch einer großen Metropole man es in Berlin zu tun hat.

Andererseits gibt es auch Situationen, in denen fahre ich als Frau nicht alleine mit der U-Bahn. Und das ist abends ab 22 Uhr. Wenn ich alleine ausgehe, oder mit meinen Mädels, nehme ich immer das Auto. Es gab auch schon Situationen, in denen ich es bereut habe, ein Taxi genommen zu haben. Aber heute Nacht brauche ich mir um so etwas keine Gedanken zu machen, denn mein Liebster ist bei mir. Und gemeinsam finden wir es lustig, Touristen, Berliner, Zugezogene, Punks, Penner und *Motz*-Verkäufer beobachten zu können. Bei Beate Uhse am Zoo angekommen, bleibe ich zuerst an den Sextoys und bei der Unterwäsche hängen, denn mit Sextoys kenne ich mich ja mittlerweile aus. Ich überfliege kurz das Sortiment, ob es Neuerungen gibt, die ich in keinem Fall verpassen darf. Nichts Neues dabei. Zur Kinolounge geht es eine Treppe hinauf. Oben, im ersten Stockwerk, befindet sich auch das Sexmuseum von Beate Uhse, das sehr sehenswert ist. Vor drei Jahren war ich bereits dort und fand die Ausstellung wirklich gelungen.

Vor dem Museumseingang befindet sich ein Ticketschalter, an dem man auch Karten für das Kino erwerben kann. Ohne lange zu überlegen, marschiere ich auf den Ticketverkäufer zu. Denn mittlerweile weiß ich, dass mit Schüchternheit und Rumgedruckse in der Erotikszene nicht viel zu holen ist: »Hey, ich würde gerne wissen, was zwei Karten für das Kino kosten?«

Der Mitarbeiter, ein großer, dunkelhäutiger Mann mittleren Alters, tritt von einem Fuß auf den anderen und stützt sich am Tresen ab. Er druckst herum und scheint nur schlecht deutsch zu sprechen. Ich erfahre aber, dass das Pärchenkino 20 Euro Eintritt für zwei Personen kostet, man könne wohl von innen abschließen, um auch »Intimität« zu haben – was auch immer »Intimität« in

einem Sexkino heißen soll. Sex, oder was? Und dann stehen die
anderen zahlenden Gäste vor der Tür und können nicht herein,
oder wie? Ich hake noch einmal nach und er versucht, in gebro-
chenem Deutsch die Regeln im Kino zu erklären, aber ich verstehe ihn wirklich nur sehr schlecht. Der Ticketverkäufer hat mich
nicht überzeugt und wir gehen die Treppe wieder hinunter, als
mein Blick auf eine geöffnete Tür fällt, hinter der sich 20 bis 30
Videokabinen befinden. Einzelkabinen, in denen man sich Filme
anschauen kann. Es ist dunkel, nur die Eingänge zu jeder Kabine
sind mit einer schmalen Leuchtröhre versehen, Knöpfe blinken,
manche Kabinen sind besetzt. Es sieht ein bisschen aus wie im
Solarium. Nur, dass es wirklich nahezu dunkel ist und Fotos von
nackten Frauen außen an den Kabinen hängen. Ich schaue in eine
Kabine hinein und schnüffele.

»Riecht sauber!«, rufe ich meinem Liebsten zu, setze mich auf
den roten Plastiksessel in der Kabine und schließe die Tür hinter
ihm. Der Sitz rutscht ein Stück nach vorne und ich lache auf. Wie in
einem Spaceshuttle sieht es aus. Überall blinken bunte Knöpfe, die
Schaltflächen, mit denen man den Film starten, stoppen, vor- und

zurückspulen kann, sind abgegriffen. Ich drücke auf den Monitor. Die Lautsprecher befinden sich direkt neben meinen Ohren, befestigt am Schalensitz.

»Es funktioniert nicht.«

»Du musst Geld einwerfen«, stellt mein Liebster fest.

»Das ist mir klar. Ich meine, er zeigt mir nicht an, wie viel ich einwerfen muss. Was kostet ein Film?«

Er zuckt mit den Schultern. Wir schauen uns überall um, finden aber keine Preisübersicht. Das kommt mir suspekt vor.

»Ha, ich sag dir was. Erst schmeißt man Geld ein, fängt schön an, sich einen zu rubbeln, und dann, wenn es gerade losgeht und die erste Szene voll im Gange ist, dann wird der Film aufhören und man wirft Geld nach ohne Ende, um zum Abschluss zu gelangen!«

»So wird es wohl sein«, antwortet mein Liebster und öffnet die Kabine. Zwei Mädels rennen lachend durch die dunklen Gänge, ihre vollgepackten Shoppingtüten fliegen hinter ihnen her. Alles halb so schlimm. Bis auf ein zerknülltes Taschentuch auf dem Fußboden hat mich die Erfahrung im Kabinenkino nicht wirklich abgeschreckt. Auf geht es nach Mitte. Wir fahren mit der S-Bahn, machen aber vorher noch einen Abstecher in den Supermarkt, um uns mit süßen Mischgetränken zu versorgen. Wir albern herum und reißen Witze über die Videokabinen, weil wir nicht verstehen können, weshalb in der heutigen Zeit der Internetpornografie überhaupt noch jemand die Videokabinen besuchen sollte.

In Mitte angekommen, schlendern wir Händchen haltend vom Alex über die Hackeschen Höfe bis in die Rosa-Luxemburg-Straße, in der uns schon von Weitem ein rotes Herz entgegen blinkt. Eine klassische Aufmachung für einen Sexschuppen. Das gefällt mir. Die Tür zu Erotica Berlin steht offen, wir treten ein und zunächst stelle ich fest: Das ist ein Sexshop. Spielzeuge, DVDs und Accessoires sind hier erhältlich. Es riecht nach kaltem Rauch, etwas muffig, ein wenig nach Gummi und Staub. Komisch, dass Sexshops immer diesen ganz eigenen Geruch haben. Ich würde ihn überall wiedererkennen, ähnlich wie den Geruch nach Sushi oder Sonnencreme. Ich stutze und schaue mich erst mal um. Die Hüllen der Pornos sind verstaubt und ausgeblichen. Am Tresen steht ein Mann, Mitte 40, mit kurzem blonden Haar. Mein Freund stellt sich in Sachen »Ich schaue mich bloß um« noch schlechter an als ich, deswegen komme ich gleich zur Sache.

»Hallo«, sage ich. Der Mitarbeiter schaut auf. »Ich habe im Internet gesehen, dass ihr ein Minikino habt.« Er nickt und legt seine Zigarette beiseite. »Schön. Ist es frei?«, hake ich nach. Er nickt wieder. »Okay, und was ist mit eurem normalen Kinosaal, läuft da gerade etwas?« Er räuspert sich und zeigt auf eine Tür hinter sich. »Kino« steht darauf.

»Ja, seit circa 15 Minuten läuft ein neuer Film. Ihr könnt euch dazusetzen oder ihr geht in ein Minikino. Wie ihr möchtet.«

Mir ist der Unterschied zwischen Minikino, Kino und Seitensprungzimmer noch nicht ganz klar, deswegen frage ich noch mal nach.

»Okay, sind im normalen Kino noch andere Menschen, jetzt gerade?«

»Ja, ungefähr fünf Männer. Ich würde euch das Minikino empfehlen«, sagt er und ich nicke. Ich ziehe einen Zwanziger aus meiner Hosentasche und lege ihn auf die Theke.

»Dann dürft ihr euch da hinten aus der Ecke noch einen Film aussuchen«, sagt er und ich verschwinde in die Ecke zu den vergilbten Pornos, in die er gezeigt hat. Mein Liebster schaut sich immer noch um und hält sich sonst weitestgehend bedeckt. Will heißen: Er spricht nicht und macht mein verrücktes Erlebnis einfach mit. Ich spüre, dass ihm das alles hier etwas zu ranzig ist, zu staubig und zu abgegriffen. Er ist auch einfach nicht der Typ, der alleine oder mit Freunden ein Sexkino besuchen würde. Ein Striplokal ja. Sexkino nein. Ihn scheint keiner der Filme hier zu interessieren und das, obwohl er normalerweise für einen netten Porno immer zu haben ist. Aber das hier ist ihm alles zu eklig, das sehe ich ihm an. Die Filme sehen alle gleich schlecht aus. Ich greife zwei, halte sie ihm hin, er tippt auf den linken, womit die Entscheidung gefallen ist.

Mit der DVD-Hülle in der Hand kehre ich zum Tresen zurück und nachdem der Verkäufer/Kinobetreuer die DVD herausgesucht hat, zieht er einen Schlüssel hervor und bedeutet uns, ihm zu folgen. Ich lasse meinen Liebsten vorgehen, denn es geht eine Treppe hinunter. Wie unheimlich, denke ich mir, gefolgt von: wie eklig, als der kalte Rauchgestank immer schlimmer wird. Der Geruch mischt sich kurzzeitig mit einer Brise Klostein und als wir im gekachelten Keller angekommen sind, verstehe ich erst, was ein Minikino ist. Es ist ein Zimmer für Prostituierte und ihre Freier. Was zum Teufel sollen mein Liebster und ich hier? Na gut, bezahlt ist bezahlt und einen Rückzieher mache ich jetzt bestimmt nicht mehr. Unser Minikino präsentiert sich als grellorange gestrichenes, kleines Zimmer, in dem ein winziges Bett steht. Nein, es ist kein Bett. Es ist ein Futon, das mit einem orangefarbenen Laken bezogen ist. Auf dem Laken liegt ein abgerissener weißer Zettel, auf den jemand das Wort »frisch« gekritzelt hat. Ein Lacher bahnt sich in mir empor, aber ich kann ihn unterdrücken. Der Kinobetreiber ist schließlich noch bei uns und stellt die Heizung für uns an. Vor dem Bett steht ein uralter Fernseher, darunter ein DVD-Player. Neben dem Bett ein kleiner Tisch, auf dem steht eine Rolle Zewa. Ich stutze und frage mich wieder, was das hier soll? Okay, der Mitarbeiter drückt uns den Schlüssel in die Hand und wünscht viel Spaß. Als wir alleine sind, mein Liebster, ich und das Nuttenzimmer, halte ich mir die Hand vor den Mund und starre meinen Freund an. Ich schüttele den Kopf und kann dazu nichts mehr sagen. Nach kurzem Kopfschütteln finde ich dann doch meine Sprache wieder.

»DAS ist das Minikino??? Minikino? Das ist ein Fickzimmer. Mit einem«, ich gehe auf das Bett zu und teste die Matratze, ich spüre die Federn durch, »schlechten Bett und einem uralten Fernseher. Ich kann mich hier nicht ausziehen. Es ist kalt und stinkt.«

»Ich geh erst mal aufs Klo«, antwortet mein Liebster trocken und weg ist er. Wo ist hier ein Klo? Und warum muss er das jetzt benutzen und mich hier allein lassen? Die Toilette wird total verkeimt sein, nie im Leben würde ich es wagen, hier das WC zu benutzen. Ich schalte Fernseher und DVD-Player ein und setze mich auf das Bett. Ich lache wieder, allein im stinkigen Puffzimmer. Der DVD-Player ist so laut, dass ich Angst habe, er fliegt gleich auseinander. Das Rattern des Players ist lauter als das Gestöhne der Darstellerinnen und es wird auch nicht besser, als ich den Ton hochschraube. Mein Liebster kommt zurück. Er sieht mich fragend an, er fühlt sich in dem kleinen Puffzimmer offensichtlich unwohl. Ich bitte ihn zu mir auf das Bett. Wenn wir schon hier sind, können wir auch das tun, was man hier tun sollte: Poppen. Kurz und schmerzlos geht das in hygienisch zweifelhafter Räumlichkeit am besten so gut wie vollständig bekleidet, von hinten, bloß die Hosen müssen runter. Das schaffe ich gerade so, ohne mir einen Herpes zu holen. Mein Liebster hat es noch einfach: Er öffnet bloß den Hosenstall und achtet darauf, nichts in dem Raum zu berühren. Und wir kommen tatsächlich zum Ende. Wir ziehen uns schnell an und ich zappe die DVD noch durch. Bezahlt ist schließlich bezahlt.

Die DVD hat keine wirklichen Highlights zu bieten, also geben wir nach insgesamt nur 25 Minuten den Schlüssel oben ab und schlendern Arm in Arm zurück zur S-Bahn. Ich greife nach seiner Hand, er zieht mich noch fester in seinen Arm. Ich sauge die laue Stadtluft ein und atme sie hörbar wieder aus.

»Oh Mann«, stöhnt mein Liebster und auch er holt tief Luft. Ich spüre, wie sich ein Knoten in ihm löst, den er seit circa einer Stunde mit sich herumträgt. Ich ziehe die Augenbrauen hoch.

»Das hätten wir uns echt sparen können«, findet er und zieht mich noch enger an sich. Er riecht an meinem Haar und küsst meine Schläfe. Darüber muss ich lächeln. Es fühlt sich an, als wäre er froh, dass es vorbei ist. Andererseits habe ich das Gefühl, dass es für uns als Paar genau richtig war, diese Erfahrung gemeinsam zu durchleben. Ich bin mir ziemlich sicher, das ist eine der Geschichten, über die wir in 40 Jahren gemeinsam herrlich lachen werden.

»Wieso sparen? Warst du schon mal in einem Sexkino?«, frage ich nach.

»Nein.«

»Siehst du. Ich bis eben auch nicht. Jetzt wissen wir beide, wie es ist, und wir wissen auch, dass wir bisher nichts verpasst haben.« Mein Liebster lacht und küsst meine Hand, die er dann fest mit seiner umschlingt.

OB DIESE ERFAHRUNG MEIN SEXLEBEN BEREICHERT HAT?

Nicht mein Sexleben, aber meine Allgemeinbildung. Ich hatte Einblick in eine Szene der Nacht, der Prostitution und der einsamen Herzen. Denn all das findet sich in den sogenannten Sexkinos wieder. Es fühlt sich ein wenig so an, als wären Sexkinos etwas für die »Übriggebliebenen«. Für die, die das Internet noch nicht für sich entdeckt haben. Für die, die am frühen Abend zusammen mit anderen Männern Geschlechtsakte auf der Leinwand mitverfolgen möchten.

Es geht doch nichts über ein wundervoll durchdachtes Drei-Gänge-Menü, gern zu Hause selbst gekocht oder auch im Restaurant oder auch vom Lieferservice. Hauptsache, es schmeckt und meinem Erachten nach darf eine Mahlzeit hin und wieder, in seltenen Fällen, auch »ungesund« sein. Denn was ist schon ungesund? Wenn ich einmal im Monat Currywurst mit Pommes esse? Sicherlich nicht. Und da ich ein Lebensmittelfan bin, liegt die Überlegung nahe, dem Thema »Aphrodisierende Lebensmittel«, also Speisen mit anregender bis erregender Wirkung, einmal nachzugehen. Medizinischen Untersuchungen nach steht bereits fest, dass gewisse Lebensmittel die Lust steigern können. Dies kann zum einen an den Inhaltsstoffen liegen, zum andern ist es der eigene Kopf des Essers, dem dieses Essen irgendwann einmal als »betörend« suggeriert wurde.

Der weltberühmte Casanova etwa, der in der Zeit von 1725 bis 1798 lebte, verspeiste in manchen Nächten bis zu 48 Austern, um seinen vielen Bettgefährtinnen gerecht werden zu können. Auch heute noch wird der Auster eine betörende Wirkung und eine Steigerung der Potenz nachgesagt.

Auch dem Granatapfel wird eine stimulierende Wirkung nachgesagt und das ist plausibel, war er doch die Symbolfrucht der griechischen Liebesgöttin Aphrodite. Im Internetlexikon der erregenden Lebensmittel schaue ich mich eine Weile um und schreibe mir Zutaten zusammen, die ich kenne und auf deren Wirkung ich nun einmal genauer achten möchte. Zu den erregenden Stoffen gehören etwa auch Vanille, Kakao, Chili, Spargel (wer hätte das gedacht! Enthält viel Kalium und Phosphor), Erdbeeren, Knoblauch, Petersilie und Sellerie soll bei der Frau, als Rohkost verabreicht, stimmungsaufhellend wirken.

Austern durfte ich bereits einmal kosten und kann mich noch sehr genau an den widerlichen Nachgeschmack im Mund erinnern. Es war im Jahr 2007, mit meinem Liebsten in Paris. An einem sonnendurchtränkten Novembertag, dem Tag nach unserer Verlobung, besuchten wir Montmartre und Sacré Cœur. In einem niedlichen Hinterhof des Kirchengeländes war ein kleiner Markt aufgebaut und es gab Austern für nur einen Euro das Stück. Ich ergriff die Gelegenheit und schlürfte gekonnt, aber der Geschmack, der mich überkam, glich einem Biss ins Hafenbecken. Ich spuckte alles aus und neutralisierte schnell mit einem Kaugummi. Das Thema Austern hat sich seitdem für mich erledigt. Aber hey! Wir haben gerade Spargelsaison! Was passt also besser als eine schöne Portion Spargel und zum Nachtisch Vanilleeis mit Erdbeeren, dazu einen fruchtigen Weißwein? Grandios!

Mein Liebster holt mich von der Arbeit ab und gemeinsam fahren wir nach Charlottenburg zum Stuttgarter Platz, um im Leonhardt lecker zu essen. Eben brach das erste warme Gewitter des Jahres über uns herein, die Straßen sind nass und es duftet ganz wunderbar nach Erde und Pflanzen. Der Sommer steckt in den Startlöchern und wartet nur darauf, sich endlich zeigen zu dürfen. Die Restaurants und Terrassen am Stuttgarter sind alle sehr gut besucht, trotzdem bekommen wir einen Platz an der geöffneten Terrassentür. Vorab bestellen wir Bruschetta (Knoblauch!), als Hauptgang Spargel mit jungen Kartoffeln, für mich mit Serrano, für ihn mit Schnitzel Wiener Art. Wir stoßen auf unseren neuen Selbstversuch an und lachen beide darüber, dass dieser Restaurantbesuch tatsächlich etwas mit Sex oder Erotik zu tun haben soll.

»Dir kommt das doch nur gelegen. Ich weiß, dass du dich schon seit Wochen auf die Spargelsaison freust!«, lacht mein Liebster und nimmt einen Schluck von seinem Hefeweizen.

»Na ja, ich verbinde eben zwei Genüsse an einem Abend: Essen und Sex. Wenn wir denn welchen haben«, zwinkere ich ihm zu. Er stellt sein Bier ab und greift nach meiner rechten Hand.

»Wie geht es dir mit unserem Sexperiment? Kannst du dazu schon irgendetwas sagen?«, versuche ich herauszufinden.

Er grübelt kurz und streicht sich über sein Kinn. Sein Dreitagebart zeigt saubere Konturen an Hals und Wangen. Ich mag es, wenn er etwas länger ist. Das sieht irgendwie verrucht aus. Und seine grünen Augen kommen viel stärker zur Geltung, wenn sein Gesicht vom Bart umrandet ist. »Was möchtest du dazu wissen? Ist es nicht noch etwas früh für ein Fazit?«, fragt er zurück.

»Ich möchte gar nicht von dir wissen, welchen Versuch du spannend fandest und was eher nicht. Das bekomme ich ja eh mit. Wenn du mich Tage später noch darauf ansprichst, wie etwa auf unseren Besuch im Insomnia, dann weiß ich, dass es eine nachhaltige Erfahrung war. Ich meine eher, dass es ja einen Grund hatte, weshalb wir diesen Versuch gestartet haben. Du hast nach Abwechslung gesucht, wolltest mit mir gemeinsam neue Facetten des Sexlebens kennenlernen«, flüstere ich ihm zu. Er blickt leicht verlegen auf den Tisch und sucht aus den Augenwinkeln nach neugierigen Zuhörern, die unser Gespräch vielleicht belauschen könnten. »Wie steht es jetzt damit? Meinst du, wir haben bereits erlebt, wonach du gesucht hast? Findest du, wir sind als Paar zusammen in dieses Thema hineingewachsen?«, versuche ich weiter, meinem Liebsten ein paar Statements aus der Nase zu ziehen. Er nimmt noch einen Schluck Bier und setzt zu einer Erklärung an.

»Das, was wir in den letzten Monaten miteinander erlebt haben, ist genau das, was ich mir für uns gewünscht habe. Mit dir rauszugehen, ungewohnte Situationen zu erleben. Kribbeln im Bauch. Dass wir Tage später noch heiß aufeinander sind, nachdem wir etwas Neues miteinander erlebt haben. Ich habe mir gewünscht, dass wir beide unseren Horizont erweitern. Natürlich ist mir klar, dass ich mit verantwortlich dafür bin, wie unser Sexleben aussieht.«

»Danke!«, unterbreche ich ihn und schaue ihm tief in die Augen.

»Ja, es ist mir bewusst. Und mir ist auch klar, dass wir viele Dinge außerhalb dieses Experimentes wahrscheinlich nie oder erst in einigen Jahren miteinander ausprobiert hätten. Ich gebe zu, ich wäre nicht ohne diesen Anlass mit dir in eine Sexdisco gegangen. Und ich hätte auch keinen Grund gesehen, mit dir ein Sexkino zu besuchen oder Lederpeitschen zu kaufen. Deswegen ist es gut, dass wir diesen Versuch wagen. Ich muss auch über meinen Schatten springen. Nicht nur du!« Ich lächle schief, denn ich weiß natürlich, dass jeder von uns seine Themen hat, die einiges an Überwindung gekostet haben und auch noch kosten werden.

»Und natürlich wird uns irgendwann wieder der Alltag in die Quere kommen. Etwa, wenn wir irgendwann ein Kind haben.«

Ich ziehe die Augenbrauen hoch und reiße meine Äuglein auf. Es ist nicht so, dass wir noch nie über das Kinderkriegen gesprochen hätten. Nur sind wir uns beide einig darüber, dass ich nicht sieben Jahre studiert habe, um sofort in Mutterschutz zu gehen. Es ist eine klassische Akademiker-Zwickmühle, die mir zuletzt bewusst gemacht wurde, als mich meine Frauenärztin fragte, ob ich schon darüber nachgedacht hätte, meine Eizellen einfrieren zu lassen. Ich wäre fast vom Gyn-Stuhl gefallen, so geschockt war ich. Hallo, ich bin doch erst 27! Meine Eizellen werden vorerst nicht eingefroren. Ich habe ein genaues Datum im Kopf, wann ich bereit bin, Mutter zu werden. Und da ich gelernt habe, Fristen einzuhalten, werde ich auch diesen Termin einhalten. Das hat nicht viel mit Romantik zu tun, ich weiß. Aber es hat auch nichts Romantisches an sich, übereilt Kinder in die Welt zu setzen, die dann irgendwann alle zwei Wochen von ihrem Wochenend-Papa zum Spielen abgeholt werden. Nur weil Mama und Papa nicht mehr klarkommen miteinander. Nichtsdestotrotz. Ich verstehe natürlich, worauf mein Liebster hinauswill.

»Wenn wir irgendwann wieder einmal an diesem Punkt sind, an dem wir merken, dass wir unser Sexleben vernachlässigen, dann werden wir in der Lage sein, aufgrund dieses Experimentes, ziemlich schnell Mittel zu ergreifen, um unsere Situation zu verbessern«, analysiert er zu Ende. Ich liebe analytisches Denken. Die Theorie hat etwas sehr Sauberes an sich. Sie ist klar strukturiert, nachvollziehbar, zugänglich. Es macht nichts, dass die Realität oft anders abläuft als die Theorie. Denn wenn man sich einmal theoretische Wege erschlossen hat, kann man in der Realität immer darauf aufbauen und schnell lernen, mit Abweichungen umzugehen. Die Realität bringt einen erst dann ins Straucheln, wenn man sich in der Theorie noch nie Gedanken über etwas gemacht hat. Ich küsse seine Hand und nehme einen Schluck Schorle. Seine Antwort befriedigt mich ungemein und dafür liebe ich ihn umso mehr.

»Und, was denkst du über unsere Hochzeit? Jetzt, wo wir in der Planung konkret werden?«, frage ich weiter. Wir haben gemeinsam schon einen deutschen Notar und Wedding Planner gefunden, der befähigt ist, Trauungen am Strand durchzuführen. Aber wir haben noch nicht darüber gesprochen, wie es uns bekommt, unsere Familien außen vor zu lassen. Er zuckt kurz mit den Mundwinkeln.

»Ich weiß, dass das für uns die richtige Entscheidung ist. Es geht an diesem Tag doch um uns, um unsere Zukunft. Ich heirate dich nicht für deine Familie, meine Familie oder andere Leute, nur um eine große Party zu veranstalten. Ich heirate dich, damit wir eine Familie sind. Du und ich. Entweder unsere Familien werden das akzeptieren oder eben nicht. Da stehe ich drüber«, schließt er.

Ich sehe das ziemlich ähnlich. Die Hochzeiten, die ich in den letzten Jahren miterleben durfte, waren natürlich romantisch und wunderschön, große Familienfeste, auf die sich alle monatelang vorbereitet haben. Aber es waren auch Feste, die Stress verursacht haben – Tränen im Vorfeld – mit beleidigten Familienmitgliedern und Kämpfen um das schönste Hochzeitsgeschenk. Für diese Art von Stress sind wir nicht gemacht, mein Liebster und ich. Er nimmt mein Gesicht in seine Hände und streicht sanft mit seinen Lippen über meine. An seinem Oberlippenbart hängt noch etwas Bierschaum. Ich kichere, als ich ihn ablecke. Ich schließe die Augen und sehe die Fotos von der Website des Wedding Planners in Miami vor mir. Bambusfackeln säumen den Weg im Sand bis zum Trauungsbogen. Palmenwedel liegen zu unseren Füßen, ich werde einen Blumenkranz im Haar tragen, wovon mein Liebster natürlich nichts weiß. Ich spüre schon den weichen, warmen Sand unter meinen Füßen, während wir uns das Jawort geben. Mein Liebster küsst wieder meine Lippen und ich zähle schon die Tage bis zu unserer Abreise.

Das Essen ist köstlich und wir wundern uns darüber, wie dick und dennoch zart der Spargel ist. Tatsächlich sind die Stangen fast dreimal so dick wie der Spargel, den ich uns sonst während der Saison mehrmals aus dem Umland mitbringe. Und natürlich, es tut mir leid, wenn es etwas platt daherkommt, aber der Vergleich liegt nahe, ist der Spargel auch so dick wie manch ein Penis. Und wir sprechen ja über erotisches Essen. Vielleicht liegt darin die betörende Wirkung? Während des Essens spüre ich jedenfalls keine erregenden Zuckungen, mein Liebster auch nicht. Das Eis mit Erdbeeren schaffen wir nicht mehr. Dafür gönnen wir uns daheim jeder ein Stück Schokolade (Kakao). Und während wir zu Michael Bublé im Wohnzimmer tanzen und uns über die frische Gewitterluft freuen, denke ich weiter an den dicksten Spargel, den ich je gegessen habe.

Mit dem erotisierenden Essen ist es vielleicht eher so: Das Selbstkochen erhöht die Vorfreude auf das Mahl, das Gelingen einer guten Mahlzeit steigert das Selbstwertgefühl und lockert gleichzeitig die Stimmung. Und gewissen Nährstoffen wird einfach seit Jahrhunderten nachgesagt, eine anregende Wirkung zu haben. Klassischer Placebo-Effekt, unser Hirn gibt uns das, was wir wollen: Erregung. Und Liebe geht doch bekanntlich eh durch den Magen.

OB DIESE ERFAHRUNG MEIN SEXLEBEN BEREICHERT HAT?

Nein. Und ich möchte beim Sex auch nicht mehr an Spargel denken müssen!

ERSTES MAL NR. 23

FETISCH

ASCHENPUTTEL TANZT IN LATEX

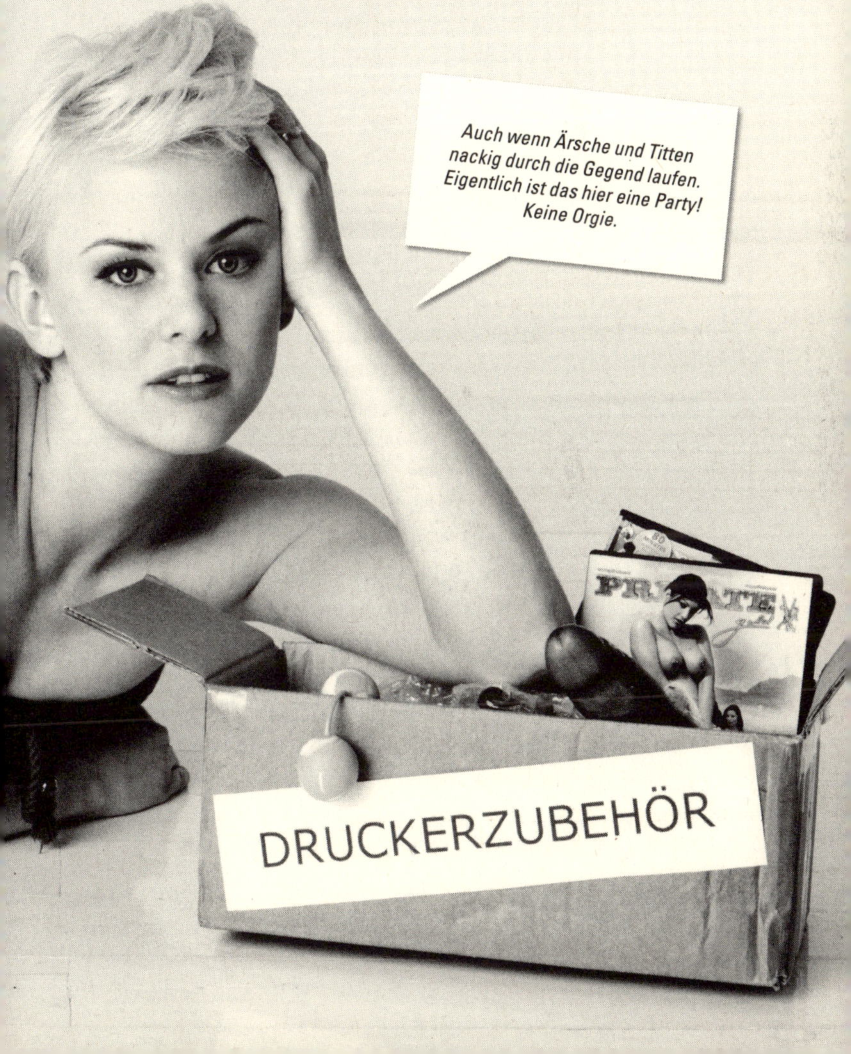

Manche Menschen nutzen die Pfingstfeiertage, um eine Dampferfahrt nach Potsdam oder durch Mitte zu genießen. Andere wiederum besuchen den Zoo, das Schloss Charlottenburg oder einen Spargelhof im Umland. Und wer's ganz bunt treibt, besäuft sich auf dem Karneval der Kulturen, der für ganze drei Tage Kreuzberg lahmlegt. Ich hingegen stehe vor meinem Kleiderschrank und überlege, ob ich das Polizistinnen-Outfit von Silvester zu der angesagtesten Fetischparty in ganz Europa anziehen kann. Das Wetter soll diese Pfingsten wundervoll sonnig werden, Berlin erstrahlt in sattem Grün und Betongrau, die Menschen sind fröhlich und wir erwarten Temperaturen um die 27° C. Und da Pfingstmontag ein Feiertag ist, liegt es doch nahe, am Pfingstsonntag den jährlich stattfindenden Fetischball zu besuchen. Bei dem Wetter!

Das Polizistinnen-Outfit war eigentlich ein Spaßkauf für eine Mottosilvesterparty. Um ehrlich zu sein: Ich hasse Mottopartys. Ich verstehe nicht, woher der Hype kommt, dass jede Party heute eine Mottoparty ist. Besagte Silvesterparty hatte das Motto »Verkleidung«. Haha. Von »Black & White« über »Maskerade« bis hin zu »Bauernhof« war ich schon auf allen erdenklichen Mottopartys von Freunden und Verwandten. Meist habe ich mir gewünscht, mich an diesem Abend einfach nur hübsch machen zu können, um richtig zu feiern und Spaß zu haben. Daraus wurde in der Regel nichts. Kurzum, das Polizistinnen-Outfit stammt von besagter Silvesterparty und ist aus Lack. Ein ziemlich enges Kleidchen, mit passender Lackmütze, breitem Gürtel und Handschellen. Auf der Brust klebt ein Streifen, auf dem »Strip-Search« zu lesen ist. Eigentlich total peinlich für den Fetischball. Denn der Fetischball ist, natürlich, auch eine Mottoparty im weitesten Sinne. Aber diese Party besuchen nur Menschen, die für das Motto leben. Diese Partybesucher lassen sich Latexkleider anfertigen, kaufen Perücken passend zur Krawatte, tragen Schuhe, Spezialanfertigungen aus Italien, und Gasmasken aus Gummi. Das weiß ich, da ich einige Minuten damit verbracht habe, mir im Internet die Fotos der letzten Fetischbälle anzuschauen. Und ich möchte mit dabei sein!?

Mit dem Thema Fetisch haben wir uns bereits in Bezug auf Füße beschäftigt. Ein Fetisch kann sich natürlich unterschiedlich ausdrücken. In der Szene gilt die Bezeichnung »Fetisch« wohl eher als Oberbegriff:

1. Wenn man sich auf ein bestimmtes Hilfsmittel (Leder, Gummi, Unterwäsche, Schuhe usw.), Körperteile (Füße, Haare, Brüste usw.) oder Szenarien verläßt, um kommen zu können. 2. Das Hilfsmittel kann sowohl in der Phantasie als auch in der Realität existieren.[26]

Als ich im Internet die Fotos vom letzten Fetischball durchklicke, wird schnell klar, Fetisch meint hier die Vorliebe für bestimmte Kleidungsstücke und Accessoires. Hautenge Latexkostüme, vom Kleid bis hin zu Uniformen oder Ganzkörpervarianten, Lack und Leder, ein bisschen Bondage-Style, ein bisschen Dominanz und Unterwerfung – so präsentieren sich die Besucher vom letzten Jahr. Die Damen sehen professionell geschminkt und gestylt aus. Auf kaum einem der Fotos findet sich nicht eine Lady mit angeklebten Wimpern, aufwendig gestylten Haaren und perfekt geschminkten Lippen. Nippel werden mit Pasties oder schwarzen Klebestreifen überklebt oder im Netzkleid offen zur Schau getragen. Die Herren zeigen sich vorwiegend in Uniformen. Ich betrachte mein Outfit. Als Polizistin? Ist das nicht etwas billig? Aber habe ich jetzt, drei Tage vor dem Event, noch die Zeit, um nach einem perfekten Fetischoutfit zu suchen? Das kann doch nur in die Hose gehen. Ich probiere das Kleid an. Es sitzt perfekt. Der Busen wird schön hochgedrückt, es ist tief ausgeschnitten, arschbackenkurz und erstrahlt in Hochglanz. Es fehlen nur noch Netzstrümpfe, Handschellen und ein geiles Make-up, dann könnte ich auf dem Ball mittanzen. Oder doch nicht? Erkennen die wahren Fetischisten den Unterschied zwischen Designeroutfit und Strip-Search-Silvesterkleid? Oh Mann, ich fühle mich wie Aschenbrödel, die sich nicht traut, auf dem Ball mitzutanzen …

Die Karten für den Ball möchte ich nicht im Internet bestellen, ich kaufe sie im Vorverkauf in einem besonderen Geschäft in der Uhlandstraße. Der Laden führt Fetischmode, Schuhe, Sextoys und vieles mehr. Zuvor treffe ich mich mit meiner lieben Freundin Florina, mit der ich etwas über den Ku'damm schlendern und quatschen möchte. Es ist ein schöner Freitagnachmittag und nachdem wir uns gegenseitig auf den neuesten Stand gebracht haben, erzählt sie mir noch von ihrem Ibiza-Urlaub und den vielen gepiercten Muschis und halb erigierten Penissen, die es dort zu sehen gab. Florina ist ein Jahr älter als ich, jedoch bereits verheiratet und Mutter einer Tochter. Die vielen nackten Penisse waren eine Überraschung für sie und auch so viele nackte Muschis hatte sie noch nie zuvor zu Gesicht bekommen. Als ich ihr von meinen Plänen für das Wochenende erzähle, wird sie ganz euphorisch und möchte am liebsten mitkommen auf den Ball. Wir schlürfen an unseren Slushys, die wir uns bei McDonald's geholt haben, und steuern auf die Uhlandstraße zu.

»Ich würde so gerne mitkommen! Jetzt, da ich ein Wochenende ohne meine Tochter habe, würde es sich total anbieten«, jammert sie und wirft ihr braunes Haar über die Schulter.

»Na dann kommt doch mit. Wo ist das Problem?«

»Das Wochenende ist schon total vollgepackt. Und am Sonntag sind wir abends auf einen Geburtstag im Hyatt eingeladen. Das kann ich nicht absagen. Außerdem bekomme ich meinen Mann niemals auf solch eine Party. Wenn, dann müsste ich euch ohne Partner begleiten.«

»Das müsstest du vorher in jedem Falle mit ihm besprechen«, finde ich.

»Wie bekommst du deinen Liebsten dazu, diese ganzen Geschichten mit dir mitzumachen? Ist er offen für alles?«, fragt sie, wobei sich ihre Stimme kurzzeitig überschlägt. Ihr russischer Akzent dringt ganz leicht durch, aber auch immer nur dann, wenn sie aufgeregt ist. Ich denke kurz nach, wie es mit meinem Liebsten so gelaufen ist in den letzten Monaten.

»Natürlich ist er grundsätzlich interessiert und offen. Außerdem hat er doch den Anstoß dazu gegeben, neue Dinge auszuprobieren, weißt du noch? Sonst hätte ich diesen Selbstversuch gar nicht anzutreten brauchen. Er schaut sich die Sachen erst an, ehe er urteilt. Und wenn ihm eine Situation nicht gefällt, dann brechen wir sie ab und sprechen darüber. Er ist natürlich nicht für alles offen, das weißt du ja bereits. Aber er hat wahnsinnig gerne Sex. Und dieser Selbstversuch bringt nun einmal viel Sex mit sich. Was soll ich sagen? Er wäre schön blöd, wenn er rumzicken würde.«

»Verstehe«, sagt sie leise, nimmt einen letzten Schluck vom geeisten Getränk und wirft die Verpackung in einen Mülleimer. Wir sind bereits in die Uhlandstraße eingebogen und meine Süße meint, das Geschäft zu kennen. Vor zehn Jahren hat sie hier ein Abendkleid und Puder für die Beine erworben. Nun, in den letzten zehn Jahren hat sich wohl einiges getan. Dicht an dicht hängen Kleiderstangen bis unter die Decke in dem mehrgeschossigen Geschäft. Hauptfarbe ist Schwarz, hin und wieder ragt mal ein pinkfarbenes, weißes oder rotes Fetischteil zwischen den schwarzen Kleidungsstücken hervor. Der Kassenbereich befindet sich in der Mitte des Geschäftes und ich steuere gezielt darauf zu, um meine Karten zu erwerben. Ein blonder, junger Mitarbeiter steht an der Kasse.

»Hallo, ich hätte gerne zwei Karten für den Fetischball am Sonntag«, sage ich und ziehe meine Geldbörse aus der Tasche, bereit, satte 100 Euro für die Karten auf den Tisch zu legen.

»Sorry, aber die geben wir nur an Paare raus«, antwortet der Bursche und ich stutze kurz. Schwul ist er nicht, so viel steht bereits nach wenigen Sekunden fest.

»Das kann nicht sein. Ich habe gestern extra angerufen und nach den Karten gefragt. Mir wurde nur gesagt, dass ich bar zahlen muss. Von mehr war nicht die Rede.«

»Dann bin ich halt ihr Partner!«, ruft meine Freundin und hält ein Paar Vaginalkugeln in die Luft und deutet mit fragendem Gesichtsausdruck darauf. Sie mimt ein »Was ist das?« mit den Lippen und ich schmunzele.

»Erkläre ich dir gleich. Zurück zu den Karten. Warum sollten die nur für Paare sein? Das kann ich mir nicht vorstellen.«

Der jungsche Typ wird etwas unsicher und blickt sich Hilfe suchend um. Eine dunkelhaarige, schlanke Frau mittleren Alters kommt auf uns zu. Lange Ketten schmücken ihr Dekolleté, sie ist ganz in Schwarz gekleidet.

»Die Karten sind doch nur für Paare, oder?«, fragt er sie über den Kassenbereich hinweg. Ich runzele die Stirn.

»Nein. Die Karten für die VIP-Party mit Play sind nur für Paare. Die für den Ball können auch einzeln verkauft werden«, erklärt sie und er nickt. Er entschuldigt sich kurz und rückt die Karten raus. Ich atme durch und widme mich Florina und den Vaginalkugeln. Ihr kleines Chanel-Täschchen ist ihr von der Schulter gerutscht.

»Wenn wir schon hier sind, solltest du etwas anprobieren«, findet sie und greift nach einer schwarzen Lackkorsage mit weit ausgestellten Schultern und engen Ärmeln, die abgeknöpft werden können. Sie reicht mir außerdem noch einen kurzen Rock, der am Po ausgeschnitten und mit Bändern über dem Po zu schnüren ist. Den finde ich schon nicht schlecht, aber bei weiteren 100 Euro, die das gute Stück kosten soll, zuckt es in mir. Die Inhaberin des Ladens kommt auf uns zu und fragt, ob sie behilflich sein kann. Nein, kann sie nicht. Wir werden eh nichts kaufen. Mein Budget ist ausgereizt. Obwohl der Rock verdammt sexy ist.

»Fotzenverdecker. Aber du hast so schlanke Beine, du kannst dir das leisten«, meint Florina und hält mir weiterhin den Rock an. »Aber du müsstest dringend mal in die Sonne!«, findet sie, die gerade frisch gebräunt aus Ibiza zurück ist.

»Was bitte hast du gesagt? Was ist ein Fotzenverdecker?«

»Ein Rock, der so kurz ist, dass er nur die Fotze verdeckt«, erklärt sie trocken, wirft wieder ihr Haar über die Schulter und klimpert mit ihren langen Wimpern. Ich lache und schüttele den Kopf.

»Komm, ich brauche noch Wimpern zum Ankleben, damit mein Silvesterkostüm und ich nicht so auffallen.«

Am nächsten Morgen schickt sie mir ein Foto von dem Cocktailkleid, das sie im Hyatt anziehen möchte. Es ist pink, wunderschön und knackig kurz. Die Farbe kommt auf ihrer braunen Haut richtig gut zur Geltung. Sie trägt schwarze Yves-Saint-Laurent-Riemchenheels dazu und ein schwarzes Täschchen.

Und, was sagst du?, fragt sie.

Perfekt. Sieht klasse aus, schreibe ich zurück. Auch ich stehe vor meinem Kleiderschrank und grübele immer noch über mein Outfit. Ich schlüpfe in das Kostüm und schicke ihr auch ein Foto.

Top. Aber der Hut muss runter, schreibt sie zurück.

Alles klar, antworte ich noch und pfeffere den Lackhut zurück in den Schrank.

Am nächsten Tag ist Pfingstsonntag. Tagsüber entfliehen wir dem Karneval der Kulturen und legen uns bei wundervollem Sonnenschein auf unserem Brandenburger Domizil in die Sonne. Wir grillen und ich probiere ein Rezept für einen Kartoffelsalat mit leichtem Dressing aus Weißweinessig. Gegen 18 Uhr machen wir uns auf den Weg zurück nach Berlin. Meine Anspannung steigt und ich freue mich wahnsinnig auf heute Nacht. Aber es ist eine unruhige Vorfreude. Den Bildern im Internet nach zu urteilen, sind die Partys exklusiv. Das Klientel gehoben. Ob mein Liebster und ich da hineinpassen, als Nicht-Fetischisten? Er spürt, dass ich angespannt bin, als wir im Auto sitzen und ich mein Make-up kontrolliere. Ich habe mich für einen Klassiker entschieden: Augenbrauen leicht nachgezogen, die Wimpern schwarz getuscht, die Lippen leuchtend rot. Dazu trage ich eine Perücke. Einen schwarzen Bob mit Pony. Netzstrümpfe kaschieren das Weiß meiner Beine, die wie gesagt ewig brauchen, um etwas zu bräunen.

»Ich springe am Schlesischen Tor gleich noch mal raus und hole mir einen Energydrink. Kommst du mit?«

Skeptisch ziehe ich meine Augenbrauen hoch und schüttele den Kopf, während ich auf mein Outfit zeige. Gut, ich trage einen knielangen Mantel über dem Lackkleid. Dennoch schreit meine Perücke und der knallrote Lippenstift nach »Nutte«.

»Fühlst du dich nicht wohl?«

»Doch. Aber das Outfit ist ziemlich auffällig und da draußen rennen unzählige betrunkene Touristen herum, die vom Karneval kommen. Ich hab keine Lust auf blöde Sprüche.«

Außerdem ist es noch hell. Die Nacht bricht zwar langsam herein, aber es ist auch nicht stockdunkel. Ich muss in meinem Nuttenoutfit nicht durch Kreuzberg rennen. Mein Liebster hat es da etwas einfacher. Er trägt seinen weißen Leinenanzug und sein geliebtes Barett. Er sieht einfach nur sexy aus und ich hatte seit dem Besuch im Insomnia ganz vergessen, wie exzellent ihm der weiße Anzug steht. Sein knackiger, runder Po kommt in der leicht fallenden Hose schön zur Geltung. Das Bodyshirt umrahmt seine Brustmuskeln, sein Bart ist sauber nachrasiert und bringt seine Lippen wunderbar zur Geltung. Wäre ich nicht so nervös, müsste ich mich augenblicklich auf ihn stürzen. Ich in meinem Outfit fühle mich aber irgendwie verkleidet, wie Mrs Strip-Search persönlich. Meine Anspannung steigt. Ich kenne mich so gar nicht, aber es ist mittlerweile keine positive Anspannung mehr. Es ist eine Mischung aus Unsicherheit und Rumgezicke, die ich mit mir herumtrage.

»Wie machen das denn die anderen Besucher? Fahren die in ihren Lack- und Latexklamotten mit der U-Bahn?«, fragt mein Schatz, während er einparkt.

Der Ball findet im »Spindler und Klatt« statt. Das Spindler ist eine wundervolle Location am Wasser in der Köpenicker Straße. Im Außenbereich, einer überdachten Wasserterrasse, finden sich zahlreiche Sitzmöglichkeiten, Lounge-Ecken mit Bettelementen und Liegeflächen. Die Sonne geht rot im Westen unter und spiegelt sich im Wasser. Innen befindet sich eine Tanzfläche, die mit weißen Stoffbahnen umrandet ist. Lichtsäulen aus Stoff hängen vor den Garderoben, die Toiletten sind in umfunktionierten Containern untergebracht, die mitten im Club stehen. Es riecht nach Räucherstäbchen und Gummi. Als wir meinen Mantel an der Garderobe abgeben, wird klar, wie die anderen »Fetis« das mit den Outfits und der Anreise handhaben: Sie betreten den Club zunächst casual, unauffällig in Straßenkleidung, führen aber teils schwere Koffer und Taschen mit sich und kleiden sich im Bereich vor den Toiletten um. Es ist interessant, mit anzusehen, wie sich Erwachsene ihrer normalen Kleidung entledigen, um dann in Latexstrümpfe, Pferdemasken, Korsagen und Schnürstiefel zu schlüpfen.

Im Club ist es schon mollig voll, in der Mitte der Tanzfläche wurde ein Laufsteg aufgebaut, auf dem dann später die Shows stattfinden werden. Und von den Shows erwarte ich einiges. Immerhin haben wir, und das muss man sich mal auf der Zunge zergehen lassen, bloß für den Eintritt 50 Euro pro Person gezahlt. Ohne Getränke! Einfach nur, um dabei sein zu dürfen. Und das bloße Dabeisein überrumpelt mich und meine schlechte Laune nun mit geballter Kraft. Bunte Gestalten in Ganzkörperlatex kreuzen meine Wege, eine Frau mit blanker Brust und hängendem Bauch führt ihr Pferd spazieren, das ihr gehorsam folgt. Ein SM-Sklave steht nur mit einem Lederstring, Handschellen, Nietenhalsband und einer schweren Kette bekleidet mitten im Weg. Ein Pärchen in barocker Abendgarderobe rauscht lachend an mir vorbei. Er trägt einen eng taillierten Anzug und Zylinder. Sie ein Kleid mit Volants und ausgestelltem Po. Und das alles in Latex! Zwei Clowns in schwarz-weißem Latex geben ihre Garderobe ab und eine Gouvernante in Latex schwingt ihren Staubwedel, der auch aus Latex oder Gummi gefertigt ist. Ein Pärchen steht an der Bar und bestellt Drinks. Sie trägt lediglich ein Unterbrustkorsett, ihre Möpse stehen mit harten Nippeln, diese liegen fast auf der Theke auf. Er trägt eine schwarze Lederhose, die am Po ausgeschnitten ist, sowie ein Bodyshirt aus Latex. Latex scheint der Stoff schlechthin an diesem Abend zu sein und ich kann mich einerseits nicht sattsehen an den Stoffen, Schnitten, Farben, Accessiores und Spielereien. Anderseits schwirren unendlich viele Fragen durch meinen Kopf. Wie kommt man zu dieser Vorliebe? Geht es hier um eine sexuelle Spielerei oder ist es eher ein modisches Faible, das die Menschen teilen? Könnte ich mich ebenso gut auf einer Barockparty oder einer Gothic-Party befinden?

Wir setzen uns auf die Terrasse und schauen dem bunten Treiben zu. Die Stimmung ist ausgelassen, es erscheinen immer mehr Menschen, die auf dem Ball mittanzen möchten. Sicherlich bin ich mit eine der jüngsten Ladys hier, es gibt zahlreiche junge Paare und auch Singles um die 30 herum. Ebenso wie etwas ältere Herrschaften. Es ist von allem etwas dabei. Und ich finde, man sieht den Partybesuchern an, dass sie sich ihr kostspieliges Hobby leisten können. Latex, Lack und Leder sind hochwertige, teure Stoffe, die Kostüme in der Regel Handarbeit. Wenn ich daran denke, dass der kurze Rock mit dem Ausschnitt am Po schon 100 Euro kosten sollte, was muss man dann für ein bodenlanges Gewand auf den Tisch legen, das sitzt wie eine zweite Haut?

Nach einer Weile geht es für uns in Richtung Bühne, es wird immer voller und stickiger im Club. Es riecht nach einer Million ausgepackter Kondome, nach Gummi, irgendwie nach Puder und Parfüm. Die Luft ist stickig, kaum einer möchte tanzen. Ist doch auch klar. Die Stoffe an diesem Abend laden dazu ein, nach nur wenigen Tanzschritten im eigenen Schweiß zu ertrinken.

Die Zuschauer drängen sich um die Bühne herum. Es ist bereits kurz vor 23 Uhr. Um 23 Uhr soll die Show beginnen. Ich bekomme kaum noch Luft. Die Luftfeuchtigkeit ist immens hoch, ich brauche frischen Sauerstoff, sonst, fürchte ich, kippe ich noch um. Mein Kleid ist so eng, dass es mir zusätzlich Luft abschnürt. Aber das soll den Reiz wohl ausmachen. Die enge Kleidung, der Mangel an Luft, die schweißnasse Haut. Wir stehen weitere 30 Minuten herum, ehe die erste Modenschau beginnt. Es werden Latexstücke gezeigt, vom

Kleid über das Kostüm bis hin zur Armee-Uniform ist alles dabei. Die Models sind semiprofessionell, tätowiert, gepierct und extrovertiert. Zwischen den Modenschauen gibt es Gesangs- und Tanzeinlagen. Ich spüre, wie mir zwei, drei Schweißperlen die Wirbelsäule herunterkullern. Noch wenige Minuten und mein Lackkleid ist komplett durchgeschwitzt.

Es folgen weitere Latexmodenschauen, was mich etwas enttäuscht. Ich hätte, um ehrlich zu sein, mit künstlerischen Einlagen gerechnet. Aber geht es vielleicht vordergründig darum? Um die Mode? Es ist mir immer noch nicht richtig klar, was die Menschen hier antreibt. Es reißt mich hin und her. Ich finde die Mode toll. Doch um einen ausgewachsenen Fetisch daraus zu machen, reicht es mir nicht. Ich schaue mich um und beobachte. In meinem Kopf schwirrt ein Bienenschwarm. Fragen über Fragen. Ich müsste nahezu 100 Menschen hier vor Ort befragen, was sie antreibt, um einigermaßen vergleichbare Antwortwerte herauszubekommen. Ich versuche wirklich abzuschalten, das alles einfach nur auf mich wirken zu lassen. Aber irgendwie fühle ich mich wie in Gotham City. Die »verlorenen Seelen« in ihren bunten Gummikostümen tanzen und feiern um mich herum. Sie spielen Rollen. Die Rolle der Krankenschwester, des Hündchens, des Zauberers, des Zimmermädchens und der Gouvernante. Die Masken verbergen Emotionen, die Kostüme lassen das Szenario unwirklich erscheinen. Viele der Anwesenden kennen sich anscheinend, begrüßen sich mit Küsschen und Small Talk. Es ist eine Community, in der ich nichts zu suchen habe. Mein Liebster ist viel lockerer. Er genießt die Modenschau, er findet das Spektakel extravagant und badet in der Menge und in den Signalen, die hier ausgesendet werden. Vielleicht fühlt er sich wohler, weil er nicht so schwitzt wie ich? Oder weil er in seinem Outfit atmen kann?

Gegen ein Uhr holen wir meinen Mantel, um uns nach draußen auf die Wasserterrasse zu setzen. Mein Campari-O hat mich etwas ruhiger gestimmt, mein Liebster ist auch ohne Alkohol äußerst entspannt und kann das Ganze einfach besser genießen als ich. Er schaltet ab und fühlt sich hinein. Sein weißer Anzug fällt auf unter all den schwarzen Gestalten. Er ist mein weißer Schwan unter all den vielen schwarzen Pferden, Hunden und Menschen hier. Wir setzen uns an einen der großen Tische und schauen hinaus auf das Wasser. Um uns herum die schwarzen Gestalten, die entspannt eine rauchen, beisammensitzen, quatschen, feiern, kommunizieren. Es ist wie auf einem großen Klassentreffen. Oder einer Firmenfeier. Nur, dass die Outfits etwas ausgefallener sind. Zwei Männer und eine Frau setzen sich an das andere Ende des Tisches. Die Frau ist kräftig, blond gelockt und in ein Korsett geschnürt. Ein Latexrock und eine Latexstola, schwarz-weiß gestreift, runden ihr Outfit ab. Auf ihrem blond gelockten Haar steckt ein glänzender Hut, der aussieht wie ein übergroßer Knopf. Sie lacht, auch ihre Lippen sind rot geschminkt. Die beiden Typen sind recht unscheinbar, der eine, ich bezeichne ihn als »Jüngling«, hat einen langen blonden Zopf und zarte Gesten an sich. Er fasst dem anderen Typen in den Schritt. Sicherlich nur zum Spaß. Um ihn etwas zu necken. Ich wende mich meinem Liebsten zu, um nicht hinstarren zu müssen. Was ist nun los?

»Holt er ihm jetzt einen runter?«, frage ich meinen Liebsten, der aus dem Augenwinkel einen besseren Blick hat. Er nickt. Ich quatsche ihn voll mit irgendwas. Eigentlich finde ich, ist das hier nicht der Ort und die Atmosphäre, um öffentlich »rumzusexen«. Auch wenn Ärsche und Titten nackig durch die Gegend laufen. Eigentlich ist das hier eine Party! Keine Orgie. Nicht vergleichbar mit der sexuellen Grundstimmung im Insomnia aus unserem allerersten Selbstversuch.

»Jetzt bläst er ihm einen«, flüstert mein Liebster. Ich werfe doch noch einen Blick rüber und erhasche freie Sicht auf einen erigierten Penis, einen Jüngling, der bläst, und eine dralle Blondine, die danebensitzt und sich währenddessen mit dem Empfänger unterhält. Der zieht sich zwischenzeitlich eine Zigarette aus der Packung, steckt sie sich an und fasst dem Jüngling in sein blondes Haar. Der bläst fröhlich weiter. Auch die um uns Herumsitzenden haben das Szenario mitbekommen. Ihre Reaktionen sind verhalten. Die Blonde lacht und quatscht irgendwas in Richtung Empfänger. Irgendwann hebt der Jüngling seinen Kopf und spielt weiter mit dem harten Penis herum. Ich bin weiter der Meinung: Das gehört hier nicht her. Vielleicht gehört es nach oben ins Separee. Oder auf die anschließende Play Party, zu der nur Paare Zutritt haben. Oder in einen Sexclub. Oder es gehört doch hierher und ich erkenne es nur noch nicht. Ich fühle mich immer noch wie in einem wahr gewordenen Comicfilm gefangen.

Wir drehen eine weitere Runde durch den Club und den Außenbereich. Keine weiteren Sexspielereien. Kein Geblase, kein Gelecke. Hin und wieder greift ein Typ seiner Begleitung an die Titten oder den Po. Auch mein Süßer fasst mir zart zwischen die Beine und fühlt unter meinem Fotzenverdecker, dass ich heute Nacht spärlich bekleidet bin. Nichts ist schmutzig. Nichts ist asozial, eklig, dreckig. Die Menschen um uns herum sind alle zurechtgemacht, ordentlich geschminkt und aufwendig gekleidet. Die Luft im Club ist dichter als zuvor. Der Laufsteg wurde abgebaut, die Tanzfläche ist rappelvoll. Auch das Pferd muss tanzen. In schwingenden Bewegungen versucht es sein Bestes, sich im Takt der Musik zu bewegen. Ein über zwei Meter großer Mann mit nackter Brust, geschnürt in ein Taillenkorsett und in hohe Schuhe verpackt, kreuzt taumelnd unseren Weg. Ich bin durch für heute Nacht. Mein Kleid ist immer noch nass geschwitzt, als hätte ich darin geduscht. Mir wird kalt und ich bekomme Hunger.

Am Nollendorfplatz holen wir uns spät in der Nacht bei Habibi ein Schawarma. Ich öffne mein Kleid so weit, dass ich wieder atmen kann, und beiße in mein Schawarma hinein. Es ist so köstlich wie noch nie zuvor.

OB DIESE ERFAHRUNG MEIN SEXLEBEN BEREICHERT HAT?

Ahhh ... ich weiß es nicht genau. Ich bin auch einen Tag nach dem Ball noch hin- und hergerissen. Ich laufe eine Runde um den Schlachtensee, um einen klaren Kopf zu bekommen und die Eindrücke der letzten Nacht sacken zu lassen. Gut betuchte Menschen. Partystimmung. Eine tolle Location. Wundervolle Outfits. Und doch ... irgendetwas stimmt mich nachdenklich. Ich verstehe den Fetisch nicht. Und doch finde ich die Klamotten toll. Aber es ist alles so künstlich, gespielt, comicartig. Es berührt mich nicht. Es zeckt mich nicht an. Bin ich zu jung für diese Spielart? Noch zu nahe an der Pubertät? Ich weiß es nicht. Aber das macht die Sache wiederum so spannend. Ich muss nicht alles durchdringen. Aber ich darf überall dabei sein.

In einem späteren Gespräch bringt meine Mutter es auf den Punkt: Ich habe den Fetisch nicht. Basta.

WEIBLICHE LIPPEN

AUF DER SUCHE NACH MEINER TRAUMFRAU

Ganz vorsichtig und zärtlich bahnt sich meine Hand unter ihrem T-Shirt einen Weg nach oben. Sie stöhnt kaum merklich auf, als meine Fingerspitzen ihre harten Brustwarzen berühren. Ihre Küsse werden wilder und fordernder. Ein Zucken durchflutet meinen gesamten Körper, als sie ihren Kopf in den Nacken legt, meine Hand in ihre nimmt, und in Richtung Schritt führt. Ich kann kaum atmen vor Erregung, an ihrem Hals pulsiert ihre Schlagader, ich kann sie pochen sehen und küsse die Stelle. Ihre Lippen so wunderschön rot durchblutet, unsere Wangen glühen. Ich traue mich und bewege meine Finger in ihrem Schritt. Ich spüre ihre Nässe und betaste ganz vorsichtig ihre Klitoris. Sie ist prall und als ich kaum merklich mit den Fingern darüber gleite, sackt sie unter meinen Berührungen zusammen. Ich stecke ihr meinen feuchten Finger in den Mund, herausfordernd blickt sie mich aus den Augenwinkeln heraus an und lutscht ihn sauber. Ich kneife in ihre Brustwarze und möchte sie endlich wieder küssen. Plötzlich ein monotones, nerviges Klingeln.

Verschwitzt und völlig in den Bann meines Traumes gezogen, wache ich auf. War das eben wirklich ich in meinem Traum? Ich in einer leidenschaftlichen Sexszene mit einer Frau? Oh Gott. Ich fasse mir an die Stirn und schiele hinüber zu meinem Liebsten. Er schläft noch. Ich bin geil und feucht. Soll er jetzt etwa den Lesbentraum ausbaden? Besser, als den ganzen Tag geil durch die Gegend zu laufen, oder? Ich kuschele mich an seinen Rücken und lege ein Bein über seines. Dann greife ich mir selbst an die Muschi. Er registriert, was ich tue, dreht sich um und blinzelt verschlafen. Er bekommt die Augen noch nicht richtig auf, befindet sich noch im Übergang zwischen Schlaf und Wachsein. Aber er steht.

Den ganzen Tag kreisen meine Gedanken um die erotische Begegnung mit meiner »Traumfrau«. Es hat sich gut angefühlt, unser kleines Spielchen heute Nacht. Ihr Körper war wundervoll, ihre Brüste weich und rund, die Muschi feucht, die Haut glatt und geschmeidig. Sie hatte halblange, gewellte Haare. Braun. Und grüne

Augen mit dichten, dunklen Augenbrauen. Um ehrlich zu sein, ich glaube, sie sah ziemlich gut und sehr weiblich aus. Sie war jung, vielleicht ein oder zwei Jahre älter als ich. Ihre Muschi war glatt rasiert. Sie hatte keine Piercings und keine Tattoos. Während ich weiter an meinen Traum denke und versuche, mich an möglichst viele Einzelheiten zu erinnern, hole ich mir einen Kaffee aus der Teeküche. Das bittere Gebräu schmeckt mir zwar nicht, ich trinke eigentlich am liebsten Espresso, aber was tun, wenn einen auf der Arbeit die Müdigkeit überfällt, weil man in der letzten Nacht zwar geschlafen, aber sich offensichtlich nicht erholt hat. In der Küche liegt eine *Gala*. Auf dem Titelbild Heidi Klum und eine Story über sie und ihre Topmodels. Ich stutze und stelle meinen Kaffee ab. Ich meine mich zu erinnern, dass meine Sexpartnerin heute Nacht ziemlich perfekt aussah. Wie eine Bekloppte schmunzele ich in mich hinein. Geil. Ich hatte Lesbensex mit einem Topmodel.

Am Abend sitze ich mit meiner Oma in einem Musical und kann mich kaum auf die Show konzentrieren. Es ist ein buntes Spektakel mit Liedern aus den 80ern und 90ern, es wird getanzt, gesungen und gelacht und natürlich geht es um die Liebe. Ich rufe mir die Bilder der vergangenen Nacht immer und immer wieder ins Gedächtnis und mich durchfährt eine elektrisierende Welle, wenn ich an ihre unglaublich zarten Lippen denke.

»Guck mal, die beiden da vorne, sind die nicht süß?«, reißt mich meine Oma aus meinen Gedanken und deutet auf ein schwules Pärchen, das im Theater zwei Reihen vor uns sitzt. »Was die für zierliche Händchen haben, niedlich, oder?«

Ich kann nichts anderes machen, außer meine Oma ungläubig anzuglotzen, wie eine Kuh auf der Weide.

»Was ist? Das ist doch nichts Besonderes mehr. Heute ist doch irgendwie jeder schwul oder lesbisch«, stellt sie trocken fest und schiebt sich einen Schokobonbon in den Mund. Ich zucke mit den Schultern und beobachte das schwule Paar. Hat meine Oma etwa recht? Ist heute wirklich jeder irgendwie homo? Frauen knutschen mit Frauen, Männer sind plötzlich »metrosexuell«, beim Gruppen-sex und anderen Spielarten greifen Männer anderen Männern zwi-schen die Beine, weil es doch plötzlich egal ist, wer mit wem. Män-ner rasieren ihre Beine und Frauen stählen im Fitnessstudio ihre Muskeln. Gehört es heute zur Sexualität dazu, auch mal die Ufer zu wechseln?

Frauen sind, optisch betrachtet, wundervolle Wesen, wenn sie sich einigermaßen gut in Form halten und gepflegt sind. Gene-rell schaue ich eher einer sexy Frau hinterher als einem attraktiven Mann. Aber wenn ich darüber nachdenke, ob ich mit einer Frau Sex haben könnte, dann lautet meine Antwort, und es ist eine klas-sische Juristenantwort: Das kommt darauf an. Es kommt auf so vieles an. Ich finde Frauen nicht per se und immer sexy. Es gibt so viel, was ich anziehend, aber auch abstoßend finde. Ich finde große Brüste schöner als kleine. Aber die Nippel dürfen nicht dunkel und auch nicht zu groß sein. Runde Popos sind sexy, aber Cellulite ist so schrecklich unschön. Rote Lippen sind erotisch, aber die Zähne müssen weiß und gerade sein und die Frau Nichtraucherin, damit ich sie küssen würde. Und auch gepflegte Hände und Füße sind so wichtig! Eine Frau mit rauen Händen und nicht manikürten Finger-nägeln? No way! Frauen mit strähnigen Haaren oder penetrantem Parfüm? Geht gar nicht! Gibt es solch eine Frau, mit der ich gewillt wäre, es zu versuchen? Und wenn ja, woher weiß ich, dass genau diese Frau auch lesbische Gedanken hegt?

Wie gut, dass ich homosexuelle Menschen kenne, die ich hier-zu befragen kann. Obwohl: Eine heterosexuelle Frau, die hin und wieder mal, oder zum ersten Mal, eine Frau knutscht, ist natürlich nicht automatisch lesbisch. Jeder Lesbe sträuben sich vermutlich gerade die Nackenhaare. Dennoch kenne ich homosexuelle Men-schen. Wir haben ein wundervolles schwules Pärchen in der Fami-lie. Das Schöne an den beiden ist, dass man mit ihnen immer etwas unternehmen kann. Es ist immer etwas los und immer eine Party in der Nähe, die man zusammen besuchen kann. Und schwule Partys sind amüsant – wenn Frau nicht gerade auf der Suche nach einem Partner oder One-Night-Stand ist. Und Lesbenpartys? Keine Ahnung, findet sich dort vielleicht meine Traumfrau?

Es ist Freitagabend und Ana klingelt bei mir Sturm, während ich mir gerade die letzte Schicht matten Lippenstift in meiner neuen Lieblingsfarbe »pinke Kirsche« draufschmiere. Wir haben beschlossen, mit einem befreundeten lesbischen Pärchen in einen Schwulenclub zu gehen, in dem jedoch die Lesben bei gewissen Partys die Oberhand gewinnen. In: Die Busche. Das ist eine Institution in der Warschauer Straße und in der Szene bekannt. Ich habe mich nicht zu sehr aufgebrezelt. Eine knallenge, dunkelblaue Jeans, ein schwarzes Oberteil mit schwarzer Lederjacke und schwarze High Heels. Ich trage unter dem Oberteil keinen BH. Irgendwie habe ich das Gefühl, das heute nicht zu müssen. Als müsste ich in einem Lesbenschuppen meine Brüste nicht bis unters Kinn kleben. Die Straßen sind gerammelt voll. Vom Frühling bis in den goldenen Herbst hinein sammeln sich in Berlin Massen von Touristen, um unsere wundervolle Stadt zu bestaunen. Die größten Massenaufläufe finden sich im Osten der Stadt an, ganz hip in Friedrichshain und Mitte. Und alle fahren heute Nacht zur Warschauer Straße.

Das Schöne an Touristen ist, dass sie einem das Gefühl geben, Berlin sei eine unglaublich tolle Stadt. Und ja, hin und wieder muss es einem vor Augen gehalten werden, wie vielfältig diese Stadt ist. Es ist ein bisschen wie mit dem Zusammenleben zwischen Mann und Frau: Was du täglich vor der Nase hast, kommt dir irgendwann ganz normal vor. Und dann fallen die Touristen in die Stadt ein, fotografieren das Elefantentor am Zoo, sind begeistert vom Potsdamer Platz, tummeln sich im Mauerpark und finden nichts paradiesischer als das Loretta am Wannsee. Und als Berliner hält man dann kurz inne und denkt sich, dass es stimmt. Diese Stadt ist unglaublich. Das Nervige an Touristen ist allerdings, dass sie überall im Weg herumstehen. Und Fahrradwege scheint auch keiner außerhalb unserer Stadtgrenzen zu kennen.

Die Busche ist ein Club mit mehreren Räumen, der mir dunkler vorkommt als alle anderen Clubs in Berlin. Hat jemand die Lichter vergessen? Lichterketten? Bodenbeleuchtung? In den Räumen wird unterschiedliche Musik gespielt und es gibt einen Darkroom. Die Ladys, die an mir vorbeihuschen, sind alle recht aufgekratzt, laut, gepierct, tätowiert und haben zum größten Teil kurze Haare. Na ja. Eigentlich gibt es nur kurze Haare, rasierte Seiten oder gefärbte Spitzen. Wir holen uns einen Drink an der Bar, Ana hat auf dem Weg hierher schon mit einem Mischgetränk aus der Flasche gut vorgelegt und scheint genauso aufgekratzt wie die Ladys hier vor Ort. Ich trinke nicht gern super viel Alkohol. Am Tag danach geht es mir immer zu schlecht, ich brauche geschlagene 24 Stunden, um mich von einem Saufgelage zu erholen. Dafür ist mir meine Zeit dann doch zu kostbar.

Als wir auf die Drinks warten, nehme ich das Publikum mal etwas genauer unter die Lupe. Nicht mein Typ. Zu dick. Zu dünn. Keine Titten. Turnschuhe? Kurze Haare. Zu viele Piercings. Ungepflegte Hände. Raucherin. Ich fürchte, es wird schwierig. Ich will den Abend nicht mit meiner komischen Stimmung zunichte machen oder sonderbar auffällig wirken. Ich benehme mich ja fast wie ein Typ, der heute Nacht unbedingt was flachlegen muss. Total gezwungen und angestachelt von meinem Sextraum. Deswegen wende ich mich Ana und unserer lesbischen Begleitung zu und scherze mit. Wir wandern weiter auf die Tanzfläche, ich bin etwas aufgetaut und finde es lustig, wie sich meine Brüste beim Tanzen ohne BH anfühlen. Das vorläufige Highlight dieses Abends? Wir werden sehen. Das Publikum um uns herum wird von Minute zu Minute gelöster und irgendwie maskuliner. Ich beginne zu schwitzen und brauche eine Auszeit. Ich deute mit einer Handbewegung an, zur Bar zu gehen. Dabei gehe ich auch am Darkroom vorbei.

Ich schelte mich selbst für meinen Gedanken, aber vielleicht finde ich eine knutschbare Frau dort, wo es ganz dunkel ist? Wo ich Piercings, kurze Haare mit rot eingefärbten Spitzen und Uralt-Nike-Airmax mit Pumpjeans nicht zu sehen brauche? Ich weiß, meine Gedanken sind oberflächlich und böse, aber ich husche dennoch hinein, in den Darkroom. Ich bleibe an der Wand zu meiner Rechten stehen und gewöhne mich an die Dunkelheit. Ich sehe Sitzflächen und ganz fahles Licht irgendwo in der Nähe des Fußbodens. Der Raum ist quadratisch, es sind geschätzt vier bis sechs Menschen hier drinnen. Und nun? Ich tapse vorsichtig vorwärts und wandere auf die Sitzfläche zu. Ich denke mir, ich setze mich einfach dazu, mal schauen, was passiert.

Ich stolpere nicht, aber ich grapsche aus Versehen und ohne böse Absicht jemandem ins Haar. Ich quieke kurz auf, gehe in die Knie und entschuldige mich vielmals bei der dunklen Gestalt, die immer noch meine Hand festhält und aus ihrem stark gegelten Haar befreit. Ich setze mich auf den Schreck tatsächlich gleich daneben und finde, Darkrooms in Diskotheken sind doch eigentlich die sinnbefreiteste Erfindung der Menschheit. In Diskotheken sind die Menschen regelmäßig besoffen und stolpern im Dunkeln hin und her, die Verletzungsgefahr ist einfach wahnsinnig hoch. Könnte die Diskothek für einen Unfall im Darkroom haftbar gemacht werden?, fragt sich die Anwältin in mir, die eigentlich seit dem fünften Semester auf der Uni nie Sendepause hat.

Erzähl hier keinen Quatsch, antworte ich mir selbst und subsumiere schnell durch. Es ist doch wohl klar, dass jeder, der einen Darkroom betritt, weiß, dass er dort nichts sehen kann. Meines Erachtens willigt folglich jeder in ein gewisses Verletzungsrisiko ein. Hingen hier irgendwo AGB aus? Hinweise auf Verletzungsrisiken? Dazu muss ich mir morgen noch mal Gedanken machen, beschließe ich. Zurück zu den Lesben. Die Hemmschwelle ist dank Alkohol doch eh schon nahe dem Nullpunkt, wozu die Dunkelheit?

»Und, bist du alleine?«, fragt die dunkle Gestalt neben mir und reißt mich aus meinen Gedanken. Ich tippe auf Frau. Trotz kurzer Haare, denn die Stimme, die ich durch das Gewummer der Musik hindurch ausmachen kann, ist weiblich.

»Nein. Meine Freundinnen sind draußen. Tanzen«, antworte ich und wünschte, ich hätte eine Flasche oder ein Glas, an dem ich mich festhalten könnte. Ist aber nix da zum Festhalten.

»Und, zum ersten Mal hier?«, fragt sie weiter. Ich bin gerade unglaublich schlecht im Small Talk. Immerhin ist es dunkel, ich sehe gar nicht, mit wem ich spreche. Aber ich rieche Aftershave. Es riecht männlich. Aber die Person mit der ich spreche, ist eine Frau. Plötzlich legt sie mir eine Hand auf mein Knie. Ich zucke unweigerlich zusammen. Das haben Darkrooms wohl so an sich. Es geht unglaublich schnell zur Sache.

»Ja, zum ersten Mal.«

»Hast du eine feste Freundin?«, fragt sie, ihr Daumen streichelt mein Bein. Ich werde unruhig und rutsche mit meinem Po auf der Sitzfläche hin und her.

»Nein. Ich bin nur mit Freundinnen hier. Aber ich habe keine Freundin«, stottere ich herum. Sie rutscht ein Stück näher, der Druck ihres Daumens verstärkt sich. Trägt sie wirklich den Klassiker von Ralph Lauren? Den, den so viele Jungs, mit denen ich zwischen meinem 15. und 17. Lebensjahr anbandeln durfte, als »ihren Duft« deklariert hatten? Plötzlich spüre ich ihren Atem an meinem Hals.

Neiiinnn!!! So soll es nicht sein, beschließe ich. So ist mein erstes Mal mit einer Frau nicht. Ich möchte die Frau, die ich zum ersten Mal küssen werde, sehen. Ich will wissen, wie sie aussieht. Was sie trägt. Ob ihre Zähne gerade sind!

»Sorry«, sage ich, springe auf und hechte aus dem Darkroom. Ich sprinte nahezu in Richtung Tanzfläche und tue ganz unbekümmert, als ich mich zwischen Ana und unsere Begleitung quetsche und einfach mittanze, als wäre nichts gewesen. Meine Wangen glühen, das spüre ich. Und zwischen meinen Brüsten kullert eine kleine Schweißperle in Richtung Bauchnabel. Keiner fragt mich, wo ich gewesen bin. Und ich bin froh, nicht darüber reden zu müssen.

Eine Woche später, ich habe das Thema mittlerweile gut verdrängt, habe ich ein Date mit Lin. Zum Haarefärben. Hin und wieder kommt meine Lieblingsfriseurin zu mir nach Hause, um mir Strähnchen zu machen. Immer dann, wenn ich für einen professionellen Friseurbesuch zu pleite bin.

Und während ich bei mir in der Küche sitze und Lin mir eine Folie nach der nächsten in die Haare klemmt, denke ich plötzlich wieder über die Worte meiner Oma nach. Wer ist heute eigentlich nicht »irgendwie schwul«?

»Was ist, du bist so ruhig heute?!«, fragt mich Lin, als sie nachschaut, ob die Farbe lange genug eingewirkt hat.

»Nichts!«, antworte ich schroff und fühle mich irgendwie ertappt.

»Den Gesichtsausdruck kenne ich und er hat nichts mit ›nichts‹ zu tun!«, sagt sie schnippisch, mit asiatischem Akzent.

»Nein, das ist es ja gerade! Ich habe an eine Frau gedacht, komisch, oder?«, platzt es plötzlich aus mir heraus.

»Warum an eine Frau?«

»Ich recherchiere gerade. Für meinen Selbstversuch. Und ich bin mir nicht sicher, ob ich auf Frauen stehen könnte, oder nicht.« Ich erzähle Lin von meinem Besuch in der Busche und sogar ein kleines Stück von meinem Lesbentraum. Sie hört beeindruckt zu und schielt hin und wieder auf meine Foliensträhnen.

»Ach je, ob Frau oder Mann, Liebe ist doch immer schön, oder nicht? Ab ins Bad mit dir, wir können die Farbe jetzt auswaschen«, scheucht sie mich hoch.

Ich tapse gedankenverloren ins Bad, hänge meinen Kopf vorwärts über die Wanne und Lin kniet sich hinter mich, um mir die Haare zu waschen. Ihre kleinen Hände massieren meinen Kopf und ein leichter Schauer fließt mir warm die Wirbelsäule entlang, als ich ihren Atem an meinem Hals wahrnehme. Lin lehnt sich an mich und ich spüre ihre Rundungen an meinem Körper. Mein Herz beginnt zu klopfen und die kreisenden Bewegungen ihrer Hände werden langsamer und intensiver.

Plötzlich drückt sie sich noch fester an mich und beginnt, ganz sachte und vorsichtig, meinen Hals zu küssen. Mein Herz schlägt mir bis in die Schläfen und ich bin regungslos, völlig erstarrt. Eine ihrer Hände löst sich von meinem nassen Haar und wandert langsam an meinem Körper hinab in Richtung Oberschenkel. Ich drehe mich um, streiche mir die klitschnassen Haare aus dem Gesicht und blicke sie fragend an. Anstatt zu antworten, fährt sie mit ihrer warmen, feuchten Zungenspitze langsam über meine Unterlippe und ihre Hand drückt gegen meinen Po. Ich hole tief Luft, als sie beginnt, über der Jeans meinen Intimbereich zu streicheln.

Und dann ist Lin plötzlich weg. Ich blicke mich um, versuche, mich zu orientieren. Mein Blut rauscht mir gewaltig durch den Körper und ich stehe auf, um ihr nachzulaufen, bis ich den Halt verliere. Ich bin nicht mehr im Bad. Ich bin aufgewacht und werde wohl auf den nächsten Traum warten müssen, um zu erfahren, wie es weitergeht.

Auf dem Weg zur Arbeit lese ich in einer Frauenzeitschrift Folgendes: *80 % aller Frauen träumen von Sex mit einer anderen Frau.* Schmunzelnd lege ich die Zeitschrift beiseite und denke an Lins weiche Lippen.

OB DIESE ERFAHRUNG MEIN SEXLEBEN BEREICHERT HAT?

Ich denke, lesbische Erfahrungen lassen sich nicht planen. Entweder es passiert oder eben nicht. Ich bin noch jung. Ich lasse mein Leben und meinen ersten lesbischen Sex einfach auf mich zukommen. Es macht hier wohl wenig Sinn, der Erfahrung hinterherzujagen.

Als ich meinem Liebsten von meinen Gedanken zu diesem Selbstversuch berichte, ist er leicht empört. Er meint, ich dürfe nicht naiv sein, es hätte mir durchaus passieren können, dass ich mich während dieses Selbstversuches in eine Frau verliebe. Fremdgehen habe schließlich nichts mit geschlechtlichen Grenzen zu tun. Er ist dagegen, dass ich der Sache allein weiter nachgehe. Wenn ich das Bedürfnis hätte, eine Frau zu küssen, dann möchte er bitte dabei sein. Ich habe laut losgelacht, als er Letzteres verkündete. Einerseits hat er recht, ich möchte nicht naiv sein und ich könnte ihn auch mit einer Frau betrügen. Aber irgendwie komme ich nicht umhin zu glauben, das Zuschauen bei meinem ersten homosexuellen Kuss könnte ihm gefallen.

TREND-SEX

ICH ALS PUPPE UND GLORY HOLES?

*T*rend und Sex. Sextrends. Was kann man darunter schon verstehen? Ist es Trend, Analsex oder Oralverkehr zu haben? Ist es Trend, crazy und *outgoing* zu sein? Ich weiß es nicht. Aber Fakt ist, es lassen sich durchaus sexuelle Themen beobachten, die eine gewisse Zeit über stärker in den Medien präsent sind als andere. Natürlich gibt es jegliche Formen sexueller Neigungen und Spielereien schon seit Hunderten von Jahren. Aber es gibt immer wieder Phasen, da begegnen einem gewisse Themen häufiger. Das ist wie mit der Kriminalität in der öffentlichen Wahrnehmung: Hin und wieder berichten die Medien fast täglich von entführten Kindern, dann wieder von ausgeraubten Banken. Monate später stehen die K.-o.-Tropfen-Opfer im Fokus der Berichterstattung. Fakt ist, dass nicht in dieser Zeit mehr Kinder entführt, Banken ausgeraubt oder Frauen vergewaltigt werden. Die Medien stürzen sich nur auf das Thema und deswegen kommt es der Gesellschaft so vor, als würden die so gelagerten Taten zunehmen.

Ein Vergleich hierzu lässt sich eben auch auf sexueller Ebene ziehen. Bondage ist doch kein neues Thema in der Sexszene, BDSM erst recht nicht! Doch dank gewisser literarischer Werke und medialer Berichterstattungen kamen wir monatelang nicht drum herum, uns mit diesen Themen auseinanderzusetzen. Der Dreier: *Twilight* lässt grüßen! Strip und Burlesque: Frauen rutschen plötzlich im Fitnesstudio an Poledance-Stangen herum, weil Strippen neuerdings »Trend« ist.

Ich war noch nie ein Freund von Trends. Ich habe kein iPhone und hatte auch nie eines. Ich trage keinen Sidecut und wie man gemerkt hat, knutsche ich auch nicht mit wildfremden Frauen, nur weil Lesbenküsse gerade »in« sind. Aber die Frage ist doch – und sie stellt sich mir insbesondere deswegen, weil das Ende dieses Selbstversuches absehbar ist –, was kommt noch auf uns zu in Sachen Sex? Was wird der erotische Trend von morgen sein?

Zunächst suche ich auf YouPorn nach neuen Videokategorien. Etwas, was sich crazy anhört. Doll-Sex etwa findet seit geraumer

Zeit immer mehr Anhänger. Die Klickzahlen auf den Videos steigen von Tag zu Tag, ich beobachte sie interessiert, um herauszubekommen, ob das ein neuer Trend werden könnte. Die Frau liegt hierbei möglichst still und steif, wie eine Puppe, einfach nur da. Hin und wieder trägt sie auch einen Ganzkörperanzug aus Latex und Perücke, um noch puppenhafter zu wirken. Der Mann biegt und bumst sich das Püppchen dann zurecht. Ich stelle mir vor, wie ich steif und regungslos im Bett liege oder auf der Couch sitze, während mein Liebster mich poppt. Hat irgendwie was Nekrophiles an sich, wie ich finde. Nein, das möchte ich nicht.

Gibt es eigentlich noch Glory Holes? Die waren in den 90ern totaler Trend, wenn ich mich nicht täusche. Löcher in öffentlichen Toiletten, durch die Männer ihre Penisse gesteckt haben, um sie von dem Gegenüber in der anderen Toilettenkabine gelutscht zu bekommen. Ich kenne einen Laden in Berlin mit Glory Holes. Aber sollen wir da jetzt extra hin, um meinem Liebsten einen zu blasen? Ach, nee. Die 90er feiern hier und da zwar immer mal wieder ein Comeback, sei es, dass *Beverly Hills 90210* neu aufgelegt wird oder die Bomberjacke das It-Item des Jahres ist, aber ich habe nicht das Gefühl, dass Glory Holes sich wieder durchsetzen werden.

Bei meinen Recherchen nach zukünftigen Sextrends bleibe ich plötzlich an einem Thema hängen: Der Trend schimpft sich Karezza-Sex und stammt angeblich aus New York. Es sei wohl ein alter Hut, den die New Yorker derzeit feiern. Bei Karezza dreht es sich darum, Sex ohne Höhepunkt zu erleben. Nicht nur beim Mann, sondern auch bei der Frau. Eine ganz neue physische Ebene der Erotik und Lust könne dadurch erreicht werden. Auch soll die mentale Ebene einer Paarbeziehung dadurch Stärkung erfahren. Der Fokus solle nicht mehr auf den Orgasmus gerichtet sein. Beim Geschlechtsverkehr ginge es schließlich um mehr als das. Irgendwie beschleicht mich das Gefühl, diese Thematik doch schon zu kennen. Hört sich irgendwie nach Tantra an. Tantra war doch für mich und meinen Liebsten alles andere als geil oder erfüllend, wenn ich

243

mich recht entsinne. Doch es gibt hier einen feinen Unterschied: Die Anhänger des Karezza schwören auf orgastische Zustände, die wegen des Verzichts auf den Höhepunkt irgendwann sogar viel länger andauern sollen als der Orgasmus selbst.

Wir wagen uns ran an den Trend. Es wird eine neue Erfahrung sein, Sex ohne Ziel zu haben. Natürlich hatten mein Liebster und ich beide schon Sex, ohne einen Orgasmus zu erleben. Es gibt Situationen, in denen passiert es einfach nicht. Etwa, weil man nicht abschalten kann, weil man gestört wird oder wenn man zu betrunken ist. Aber ich kann mich nicht daran erinnern, Sex mit dem Ziel gehabt zu haben, keinen Orgasmus zu erleben. Es verwirrt meinen Liebsten zunächst, als ich ihn auf dieses Thema anspreche, und auch er hat sofort unsere ewige Tantra-Session vor Augen. Aber ich beschwichtige ihn und erkläre die Unterschiede.

»Mir kommt das alles sehr bekannt vor. Aber klar, wir werden es versuchen. Gibt es eine Anleitung oder Ähnliches?«, mein Liebster will es genau wissen. Ich schüttele den Kopf und ziehe einen Flunsch. Ob das hier etwas wird? Ich bin skeptisch.

»Nein. Im Internet habe ich nur gelesen, dass der Sex nicht langsamer sein soll als üblich, sondern genauso aktiv. Man solle sich eben nur zügeln und vor dem Höhepunkt diesen unterdrücken. Möglichst rechtzeitig, damit es nicht zu einem abgebrochenen Orgasmus kommt. Dadurch soll man total in Ekstase geraten und seinen eigenen Körper verrückt machen. Wie sieht es aus? Lust auf ein Experiment?«

Ich krabbele auf ihn zu und küsse seinen Hals. Mir sind dabei nicht seine Blicke entgangen, die er durch meinen tiefen Ausschnitt auf meine Brüste geworfen hat. Es ist nicht mehr viel nötig, um ihn in Stimmung zu bringen. Ich setze mich auf seinen Schoß, reflexartig umfassen seine Hände meinen Po und halten mich. Ich küsse seinen Hals empor, bis ich bei seinen Lippen angelangt bin. Zart streiche ich darüber, mein Atem beschleunigt sich, meine Wangen nehmen eine leichte Röte an. Ich greife in sein volles Haar und ziehe daran. Dann schiebe ich ihm meine Zunge zwischen die Lippen und beginne, mit meinem Becken auf seinem Schoß zu kreisen. Ich spüre, wie er hart wird. Der Druck seiner Hände verstärkt sich. Er greift mir von hinten zwischen die Beine und streichelt mich über meiner Hose.

Plötzlich löst er sich aus unserem Knäuel, hebt mich hoch und legt mich neben sich ins Bett. Geschickt streift er mir Hose und Höschen ab und befreit meine Brüste aus meinem Oberteil. Seine Zunge leckt breit über meine harten Nippel, während sein Zeigefinger sich meiner Klitoris widmet. Ich versinke in unseren Kissen und tauche ab. Meine Augen sind geschlossen, der Mund leicht geöffnet, mein Liebster ist ganz bei seinem Fingerspiel. Ich erinnere mich daran, worum es hier geht. Kurz bevor es mich überkommt, und es wäre so schön gewesen, hätte es das getan, schiebe ich schnell seine Hand beiseite und robbe mich ein Stück von ihm weg.

Ich spüre, wie feucht ich bin, und sehe in seinen Augen, dass er es kaum noch aushält vor Geilheit. Er möchte meine Nässe spüren und endlich in mich eindringen. Ich tue ihm den Gefallen. Als ich merke, wie leicht er in mich gleitet und sich der Druck seines Körpers auf meinen verstärkt, muss ich die Augen aufreißen und mich ablenken, um nicht zu kommen. Ich denke an unser Brot im Kühlschrank und frage mich, ob es wohl noch genießbar ist. Ich denke auch daran, dass ich gerne neue Möbel für den Balkon hätte. Aber es lohnt nicht, sich neue anzuschaffen. Immerhin wollen wir in spätestens einem Jahr zurück nach

Zehlendorf ziehen, wo wir beide aufgewachsen sind. Ich grinse über das ganze Gesicht, als ich merke, dass es geklappt hat. Mein Orgasmus hat sich verabschiedet.

Ich bin mittlerweile völlig überreizt, jetzt kann es ewig dauern, bis ich komme. Auch mein Liebster legt eine kurze Pause ein, stützt sich mit beiden Armen ab und guckt kurz aus dem Fenster.

»Stellungswechsel?«, schlage ich vor. Er nickt und legt sich auf den Rücken. Ich warte immer noch auf die totale Ekstase. Den Supermegaorgasmus. Sinneserweiterung, wo bist du? Ich reite meinen Liebsten und sehe in seinem Gesicht, dass er wiederum kurz davor ist zu kommen. Ich entziehe mich ihm und setze mich an das andere Ende des Bettes. Sein Schwanz glänzt und steht da wie bestellt und nicht abgeholt. Ohne ein Wort zu sagen, stehe ich auf und hole aus der Küche etwas zu trinken. Mein Liebster guckt mir hinterher und schüttelt leicht den Kopf. Wie lange müssen wir jetzt wohl pausieren? Ich krabbele wieder an seine Seite und schmiege mich an ihn. Er grübelt.

»Ich würde jetzt wirklich gerne kommen«, findet er.

»Ich weiß. Das ist ja der Witz an der Sache. Wir können unsere emotionale Bindung nur stärken, wenn wir auf den Höhepunkt verzichten«, labere ich daher und muss dabei lachen. »Das ist *Karezza*.«

»Ich scheiß auf Karezza, komm jetzt her!«, flucht er und rollt sich über mich, während ich quieke und versuche zu flüchten. Er kommt zum Höhepunkt. Ich nicht. Später in der Nacht stehe ich auf, um auf Toilette zu gehen. Ich meine, einen sexuellen Traum gehabt zu haben. Mein Höschen ist auch nass. Ich grübele kurz nach. Stimmt. Ich bin wieder geil. Und zwar ziemlich. Ich könnte mich jetzt, um drei Uhr nachts, neben meinen Liebsten legen und es mir selbst machen. Ich könnte ihn auch wecken und ihn bitten, mich zu bumsen. Ich kann dieses Experiment aber auch noch länger hinauszögern, um zu erfahren, wann ich höhere Sphären erreiche und mich spirituell auf die nächste Ebene begeben werde.

Am nächsten Morgen hat sich die Sache geklärt. Mein Körper hat das Problem im Schlaf mit sich allein ausgemacht. Ja, auch Frauen haben feuchte Träume. Im Schlaf einen Orgasmus zu haben ist ziemlich entspannend. Schließlich muss Frau nichts weiter tun, als zu schlafen. Es ist ein bisschen wie der Sex in *Demolition Man*. Ich weiß zwar immer noch nicht, wie man die drei Muscheln auf der Toilette benutzt. Aber ich weiß, wie geil ein Orgasmus ohne Körperkontakt oder den Austausch von Flüssigkeiten sein kann. Sicher ein Trend, der sich durchsetzen wird.

OB DIESE ERFAHRUNG MEIN SEXLEBEN BEREICHERT HAT?

Mein Liebster meint, er habe verstanden, worum es ginge, aber er habe es in dieser Nacht nicht durchziehen können. Ich habe auch verstanden, worum es bei dem Trend gehen soll, bin mir jedoch sicher, dass zur Erlangung der absoluten Ekstase mehr Übung erforderlich ist. Man muss sich schon wirklich zusammenreißen! Andererseits bin ich doch froh, dass der Sex durch solch ein biologisches Wunderwerk namens Orgasmus gekrönt wird. Warum zum Teufel sollte ich auf die Krone verzichten?

SEX AM ARBEITSPLATZ

TASCHENTÜCHER MIT MENTHOL

Mein Liebster zieht mich fünf, sechs Stufen auf die Treppe hinauf und beginnt augenblicklich, mich zu küssen. Er drückt mich gegen die kalte Wand, seine Hände wandern über meinen Körper.

Sex am Arbeitsplatz kann zweierlei bedeuten. Ich kann am Arbeitsplatz eine Romanze mit einem Kollegen beginnen und mit diesem auch am Arbeitsplatz rumpoppen. Ich grübele kurz und überlege, ob ich in solch einer Situation schon einmal war. Nein. Kurz vor dem Abi habe ich bei Eishennig gejobbt, ein Kollege von mir war ständig am Baggern. Ich hätte mich nie auf eine Affäre mit ihm eingelassen. Und sonst? Auch während des Studiums, meiner Nebenjobs und auch während des Referendariates gab es keine Begegnungen, die mich hätten aus der Bahn werfen können.

Nichtsdestotrotz kann ich mir vorstellen, dass eine Affäre mit einem Arbeitskollegen äußerst anstrengend sein muss. Das kann doch nur in die Hose gehen. Man sieht sich ständig, möchte seine Gefühle füreinander aber nicht öffentlich zeigen. Dann verbringt er mal eine Mittagspause mit der Kollegin Müller, die sowieso total doof ist, und gleich beginnt das Kopfkino. Man sieht, wie er zu Meetings eilt, Telefonate führt, Außentermine wahrnimmt und vielleicht abends doch nicht mehr anruft, obwohl er es versprochen hat. Nein danke. Man wird ja ständig Zeuge seiner eigenen Gedanken. Darauf hätte ich keine Lust. Und was, wenn es rauskommt? Dass man mal was miteinander hatte? Ein Techtelmechtel auf der Weihnachtsfeier, zum Beispiel. Diesen Kelch lasse ich an mir vorbeiziehen.

Die letzte Weihnachtsfeier, die ich besuchen durfte, war wirklich spektakulär und das ist nicht ironisch gemeint! Ich arbeitete für drei Monate für ein weltweit bekanntes Onlineportal für (ursprünglich) Versteigerungen, heute macht der Konzern irgendwie alles. Und die Weihnachtsfeier war groß angepriesen als Spektakel im Asphalt, einem der In-Clubs in Berlin. Der Konzern hatte den gesamten Club für diese Nacht gemietet. Es gab Flying Buffet, Livemusik, eine Karaokebar, Black Music, Preisverleihungen und vieles mehr. Ich war an diesem Abend ausgelassen wie schon lange nicht mehr, feierte ich doch zugleich meinen Ausstand aus der Firma. Der Alkohol floss ab 21 Uhr ohne Unterlass, gegen 21.30 Uhr waren die Anwesenden alle blau. Mit einem weinenden und einem lachenden Auge tanzte ich mit meinen Kollegen die ganze Nacht. Und die Kollegen tanzten auch mit anderen Kollegen. Aus anderen Abteilungen. Und zwar ziemlich eng und ziemlich sexy. Sehr verrucht und nahezu anstößig wurde da gebalzt und ich hätte es nicht für möglich gehalten, dass sich der Klassiker vom »Seitensprung auf der Weihnachtsfeier« auch tatsächlich in der Realität beobachten lässt.

Ich ging irgendwie davon aus, dieses Phänomen sei schon längst ausgestorben. Sex nach der Weihnachtsfeier schien es aber an diesem Abend für viele der Anwesenden zu geben. Und am nächsten Montag sitzen sie beim Gericht des Tages gemütlich zusammen in der Veggie-Kantine und tun so, als wäre nie etwas gewesen? Das wäre nichts für mich. Dafür bin ich nicht abgebrüht genug. Oder ich bin noch nicht lange genug berufstätig, um den Reiz daran entdecken zu können? Übrigens finde ich auch nichts platter, als wenn Vorgesetzte ihre Sekretärinnen bumsen. Aber gut. Soll es ja alles geben.

In diesem Selbstversuch kann es unter Beachtung obiger Darstellung folglich nur um eines gehen: um Sex mit meinem Partner an dem Ort, an dem ich auch zu arbeiten pflege. Oder an seinem Arbeitsplatz. Wir werden sehen. Jedenfalls um die zweite Variante von Sex am Arbeitsplatz. Bei diesem Thema, finde ich, muss es reichen, wenn nur ich von dem Selbstversuch weiß. Ich möchte meinen Liebsten nicht in etwaige Planungen und meine Gedankengänge zu dem Thema einbeziehen. Das muss spontan geschehen, ohne viele Worte, aus der Situation heraus. Und solch eine Situation abzupassen ist gar nicht so einfach, wie ich feststelle. Leider kommt die Durchführung dieses kleinen Experimentes in meinem Büro überhaupt nicht in Betracht. Der Bürokomplex ist nur mit einem Personalausweis zugänglich. Besucher müssen sich unten am Empfang, den eine äußerst bissige, kleine Empfangsdame betreut, anmelden. Der Besucher erhält dann, wenn er einen Termin hat, einen Besucherausweis. Zu viel Stress für ein wenig Sex am

Arbeitsplatz, finde ich. Und ich weiß, dass mein Liebster mir hier zustimmen würde.

Ich besuche meinen Liebsten an einem Mittwochnachmittag im Büro. Es ist einer der Tage in der Woche, an denen er bei dem Unternehmen, dem er beratend zur Seite steht, vor Ort ist. Er gliedert sich aktiv in den Geschäftsalltag ein, das ist seine Erfolgsphilosophie. Er sagt immer, es nütze gar nichts, wenn Berater Pläne aufstellen und allen Mitarbeitern mal auf die Finger hauen, um dann nach nur vier bis fünf Präsenztagen im Unternehmen wieder das Weite zu suchen. So sei den Unternehmen, die in Schwierigkeiten stecken, nicht geholfen. Viel mehr ginge es in der Unternehmensberatung darum, »Prozesse zu begleiten und Erfolge aufzuzeigen«.

Ich bleibe im Foyer stehen und klingele ihn auf seinem Handy an. Ich habe mich extra hübsch gemacht, trage die roten Lackschuhe, die er mir vor einigen Jahren geschenkt hat, eine knackige Bluejeans und ein blauen Blazer, in dem mein Busen viel größer aussieht, als er eigentlich ist. Ich bin ein wenig aufgeregt, als ich verloren im Foyer herumstehe und Menschen an mir vorbeiziehen. Die leise Musik über mir, die aus den Lautsprechern quillt, macht es irgendwie auch nicht besser. Nervös macht mich meine Angst, ihn auf dem falschen Fuß zu erwischen. Natürlich habe ich mich zu Beginn der Woche bereits bei ihm erkundigt, ob er heute wichtige Termine hat oder ob er eine anstrengende Woche haben wird. Er hat nur mit den Schultern gezuckt und gemeint, bis auf einige wenige Umstrukturierungen, an denen er gerade arbeite, sei nichts Stressiges absehbar. Aber man weiß ja nie, was im Laufe des Tages so geschieht.

Jetzt stehe ich jedenfalls hier und freue mich, ihn zu überraschen. Aber ich weiß auch, dass er bestimmt böse wird, wenn ich ihn mit meinen Sexplänen in einer Situation überfalle, in der er gerade gar keinen Kopf dafür hat. Nun, ich habe mich dazu entschieden, ihn nicht in meine Pläne einzuweihen. Das muss ich jetzt auch ausbaden. Ich schicke ihm eine kurze Nachricht, er möge doch mal ins Foyer kommen. Eine Empfangsdame beäugt mich kritisch und fragt, ob sie mir helfen könne. Nö. Es sei denn, sie möchte mich zu meinem ersten Fick unter dem Schreibtisch meines Liebsten ins Büro geleiten. Ich kichere in mich hinein, da sehe ich auch schon meinen Liebsten um die Ecke kommen. Er schaut skeptisch, irgendwie fröhlich, aber auch angespannt und konzentriert. Und er sieht sehr gut aus. Am Wochenende erst war er beim Friseur. Die Seiten sind schön kurz geschnitten, das Deckhaar wesentlich länger, er trägt es ganz leicht zur Seite. Seine Haut ist von den ersten Sonnenstrahlen dieses Sommers leicht gebräunt, sie glänzt auf der Stirn. Er trägt ein schwarzes Hemd mit Stehkragen, eine graue Hose und schwarze Schuhe. Die Ärmel hat er lässig hochgekrempelt. Jetzt wäre ich doch gern seine Sekretärin!

Er beugt sich zu mir herunter und drückt mir einen Kuss auf die Lippen. Ich schmunzele immer noch darüber, wie sexy ich meinen Liebsten auch nach all den Jahren finde, wenn ich ihn im Anzug sehe.

»Na, was machst du denn hier?«, fragt er und führt mich ein kleines Stück von dem Empfangstresen weg.

»Hast du gerade viel Stress?«, frage ich. Er zuckt wieder mit den Schultern und schaut durch den Eingangsbereich hindurch in Richtung Straße.

»Nö. Alles okay.«

»Ich habe gerade ein Stündchen und dachte, wir könnten vielleicht eine Currywurst zusammen essen. Oder du zeigst mir das Büro?«, schlage ich vor und deute auf die Uhr. Ich weiß, dass er so gut wie nie Mittagspausen macht. Auch heute hat er seit dem

Frühstück noch nichts gegessen. Er stutzt und sein Gesicht hellt sich auf.

»Kann ich das Büro sehen?«, frage ich, als er mich an die Hand nimmt und noch ein Stückchen weiter weg vom Empfangsbereich zu einer Sitzgruppe mit Stühlen führt. Ich drücke seine Hand, küsse schnell und vorsichtig seinen Hals und presse seine Hand gegen meine Brust. Frech greife ich in seinen Schritt. Er zuckt kurz zusammen, als ich seinen Schwanz zu fassen kriege.

»Hey! Bist du etwa deswegen hier?«, fragt er und ich drehe mich so, dass niemand unser kurzes Gefummel hier beobachten kann.

»Ja. Natürlich nur, wenn du Lust hast. Ich saß zu Hause und habe gerade diesen langweiligen Schriftsatz zur Impressumspflicht für Onlineshops überarbeitet, da habe ich es einfach nicht mehr ausgehalten. Schatz, ich bin so geil geworden, das kannst du dir gar nicht vorstellen«, flüstere ich. Sein Gesicht hellt sich auf, ich drücke noch mal zu, ehe ich seinen Schwanz loslasse.

»Und dann habe ich überlegt, ob ich es mir selber mache oder ob ich dich besuchen soll. Wie du siehst, bin ich hier.« Bestätigend greift er mir an den Po und lächelt mich verschmitzt an. Er zieht mich durch einen langen Flur, an dessen Ende wir durch eine Feuertür gehen. Er schließt sorgfältig die Tür hinter sich, ich schaue mich um. Zu meiner Linken geht eine dunkle Treppe aus Stein irgendwohin in einen Hausflur. Zu meiner Rechten ein nochmals langer Flur, an dessen Ende eine Glastür in einen Hinterhof führt. Es ist kühl hier. Ein Notausgang, keine Frage. Staub auf dem Boden deutet darauf hin, dass hier schon lange niemand mehr vor einem Feuer oder anderen Gefahren flüchten musste. Mein Liebster zieht mich fünf, sechs Stufen auf die Treppe hinauf und beginnt augenblicklich, mich zu küssen. Er drückt mich gegen die kalte Wand, seine Hände wandern über meinen Körper.

Irgendwo hinter verschlossenen Türen klingelt ein Telefon. Angst erwischt zu werden? Habe ich keine. Würde diese Aktion hier das Ansehen meines Liebsten gefährden, dann hätte er mich schon im Foyer gestoppt. Ich erinnere mich an den Vortrag, den ich zusammen mit Ana zur Geschichte des Porno in Deutschland gehört habe. Das war vor vielen Wochen im Roten Salon am Rosa-Luxemburg-Platz. Simone Scherer, die ehemalige Pornodarstellerin, hat damals etwas sehr Interessantes gesagt. Sie hat die These aufgestellt, dass wir Frauen in dem sexuellen Machtgefüge zwischen Mann und Frau immer die Oberhand hätten. Wir entscheiden, ob wir mit unserem Partner Sex haben. Wann. Wie oft. Wir entscheiden auch, ob der Sex gut ist, aufregend und prickelnd. Oder ob er zur Nullnummer wird, bei der wir einfach nur daliegen wie ein Brett. Wir Frauen können immer. Und wir können öfter und länger. Und jetzt, da ich in diesem Flur stehe und weiß, ich werde sogleich am Arbeitsplatz meines Freundes mit ihm Sex haben, da stelle ich fest, dass ich mir dieser Position erst jetzt richtig bewusst werde.

Was nicht heißt, dass ich es ausnutzen möchte, nein. Es bedeutet, dass ich als Frau so viel mehr Möglichkeiten habe, mein Sexleben zu gestalten. Und obwohl ich diesen Selbstversuch jetzt schon seit geraumer Zeit betreibe, so glaube ich, erst jetzt begreifen zu können, was Simone damit gesagt hat. Ich bin die Regisseurin meines Sexlebens. Der Mann ist, um es in Simones Worten zu sagen, wie in einem Porno nur »schmückendes Beiwerk«. Aber der Spot liegt auf uns Frauen. Und wenn ich als Regisseurin meines Sexlebens faul bin, nachlässig, mir die Beine nicht rasiere und nicht gern den Schwanz meines Mannes lutsche, dann brauche ich mich nicht über die Flaute im Höschen zu beklagen. Dann bin ich selbst daran schuld. Und deswegen war es auch richtig, dass mein Liebster mich mit dem Sexkorb ganz zu Beginn dieser Aktion darauf hingewiesen hat, dass der Standardsex nicht mehr reicht. Da habe ich als Regisseurin mächtig versagt. Und es ist mir egal, dass ich erst jetzt, nach über sieben Monaten Selbstversuch, zu dieser Erkenntnis gelangt bin. Hauptsache, sie ist da. Ich habe in den letzten Monaten so viel über Sex gelesen, gehört und gesehen; ich habe gefühlt und beobachtet. Ich habe Bücher gekauft, Pornos geschaut, Interviews geführt sowie Clubs und Ausstellungen besucht. Es brauchte wohl einfach seine Zeit, ehe ich erkennen konnte, worum es geht. Es geht um mich, meinen Sex und um den Sex in meiner Beziehung. Ich habe das Gefühl, das Ganze in Zukunft gut hinzubekommen. Das mit dem Sex und so.

Als mein Liebster geschickt den Verschluss meines BHs öffnet und nach meiner Brustwarze forscht, halte ich den Gedanken ganz fest und versuche, ihn gefangen zu nehmen. Ich möchte diese Gedanken auf ewig bei mir behalten, sie sollen mir tagtäglich eine Lehre sein und mich weiterhin beflügeln, Neues zu wagen. Während wir in einen langen, innigen Kuss versinken, schlinge ich meine Beine um ihn. Er zieht mich noch fester an sein Becken, greift mir ungestüm ins Haar und presst meinen Mund enger auf seinen. Seine Zunge spielt wild mit meiner und ich keuche in unseren Kuss hinein. Ich fange schnell an, an seiner Hose zu nesteln; als der Gürtel gelockert und der Knopf geöffnet ist, fällt sie zu Boden. Dann öffne ich meinen Blazer, er greift wieder nach meiner Brust und knetet sie. In Gedanken höre ich mich selbst mein Credo wiederholen. Mein Liebster öffnet auch meine Hose, zieht sie schnell herunter und dreht mich um. Ein Rock wäre einfacher gewesen, bemerke ich und notiere das in meinem Kopf.

Seine Hand greift nach meiner Klitoris und massiert diese in schnellen Bewegungen. Ich stöhne auf, er presst mir die Hand an den Mund. Ach ja, stimmt ja. Könnte ja sein, dass uns doch jemand hört. Ich spüre, wie ich augenblicklich feucht werde. Mein Liebster dringt mit seinen Fingern in mich ein und tastet nach meiner Feuchtigkeit. Er reibt seinen Schwanz an meiner Nässe, um leichter von hinten in mich eindringen zu können. Ich rubbele währenddessen weiter an meiner empfindlichsten Stelle. Mein Hintern klatscht einige Male an seine nackten Lenden, dann kommen wir ziemlich zeitgleich. Er sackt kurz über mir zusammen und küsst mich in den Nacken. Er reicht mir ein Taschentuch. Es riecht nach Menthol.

»Wo hast du das denn her?«, frage ich.

»Aus dem Sekretariat. Die stehen da immer rum, in so einer Zupfbox.«

Ich lache laut auf und halte mir die Hand vor den Mund. Dann gehen wir eine Currywurst essen.

OB DIESE ERFAHRUNG MEIN SEXLEBEN BEREICHERT HAT?

Ja. Sex am Arbeitsplatz ist wie ein Sauerstoffkick für zwischendurch. Er reißt einen aus seiner To-do-Liste, sorgt für einen Moment der Entspannung im geregelten Tagesablauf und macht das Arbeiten danach viel angenehmer. Während wir die Currywurst essen, bestätigt mein Liebster das und findet, ich hätte schon viel früher mal vorbeikommen können.

BESUCH IM SEXHOTEL

MEIN LOVE MOTEL IN BERLIN

Ich weiß nicht, woran es liegt, aber ich bin schon seit Jahren chronisch pleite. Und dabei verdiene ich mittlerweile gar nicht schlecht! So als junge Rechtsanwältin. Vor acht Jahren habe ich mit dem Jurastudium begonnen. Im zarten Alter von 19 Jahren. Gut, wenn man 19 ist, kann man nicht einschätzen, was man sich da ans Bein bindet. Mit 19 ein Jurastudium zu beginnen ist ähnlich, wie mit 15 ein Kind zur Welt bringen zu wollen. Oder sich mit 16 ein Arschgeweih stechen zu lassen. Man hat als junger Mensch einfach noch keinen Überblick über die Folgen. In Sachen Arschgeweih wurde ich von meiner Mutter in zähen Diskussionen eines Besseren belehrt und habe mir stattdessen ein Zungenpiercing stechen lassen. Ein Zungenpiercing lässt sich schnell entfernen und hinterlässt keine bleibenden Schäden.

Vor dem Jurastudium hingegen hat mich niemand gewarnt. Auch nicht davor, dass man als Jurastudent zunächst einmal circa fünf bis sechs Jahre am Hungertuch nagen wird. Denn trotz BAföG, Nebenjobs und familiärer Unterstützung saugt ein Studium Geld ohne Ende. Das erste Staatsexamen etwa, welches im Anschluss an das Studium folgt und den universitären Abschluss ersetzt, den andere Studiengänge mit sich bringen (Bachelor, früher das Diplom). Dieses Staatsexamen ist kaum ohne kommerzielles Repetitorium zu meistern. Ein Repetitorium ist, wie das Wort schon sagt, eine Wiederholung. Nachhilfeunterricht. Kostenpflichtig, aber effizient. Der geneigte Leser wird sich nun fragen, weshalb die Universitäten nicht auf das erste Staatsexamen vorbereiten. Ja, das fragen sich Tausende Jurastudenten jedes Jahr auch. Kurzum: Während des Studiums war ich pleite.

Während des Referendariates, welches an das erste Examen anschließt, um auf das zweite Examen und den Status »Volljurist« vorzubereiten, werden die Geldsorgen etwas aufgefangen. Nun verdient der Referendar sein erstes richtiges Geld. Gut, es ist nicht viel, aber immerhin, man kommt über die Runden und hier bleibt auch noch Zeit, um einem Nebenjob nachzugehen. Manch ein Referendar korrigiert Klausuren oder leitet Lerngruppen an den Universitäten. Andere Referendare kellnern, schreiben Erotikromane oder strippen. Nach dem zweiten Staatsexamen, das ich zwischen meinen ersten Roman und diesen Selbstversuch gequetscht habe, trifft den Volljuristen der Arbeitsmarkt mit seiner ganzen Härte. Ich darf mich glücklich schätzen, wurde ich doch ziemlich schnell aufgefangen und bekomme nun ein festes Gehalt. Und dennoch frage ich mich, trotz Gehaltssteigerung und Autorendasein: Wo bitte schön ist meine Kohle? Muss das so sein? Sind alle jungen Menschen im Alter zwischen 19 und 30 Jahren chronisch pleite? Sammelt sich das Geld auf meinem Konto erst, wenn ich die 30er geknackt habe? Vielleicht sollte ich auch mal meiner Bank Bescheid geben, dass ich immer noch ein kostenfreies Studentenkonto habe. Obwohl ich doch schon seit Jahren ... na ja, egal.

Vielleicht verschwindet mein Geld wegen der anstehenden Hochzeit? Die Unterwäsche von Chantelle, meiner liebsten Dessousmarke, für die Hochzeitsnacht war schweineteuer, aber natürlich ihr Geld wert. Mein Liebster kennt den Unterschied zwischen echter Spitze und Synthetik. Da kann ich für diese Nacht nicht den Geizkragen raushängen lassen. Auch die goldenen High Heels, die ich auf dem Weg von der Hotellobby bis zum Strand tragen werde (die Schuhe haben an diesem Tag einen Einsatz von knapp 500 Metern vor sich), waren nicht gerade preiswert. Oder aber mein Geld schwindet dank zahlreicher Selbstversuche in SM-Clubs, Sexkinos, wegen der Anschaffung von Lederpeitschen, Fetisch-Outfits, Latex-Laken und Co? Das wird es wohl sein. Ein gepflegtes Sexleben hat seinen Preis, so viel steht fest. Wenn ich das Sümmchen mal überschlage, das ich in den letzten Monaten für unsere ersten Male aufgebracht habe, dann liege ich circa (einer der Gründe, weshalb ich Jura studieren wollte: Ich kann nicht rechnen) bei 680 Euro. Ja. Tatsächlich. Und mit dem nächsten Selbstversuch kommt noch was dazu. Hätte ich keinen Vorschuss vom Verlag für diese Aktionen erhalten, könnte ich mittlerweile zaghaft bei Peter Zwegat anklopfen und Ausschau nach einer passenden Privatinsolvenz halten. Und das schon mit zarten 27 Jahren!

Es ist nicht so, als hätten mein Liebster und ich kein Geld. Es ist nur so, dass wir uns, bevor ich bei ihm einzog, darauf geeinigt haben, dass wir finanziell unabhängig voneinander bleiben. Wir haben kein gemeinsames Konto (um Himmels willen! Was würde er sagen, wenn er merkt, dass ich jede Woche Salatschleudern, Fensterputzer, Tupperware oder Apfelschneide-Geräte bei Tchibo einkaufe?), die Kosten im Haushalt und für das Auto sind gerecht aufgeteilt. Mein Liebster arbeitet mit seinem Kapital, das ist nun mal sein Job. Und ich gebe gerne Geld aus. Es sind schon viele Beziehungen am lieben Geld gescheitert. Mit unserer vorehelichen Gütertrennung versuchen wir, dem Streit ums Geld aus dem Weg zu gehen.

Ich frage mich gerade, ob die angefallenen Kosten nun manch ein Paar daran hindern würden, ihr Sexleben zu beleben und Neues auszuprobieren? Wir kommen wohl nicht umhin festzustellen, dass viele dieser Selbstversuche Geld gekostet haben. Aber, und das sei auch gesagt, eine Vielzahl der Versuche hat kein Geld gekostet. Und letztlich lassen sich die Kostenfaktoren auch mit einer Prise Kreativität weiter drücken. Es muss ja nicht die Lederpeitsche für 39 Euro sein, sondern vielleicht eher eine Reitgerte für 9,90 Euro? Vielleicht habt Ihr eine Nähmaschine und könnt euch ein Lackkleid selbst nähen? Oder Ihr esst die Austern nicht in Paris, sondern bei Nordsee? Wie dem auch sei, wer meint, sein Sexleben sei scheiße, weil er/sie kein Geld habe, derjenige braucht meines Erachtens bloß einen Vorwand, um nichts ändern zu müssen. Um sich nicht zu bewegen. Um sich nicht zu bemühen. Langweiliger Sex kann ja so kuschelig sein.

Und da auch ich gerade keine Kohle habe, um den nächsten Selbstversuch 100-prozentig authentisch durchzuführen, muss ich mir etwas einfallen lassen. Ich möchte nämlich mit meinem Liebsten eine Nacht in einem Sexhotel verbringen. In einem »Love Motel«. Mein eigener Blog hat mich dazu inspiriert und nicht zuletzt waren es die Stundenhotels in Asien und Südamerika, die mein Interesse geweckt haben, weshalb der Blog auch diesen Namen trägt. Ich finde es wundervoll, dass es in Städten Platz für Intimitäten von Paaren gibt. Unterschiedliche Zimmer, die dazu einladen, in andere Atmosphären abzutauchen, um sich nur aufeinander zu konzentrieren. Ein gemeinsames Bad? Ein entspanntes Nickerchen nach dem Sex? Wer nimmt sich dafür schon die Zeit?

Nur: Für eine Reise nach Asien oder Südamerika ist, wie gesagt, keine Kohle da. Ich muss also versuchen, zu den echten Love Motels, den Stundenhotels für Paare, eine Alternative zu finden. Hier in Berlin. Und da ich bereits Erfahrungen mit »Seitensprung-zimmern« beziehungsweise »Minikinos« habe, steht für mich fest, dass ein professionelles Etablissement nicht in Betracht kommt. Ich suche nach etwas Ausgefallenem für echte Paare. Nicht für Stundenpaare. Eine Mischung aus Romantik, Design, Sinnesreizen, Helligkeit und Dunkelheit. Inklusive der Einhaltung gewisser Hygienevorschriften. Die Suche im Internet bringt erst mal nichts Gescheites, denn es erscheinen nur eben besagte Etablissements, in denen ich mich nicht trauen würde, meinen blanken Hintern mit Bett und Umgebung in Berührung kommen zu lassen.

Ich besuche meine liebe Freundin Florina. Es ist Frühsommer und wir sind verabredet, um auf ihrer wundervollen Terrasse im Grunewald zu sitzen und grünen Tee zu trinken. Und während wir ins Grüne schauen, finde ich es wieder einmal toll, dass ich bei ihr einfach so mit der Sprache rausrücken kann, ohne lang um den heißen Brei herum zu reden. Wir kennen uns aus dem Studium. Wir wählten damals vor gefühlten 1000 Jahren den gleichen Studienschwerpunkt, Römische und Deutsche Rechts- und Verfassungsgeschichte. Und ich weiß nicht, wie es kam, aber seit Beginn der ersten Vorlesung fühlte es sich an, als würden wir uns seit unserer Geburt kennen. Wir verstanden uns auf Anhieb prima und das kann mitunter daran liegen, dass wir das gleiche Sternzeichen haben. Wir sind beide Stier. Mein Liebster übrigens auch. Stier und Stier gesellt sich gern, hab ich das Gefühl. Also fackele ich auch diesmal nicht lange herum:

»Maus, sag mal, hast du einen Tipp für ein Sexhotel hier in Berlin?«, frage ich und sie hält ihrer kleinen Tochter, die jetzt schon zweieinhalb ist, gespielt die Ohren zu. Die Kleine guckt skeptisch und schiebt die Hände ihrer Mutter von ihren Ohren weg. Dann wendet sie sich wieder einem Spiel auf ihrem iPad zu, auf dem sie Sternchenformen in die passenden Sternchenbehältnisse sortiert.

»Was meinst du mit Sexhotel? Kannst du das bitte etwas konkretisieren?«

»Ich würde gerne ein sexy Hotel besuchen, um mit meinem Liebsten mal eine Nacht nicht zu Hause zu sein. Aber ich habe keine Lust, weit zu fahren. Wäre schön, wenn es in Berlin ist. Und nicht zu teuer«, betone ich am Ende meines Satzes.

Florina schürzt die Lippen und schnalzt mit der Zunge, ehe sie zu einem gedehnten »Alsooo« ansetzt. »Wenn man ein Kind hat, sucht man als Paar natürlich nach Möglichkeiten, um mal ohne Windelgeruch, Babysalbe und Geschreie in der Nacht Zeit für sich zu haben. Ich hätte dir jetzt die Villa Contessa bei Bad Saarow empfohlen. Super, wenn ihr mal zwei Tage in gehobenem Ambiente einfach nur poppen wollt. Wir haben uns vor zwei Monaten eine Suite gegönnt, mit eigenem Whirlpool und Blick auf den See. Sie haben einen Spa-Bereich und es ist einfach wundervoll dort«, schwärmt sie und ich sehe neben kleinen Herzchen, die um ihren Kopf fliegen, auch noch Dollarzeichen in ihren Augen blitzen.

»Kostet?«, frage ich und sie rollt die Augen.

»Ist nicht billig.«

»Zu teuer«, schließe ich das Gespräch und muss doch noch mal im Internet recherchieren.

Was hätte ich denn gerne? In den normalen Suchportalen für Hotels gibt es in der Suchmaske leider keine Kästchen zum Ankreuzen »inklusive Peitsche, Dildo und Meerblick«. Aber das ist

Berlin! Ich bin fest davon überzeugt, dass wir versaute Zimmer für ganz normale Pärchen haben. Verdammt, in Berlin bekommst du Currywurst mit Kaviar, High Heels für 20 Euro, es gibt Fixstuben und gratis Beutelchen für Hundekacke! Es wird doch irgendwo in dieser Stadt ein Spielzimmer für Erwachsene geben!

Ich gebe bei Google ein »besondere Hotels Berlin« und es erscheint ein Eintrag mit den Top-10-Berlin-Hotels. Unter den Einträgen: das Propeller Island. Eine City Lodge. Das Hotel ist wie ein Kunstwerk. Jedes Zimmer hat ein Motto, ein spezielles Thema, wie etwa das Zimmer »Padded Cell«, ein Zimmer, ganz mit grünem Leder ausgestattet, im Look einer Gummizelle. Oder das Zimmer »Mirror Room«, komplett verspiegelt!

»Endlich!«, schreie ich auf und klatsche in die Hände. Endlich das, wonach ich gesucht habe. Danke, Berlin! Ich wusste doch, du enttäuschst mich nicht. Und ich finde es sogar gut, dass sich die City Lodge als Gesamtkunstwerk betrachtet und nicht als Puff oder Fickhotel oder sonst was. So ist nämlich ein gewisser Standard gewahrt, den ich bisher im Sexgewerbe leider vergeblich gesucht habe. Und man bemerke: Wir befinden uns schon bei Selbstversuch Nr. 27. Und die Preise sind auch bezahlbar. Grund für einen erneuten Jauchzer!

Ich entscheide mich für das Zimmer »Nudes«.

Besonderheiten:
– voller Aktfotografien
– blaues Steinbad, offen
Beschreibung:
Das Sandsteinbad ist mit kräftigem Blau eingefärbt und so wunderbar, dass man es nicht hinter einer Wand verstecken darf! Lila Wände und samtige Vorhänge berauschen Sie bis in den süßen Schlaf ...[28]

In dem Zimmer gibt es keinen Fernseher und kein Radio, aber die Möglichkeit, Lichteffekte und eine Hintergrundmusik einzustellen. Natürlich sind unangemeldete Fotosessions in den Zimmern verboten, da Gesamtkunstwerk. Aber ich sehe das so: Private Fotos, die nie jemand außer mir und meinem Liebsten zu Gesicht bekommen wird und die natürlich in keiner Weise für kommerzielle Zwecke genutzt werden, die existieren doch gar nicht, oder? Und sind folglich nicht in der Lage, Rechte des Künstlers zu verletzen.

Mein Liebster findet eine Woche später, als er an einem Samstag vom Joggen zurückkommt, einen Zettel auf unserem Bett:

Geh bitte duschen und rasier dich, wo nötig. Ich hole dich um genau 16 Uhr ab. Du brauchst nichts außer dich und deinen sexy Body.

Ich spare mir den kleinen Scherz, ihn roten Lippenstift auftragen zu lassen und ihn mit einer Augenbinde durch Berlin zu scheuchen. Schließlich soll er das Gesamtkunstwerk sehen können.

Während er noch beim Joggen ist, checke ich ein und verstaue unsere Sachen für die Übernachtung in dem Zimmer. Und das Zimmer »Nudes« ist wirklich großartig. Die Wände sind lila, stellenweise dunkel, fast schwarz. Das offene Bad ist in das Zimmer integriert, eine Metalltonne dient als Waschbecken, der Duschvorhang ist eine schwarze Gummivorrichtung. Das Bett ist hoch, etwa einen Meter über dem Fußboden. An den Seiten finden sich Stauräume für Tasche, Schuhe und Koffer. Die Bilder der nackten Frauen sind gigantisch und verleihen dem Zimmer genau das stilvolle Kribbeln, nach dem ich gesucht habe. Kerzen sind nicht nötig, denn es gibt genug indirekte Lichter und Spielereien, um den Raum stilvoll in Szene zu setzen.

Ich habe nur eine winzige Tasche mit etwas Verpflegung dabei, obwohl ich zunächst vorhatte, alle erotischen Spielsachen einzupacken, die sich im Laufe der letzten Monate angesammelt haben. Mein Polizistinnen-Outfit vom Fetischball. Kleine und große Peitsche vom Peitschenhandel, Handschellen, die Bondage-Seile, die Kerze für Wachsspielchen und Strapse. Jimmy Love und die Vaginalkugel. Das Analwürmchen. Aber als ich einen Blick in die Sextasche warf, sammelten sich unerwartet Tränen in meinen Augen.

Ich schmunzelte über meinen melancholischen Anfall, ist unser Selbstversuch doch noch gar nicht vorbei. Ich streichelte über das

Wildleder der großen Peitsche und spürte das Kribbeln im Magen und ein Zucken in meiner Muschi. Wieder war ich erstaunt, wie sehr mich der Besuch im Fetischhof mehrere Tage unter Strom setzen konnte. Wir waren in letzter Zeit so sehr mit den übrigen Selbstversuchen beschäftigt, dass noch gar keine Zeit war, um einmal Resümee zu ziehen. Vorlieben und Abneigungen herauszufiltern. Was werden wir beibehalten, was nicht? Aber vielleicht ist es dafür auch noch zu früh, schließlich warten noch einige spannende Themen auf uns. Ich ließ die Tasche mit dem Sexspielzeug zu Hause. Es sollte heute Nacht nur um uns gehen. Um uns in einer wundervollen Atmosphäre. Bevor ich meinen Liebsten abhole, notiere ich mir in meinem Handy eine Erinnerung für in sechs Wochen: *Resümee Selbstversuch.*

Als wir das Foyer der City Lodge betreten, ist ihm noch nicht ganz klar, worum es geht. Das Gesamtkunstwerk zeigt sich in bunten Farben, schrillen Gängen, einem Speisesaal mit Baumstümpfen als Stühle. Doch als wir unser Zimmer betreten und ihn die Dunkelheit umfängt, er die Bilder der »Nudes« entdeckt, das offene Designerbad und das Bett betrachtet, wird ihm alles klar. Noch klarer wird ihm, worum es geht, als er feststellt, dass kein Fernseher vorhanden ist. Sex. Es geht einzig und allein um Sex. Puren Sex in einem außergewöhnlichen Ambiente. Ohne Zuschauer. Ohne Streckbänke. Ohne Latexlaken, Arbeitsanleitungen, To-do-Listen oder Ähnliches. Es geht darum, nur mit sich zu sein, die Außenwelt abzuschotten, die Handys auszuschalten und in der Dunkelheit der lila Wände runterzukommen.

Zunächst gehen wir gemeinsam duschen, lassen das warme Wasser hinter dem schweren, schwarzen Gummivorhang eine gefühlte Ewigkeit über unsere Körper fließen. Wir seifen uns gegenseitig ein, küssen uns zart, lachen und genießen. Mein Liebster trägt mich zum Bett und schaltet die indirekte Beleuchtung und die zarte Loungemusik ein. Ich bin tiefenentspannt und könnte sofort, eingekuschelt in Bademantel und Bettdecke, einschlafen. Wir liegen beieinander, Nase an Nase, mein Liebster streichelt zart meinen Nacken. Wir nicken kurz ein. Als wir wach werden, ist es in unserem Lila Zimmer immer noch dunkel. Wie spät es ist, wissen wir nicht. Ich habe zwei Dosen Cola, belegte Toasts und Osterschokolade (von Ostern) dabei.

Nachdem wir uns gestärkt haben, sitzen wir im Bett und sprechen über das Leben. Wie es uns geht mit unseren Jobs. Wie sehr wir uns auf unseren Sommerurlaub freuen. Wie viel Liebe zum Detail in diesem Hotel steckt und mein Liebster möchte wissen, wie ich das Propeller Island gefunden habe. Ich berichte ihm von meiner Suche nach einem Love Motel, meinem Gespräch auf einer Grunewalder Terrasse bei einer Tasse Tee und meinem Entschluss, die Sextasche zu Hause zu lassen. Mein Liebster unterstützt diesen Entschluss, indem er mich auf die Nasenspitze küsst. Alles fällt von uns ab. So leicht wie an diesem Nachmittag habe ich mich schon lange nicht mehr gefühlt. In einem Raum ohne Zeitdruck verweilen zu können, mit neuen Sinneseindrücken, die sich jedoch ganz unaufdringlich unseren Persönlichkeiten anpassen, ist so befreiend. Seine Hand wandert an meinen Beinen entlang unter meinen Bademantel. Eine Gänsehaut ergreift meinen ganzen Körper und ich schließe die Augen.

OB DIESE ERFAHRUNG MEIN SEXLEBEN BEREICHERT HAT?

Nicht nur mein Sexleben, sondern mein gesamtes Leben. Es ist für mich sehr wichtig, den Alltag – zwischen Beziehung, Sex, Job, Gesellschaft, Freundschaften und persönlichen Zielsetzungen – einfach einmal loslassen zu können. Love Motels dienen nicht nur dafür, den Geschlechtsakt an sich ungestört durchführen zu können. Es geht um mehr. Um Zweisamkeit, um Gefühle. Kopf aus. Herz an.

INTIMPIERCING

HAT DAS WAS MIT SEX ZU TUN?

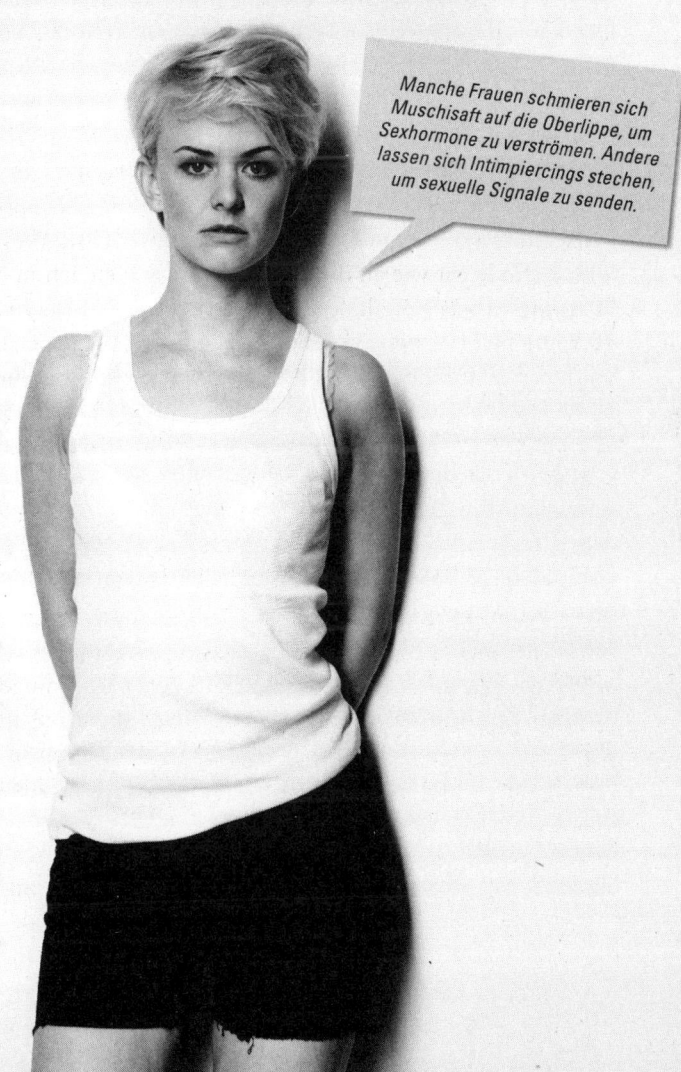

Manche Frauen schmieren sich Muschisaft auf die Oberlippe, um Sexhormone zu verströmen. Andere lassen sich Intimpiercings stechen, um sexuelle Signale zu senden.

Meine erste »Begegnung« mit einem Intimpiercing hatte ich auf der Berliner Fanmeile, vor dem Brandenburger Tor zur Fußball-WM 2006. Das Intimpiercing lief mir in Gestalt meines Exfreundes über den Weg, denn natürlich trifft man auf einer Fläche von 72.000 Quadratmetern unter mehreren Hunderttausend Menschen genau den, dem man nichts mehr zu sagen hat. Dieser Ex und ich, wir sind nicht im Streit auseinandergegangen, denn die Möglichkeit für einen Streit habe ich uns nicht gegeben. Ich war damals einfach nicht gemacht für eine Beziehung. Ich hatte keine Lust mehr auf einen Freund und habe mich getrennt. Nicht schön, aber ehrlich.

Nun, seit der Trennung waren schon, ich glaube rund drei Jahre vergangen, seitdem hatten wir uns nicht mehr gesehen. Und als er mir auf der Berliner Fanmeile, unter gefühlten zehn Millionen Menschen über den Weg lief, blieb uns beiden vor lauter Staunen über solch einen Zufall nichts anderes übrig, als stehen zu bleiben und einander zu begrüßen. Ich staunte, denn er war ziemlich nackt. Er trug lediglich Flip-Flops und Bermudashorts und ja, natürlich, ein Bier in der Hand. Seinen Bauch zierte ein neues, riesiges Tribal-Tattoo und ich wunderte mich darüber, wie sich Menschen dazu entschließen können, den Bauch tätowieren zu lassen. Egal ob Mann oder Frau, der Bauch ist doch zwangsläufig eine Stelle, die irgendwann einmal der Schwerkraft zum Opfer fällt. Ich kenne mich mit dem Thema Bauchtattoos gut aus, mein Vater ist selbst Tätowierer. Und ich weiß, dass er jeder Frau und jedem Mann eindringlich von dieser Körperstelle abrät. Aber gut, beratungsresistente Kunden gibt es wohl in jeder Branche.

Ehe ich mir darüber weitere Gedanken machen konnte, begrüßte mich mein Ex ziemlich besoffen mit einer verschwitzten Umarmung. Wir standen da und hatten uns, wie bereits erwähnt, nichts zu sagen. Mein Kumpel, mit dem ich gerade gemeinsam den Heimweg antreten wollte, stand fremdbeschämt daneben und trat von einem Fuß auf den anderen. Und mein Ex fand, diese peinliche Situation mit folgenden Worten unterbrechen zu müssen:

Ein »Prinz Albert« wird durch die Eichel des Mannes gestochen. Er verläuft entlang der Harnröhre und tritt an der Unterseite beim Frenum (Vorhautbändchen) wieder aus. Und es ist nicht nötig, dass der Mann für dieses Piercing beschnitten ist. Die Abheilzeit beträgt vier bis sechs Wochen und verläuft in der Regel unproblematisch.

»Ach ja, ich habe mir einen Prinz Albert stechen lassen. Geht voll ab beim Sex.«

Wie reagiert Frau in der Situation »Treffe Ex auf einem Event und er berichtet von seinem Intimpiercing« richtig? Schreiend weglaufen? Mit »Zeig her«? Oder doch lieber gleich kotzen? Ich entschied mich für ein höflich verlegenes Grinsen und ein:

»Na ja, also wir müssen zum Bahnhof. Dir und deinem Albert noch viel Spaß!« Ich zerrte am Arm meines Kumpels und flüchtete aus der Situation.

Als Tochter eines Tätowierers ist es ist nicht so, dass ich etwas gegen Piercings oder Tattoos hätte, ganz im Gegenteil. Ich selbst habe zwei bunte Körperbilder, ein Bauchnabelpiercing und mein Zungenpiercing – das ich bis vor Kurzem noch getragen habe, hatte es immerhin, seit ich 16 war. Ich kann von mir also durchaus behaupten, dem Thema Körperschmuck offen gegenüberzustehen. Aber was ich mich heute frage, ist: Hat ein Intimpiercing tatsächlich Einfluss auf das Sexleben? Oder ist ein laut angepriesener Prinz Albert oder das Durchschimmern eines Brustwarzenpiercings mehr Schein als Sein? Provokation? Ausdruck von Lust? Hat das Piercing eher mittelbaren Einfluss auf das Sexleben, weil es ein erotisches Signal sendet, oder wirkt sich das kleine Stück Metall tatsächlich Reiz verstärkend auf Sinne und Geschlechtsorgane aus? Würde es sich für mich lohnen, ein Intimpiercing stechen zu lassen?

Eine Frau, die mir die Frage nach der unmittelbaren Reizverstärkung beantworten können muss, ist eine meiner Schwestern. Eine, die bereits volljährig ist, selbstverständlich. Sie hat sich bereits einige Löcher stechen lassen, unter anderem trägt sie einen Ring durch die Klitorisvorhaut. Autsch, mag man sich denken.

»Ne geile Sache«, wie meine Schwester zu sagen pflegt. Es ist spät am Abend und wir telefonieren wegen einer Bewerbung, die sie vor dem Versand an ihren potenziellen Arbeitgeber zunächst an mich weitergeleitet hat. Ich habe dazu noch einige Anmerkungen.

»Das Foto von dir auf der ersten Seite finde ich schön. Aber die Beschreibung ›Nebenjob als Hostess‹ finde ich etwas platt. Schreib bitte lieber ›Event- und Messebetreuung‹«, korrigiere ich. Meine Schwester lacht.

»Stimmt doch. Und dahinter kannst du in Klammern zwei oder drei Messen nennen, auf denen du schon gearbeitet hast. Ansonsten habe ich keine Korrekturen. Ich drück dir die Daumen und sag mal, wie geht es eigentlich deinem Muschipiercing?«

Meine Schwester prustet ins Telefon und antwortet kurz: »Jut, allet schick.« Diese Aussage reicht mir natürlich nicht, um im Projekt »Intimpiercing« voranzukommen. »Wie lange hat es eigentlich gedauert, bis es verheilt war?«, fasse ich nach.

»Nicht lange. Zehn Tage oder so.«

»Und stört es nicht beim Sex?«

»Nein. Überhaupt nicht. Sonst hätte ich es doch nicht.« Stimmt.

»Stört es im Alltag? Zum Beispiel wenn du eine sehr enge Jeans trägst? Hast du keine Angst, dass es beim Sex rausreißen könnte, zum Beispiel wenn der Typ zu dolle rubbelt? Kann es nicht einreißen?« Meine Schwester schmatzt ins Telefon, sie sammelt ihre Gedanken.

»Also, nein, es stört nicht im Alltag, aber ich merke es natürlich. Es tut aber nicht weh, es drückt hin und wieder auf die Klitoris, aber nur selten werde ich dadurch im Alltag gestört oder sooo geil, dass es mich überkommt. Und nein, es reißt nicht ein. Die Vorhaut der Frau ist dicker, als man meinen mag. Da passiert so schnell nichts.«

»Wirkt es sich tatsächlich beim Sex auf deine Empfindungen aus? Bist du beim Sex dadurch geiler?«, frage ich weiter und ich stelle meine Fragen so subtil wie möglich, damit ich auch genau die Antworten erhalte, die ich brauche.

»Ich finde schon. Es reibt ja beim Sex direkt auf der Klitoris und dadurch, dass es in mir steckt, werden ganz andere Nerven berührt, als wenn der Mann dich nur oberflächlich berührt.«

»Aha. Und wie geht es deinem Brustwarzenpiercing?«

»Musste ich rausnehmen. Es wollte einfach nicht verheilen. Und als ich nach sieben Monaten mit geschwollener Brust im Bad stand und geheult habe vor Schmerzen, hat Mama mich gezwungen, es rauszunehmen. Sie war richtig sauer, dass ich es trotz der Entzündung immer noch drinne hatte.«

Meine Schwester wohnt noch zu Hause. Meine Mutter ist dadurch in der mal mehr, mal weniger glücklichen Position, alle Eskapaden meiner kleinen Schwester hautnah miterleben zu dürfen.

»Schade, ich fand es sehr hübsch. Aber wenn es entzündet war, war das wohl die bessere Entscheidung.«

Das Brustwarzenpiercing meiner Schwester war tatsächlich sehr hübsch. Es war ein ganz zarter, kleiner Stab der durch den Nippel ging. Ich fand das sehr elegant. Nachdem die Piercingfragen geklärt sind, legen wir auf.

Zwei Stunden später wende ich mich während unserer wöchentlichen Joggingrunde um den Schlachtensee damit direkt an meinen Liebsten. Wie ich bereits zuvor in Erfahrung gebracht habe, hatte mein Liebster auch noch keinen sexuellen Kontakt mit einem Intimpiercing. Und ich sehe seinem Gesichtsausdruck an, als ich von den gesteigerten sexuellen Empfindungen meiner Schwester berichte, dass er auch noch nicht so richtig weiß, was er von dem Thema halten soll. Zwei kleine Schweißperlen laufen ihm durch seine dunklen Locken hindurch über die Schläfen, den Hals hinab, bis sie von seinem T-Shirt aufgesogen werden.

Nun, es gibt Menschen, die kaufen sich schöne Unterwäsche, um ihren Partner zu überraschen. Manche Frauen schmieren sich heimlich etwas Muschisaft auf die Oberlippe, um Sexhormone beim Gegenüber zu verströmen. Andere wiederum lassen sich Intimpiercings stechen, um sexuelle Signale zu senden. Die Frage ist, ob ein Intimpiercing dem Sexleben mit meinem Liebsten dienlich sein könnte. Würde es ihn anmachen? Würde es mich anmachen? Wäre es sexy für ihn, auf der Arbeit daran zu denken, wie zum Beispiel ein Brustwarzenpiercing in meinem BH herumscheuert? Wäre es erotisch für mich? Ich frage nach.

Ehe er auf mein neues Gesprächsthema eingeht, denkt er kurz darüber nach. Ich halte das Tempo, schiele während des Laufens immer wieder zu ihm hinüber und versuche, in seinem Gesichtsausdruck zu lesen, was er empfindet. Das Auf und Ab und das ständige Ausweichen, um Spaziergänger mit ihren Hunden nicht über den Haufen zu rennen, machen meine Analyse nicht leichter.

»Also, was sagst du denn jetzt dazu? Findest du den Anblick nicht sexy oder hast du Angst, es könnte mir wehtun? Es wäre schön, wenn du dich zu diesem Thema mal etwas konkreter äußern würdest«, bohre ich weiter und ernte einen verdächtig nachdenklichen Blick von der Seite. Er wendet sich mir zu und beginnt sehr langsam, mit der sorgfältigen Betonung eines jeden Wortes, mir seine Meinung darzulegen.

»Also. Fangen wir oberhalb der Gürtellinie an. In deiner Brust möchte ich kein Metall sehen. Du hast wunderschöne Brüste, deine Nippel sind wundervoll rosa, klein und zart. Wenn ich darüberlecke, möchte ich Natur schmecken und kein Metall! Mit deiner Muschi bin ich diesbezüglich etwas überfordert. Ich habe keine Ahnung, ob mich ein Piercing da unten anmacht. Ich weiß nicht, wie sehr es dir wehtut, ob es wegen Infektionen riskant ist, ich habe keine Ahnung.«

Ich nicke.

»Hast du Metallgeschmack im Mund, wenn du über mein Bauchnabelpiercing leckst?«, frage ich und er schüttelt den Kopf.

»Ich gebe dir recht, ein Brustwarzenpiercing kommt für mich auch nicht infrage. Allerdings interessiert es mich tatsächlich, ob sich ein Intimpiercing Lust verstärkend auswirkt. Der Vorteil eines Piercings ist doch in jedem Fall, dass ich es jederzeit wieder herausnehmen kann, ohne große Komplikationen. Als ich mein Zungenpiercing entfernt habe, war das Loch bereits nach wenigen Stunden wieder zugewachsen. Also, ich werde mich zu diesem Thema noch mal im Internet etwas schlaumachen.« Er schaut mich fragend an und ich ergänze: »Zum Thema Muschipiercing« und konzentriere mich wieder auf meinen Atem.

Am Abend sitze ich über den Recherchen zu diesem Thema. Mein Laptop läuft bereits und strahlt mich wissbegierig an. So kann ich nicht arbeiten! Es ist ein kurzer Schlenker in die Küche nötig, unser Averna auf dem Fensterbrett hat mir vorhin schon so neckisch zugezwinkert, da kann ich einfach nicht widerstehen. Mein Averna und ich, wir recherchieren also weiter zum Thema und ein Aspekt muss noch dringend näher erläutert werden: der Schmerzfaktor.

Ja, ich habe bereits Piercings. Und ja, wahrscheinlich würde ich auch den Schmerz eines Intimpiercings überstehen. Aber sicher bin ich mir nicht, da ich diesbezüglich einfach zu viele unterschiedliche Meinungen gehört habe. Bitte jetzt keine Schlaumeiersprüche wie »das Schmerzempfinden eines jeden Menschen ist ja auch verschieden«, das nützt mir gerade gar nichts.

Schmerz.

Durchstechen der Klitorisvorhaut.

Ist es auf der Schmerzskala mit Regelschmerzen, Ohrlochstechen, einem Migräneanfall oder einem Pferdetritt vergleichbar? Vielleicht mit dem Stechen eines Tattoos? Habe ich bereits überlebt, sogar schon zwei Mal!

Ich treibe mich eine Weile im Internet herum und stelle fest, dass das Klitorisvorhautpiercing sowohl vertikal (von oben nach unten) als auch horizontal (von links nach rechts) gestochen werden kann. Beim horizontalen sei das Lustempfinden wohl gleich null, was natürlich daran liegt, dass das Piercing die Klitoris nicht berührt. Beim vertikalen Piercing hingegen wird die Position auf Wunsch so gewählt, dass die untere Kugel des Stabes auf der Klitoris aufliegt und diese stimuliert. Der Schmerz sei wohl ordentlich zu spüren, finden alle Kommentatoren zu diesem Thema.

Ich nehme einen Schluck Averna und schaue aus dem Fenster. Eigentlich bin ich kein Angsthase. Aber zugegeben, ich bin auch keine 16 mehr und marschiere einfach mit geschwellter Brust in ein Piercingstudio, um mir Löcher durch den Körper jagen zu lassen. Wir haben Frühsommer. Wahrscheinlich ist es besser, die etwas wärmere Jahreszeit abzuwarten, damit warme, enge Hosen nicht mehr Pflichtbekleidung sind und unnötig den Heilungsprozess hinauszögern können. Ich verschiebe das Projekt in den Sommer.

Es ist mittlerweile fast schon Sommer. Fast deswegen, weil der Sommer in Berlin sich nur sehr schwer zu erkennen gibt. Irgendwie ist es immer diesig, wolkenverhangen, windig oder nass. Wirkliche Sommertage mit strahlend blauem Himmel und Badetemperaturen sind sehr selten. Mein Liebster hat wegen des anstehenden Sommerurlaubs in Sachen Fitness bereits vorgelegt und verbringt fast jede freie Minute im Fitnessstudio. Er meint, wenn wir schon in Miami sind, dann müssen wir auch nach »Miami« aussehen. Ich habe eine vage Vorstellung davon, was das heißen soll. Immerhin habe ich *Step Up: Miami Heat* gesehen. Nur die Zeit, um ins Fitnessstudio zu gehen, die finde ich zurzeit einfach nicht. Also kaufe ich mir bei eBay-Kleinanzeigen ein gebrauchtes Rad, um jeden Tag wenigstens auf dem Weg zur Arbeit etwas für meine Strandfigur tun zu können. Es lohnt einfach nicht, in Berlin ein neues Rad anzuschaffen, es wird sowieso geklaut.

Mein neues Fahrrad ist pink und türkis. Ich fahre jeden Morgen damit circa 5,5 Kilometer zur Arbeit und finde es cool, das Geld für Benzin zu sparen. Und ich radele heute früh um sieben ganz gelassen und cool mit Sonnenbrille dahin, als mich eine dicke Wurzel unter dem harten Berliner Beton erwischt. Ich flupse in die Luft, mein Hintern landet ungeschickt und zu weit vorne auf dem Sattel, wodurch meine Muschi auf einer Stelle des Sattels landet, die nicht mehr als bequem bezeichnet werden kann. Ich heule kurz auf und fühle in mich hinein: Habe ich mir gerade tatsächlich den Sattel gegen meine Mumu gerammt? Und kaum habe ich diesen Gedanken zu Ende gesponnen, ergreift mich ein weiterer: Was wäre jetzt bloß los gewesen, wenn sich zwischen Sattel und Mumu auch noch ein Intimpiercing befunden hätte? Hätte es geblutet? Wäre es rausgerissen? Hätte ich meine Klitoris verloren?

Kaum bei der Arbeit angelangt, schreibe ich meiner Schwester eine SMS: *Kann man mit Muschi-Piercing Fahrrad fahren?*

Jo, kommt als Antwort. Super. Ich muss mir also noch eine zweite Meinung einholen und schreibe deswegen meiner sehr geschätzten Autoren-Kollegin Jana Förster eine Nachricht:

Liebe Jana, heute mal eine etwas andere Nachricht an dich, aber erst mal herzlichen Glückwunsch zu den Presseerfolgen mit deinem neuen Buch!!!

Du weißt ja, dass ich gerade an dem Selbstversuch sitze, und es geht immer noch um das Thema Intimpiercing ... ich bin mir noch nicht ganz schlüssig, zumal ich jetzt jeden Tag mit dem Fahrrad zur Arbeit fahre, geht das? Mit dem Fahrrad??

Am Nachmittag sitze ich auf dem Balkon und starre gedankenversunken in die Blumen und versuche, etwas Sonne abzubekommen. Mit unter 20 hätte ich mich nicht so blöd gehabt. Ich hätte es einfach getan.

»Scheiß mal auf das Fahrrad!«, hätte ich großmütig gesagt und wäre einfach losgezogen. Aber es ist wohl natürlich, dass man sich mehr Gedanken macht, wenn man älter wird. Ob das gut ist oder nicht, lässt sich nur schwer sagen. Vielleicht entgehen mir mehr Erfahrungen, weil ich Dinge abwäge. Vielleicht bewahrt mich das Abwägen vor Fehlern wie einer eingerissenen Klitorisvorhaut. Man stelle sich doch folgendes Szenario vor:

Ich überwinde mich und lasse das Piercing stechen. Es läuft irgendetwas schief und ich kann mich nicht bewegen, wie ich möchte, nicht Fahrrad fahren, nicht zum Sport gehen und keinen Sex haben. Dann liege ich Mitte Juli mit einer fetten Plauze und schlabbrigen Beinen am Strand von Miami. Und meine stolzen 160 Zentimeter Körpergröße rollen ins Meer. Und ich habe in meiner Hochzeitsnacht keinen Sex, weil meine Vagina verletzt ist. No. Thanks!

Fakt ist aber, der Sommerurlaub rückt näher und das Thema lässt mich nicht los. Zwischen den Fragen, ob ich zur Hochzeit tatsächlich einen Blumenkranz im Haar tragen soll (mit Bändern aus Spitze, die im Nacken leicht herunterfallen?) und ob die Mitnahme meiner goldenen Vintage-Clutch zu einer Strandtrauung wirklich erforderlich ist, frage ich mich, ob ich mir ein Muschipiercing stechen lassen soll. Ich denke jeden Tag daran und ich weiß, ich werde es bereuen, wenn ich den Versuch nicht wage. Aber die anstehende Hochzeit und die Sorge wegen möglicher Komplikationen machen mich skeptisch. Die medizinische Versorgung in den USA ist ja bekannterweise teuer zu bezahlen und ich bezweifele stark, dass meine Urlaubskrankenversicherung einen Aufenthalt im Krankenhaus wegen eingerissener Klitoris bezahlen wird.

Und was kann eine ärztliche Untersuchung inklusive der Verschreibung von Medikamenten, etwa Antibiotika, in den USA kosten? 200 Dollar? Ich musste schon einmal ärztliche Hilfe während eines Urlaubs in Anspruch nehmen. Ich war auf Ibiza und fing mir eine Blasenentzündung ein. Der Bereitschaftsarzt besuchte mich auf dem Hotelzimmer, drückte einmal links, einmal rechts auf meinen Bauch, ich berichtete von Schmerzen beim Pinkeln, er verschrieb ein Antibiotikum. Der Spaß hat mich 80 Euro gekostet. 20 Euro bekam ich von der Kasse zurück. Ich verschiebe das Piercing lieber auf nach dem Urlaub. Oder noch besser: Ich lass mir meine Muschi am letzten Urlaubstag in Miami piercen! Gibt es denn ein besseres Souvenir aus den Flitterwochen?

OB DIESE ERFAHRUNG MEIN SEXLEBEN BEREICHERN WIRD?

Ich hoffe doch! Ein zehnstündiger Rückflug von Miami nach Berlin ist doch wunderbar geeignet, um ein Piercing heilen zu lassen. Und da ich auf Langstreckenflügen Valium nehme, werde ich vom Heilungsprozess nicht einmal etwas mitbekommen.

CYBERSEX

HALLO, ICH BIN SEXSÜCHTIG UND WER BIST DU?

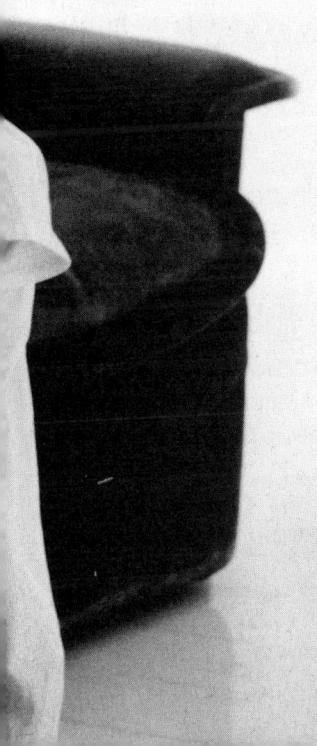

Wir befinden uns hier natürlich in einem aufeinander aufbauenden Sexperiment. Ich möchte Euch jedoch im Folgenden zwei erste Male vorstellen, die außerhalb dieses Selbstversuches stattgefunden haben, die sehr lehrreich waren und mich sehr viel Überwindung gekostet haben. Dazu gehört mein erstes Mal Cybersex. Eine Erfahrung, die ich während der Beziehungspause mit meinem Liebsten machen durfte.

Meinen ersten eigenen Computer hatte ich mit 13. Das Erste, was ich tat, nachdem Monsterbildschirm und Riesentower aufgebaut waren, war, einen »Schule ist doof«-Sticker oben rechts auf den Rahmen des Bildschirms zu kleben. Und damals kam mit dem ersten eigenen Computer auch der eigene Internetzugang mit ins Teeniezimmer. Mit 13 stellte sich das Thema Internet noch recht harmlos dar. Der AOL-Chat stand ganz oben auf meiner Liste. Dort tummelten sich am Nachmittag ab 15 Uhr alle meine Freunde, die ebenfalls schon Internetzugang hatten.

Damals belief sich meine erste, im weitesten Sinne, »sexuelle« Erfahrung im Internet darauf, dass mir ein Junge aus meiner Klasse ein kurzes Filmchen schickte, in dem der übermächtige Penis eines Pferdes zu sehen war. Der Pferdepenis versuchte, einen Esel zu poppen, und noch bevor es ihm gelingen konnte, klickte ich den Film weg und ekelte mich. Ekelanfall inklusive roter Wangen. Die Spice Girls blickten verstohlen aus ihrem Poster in Richtung Bildschirm. Und ich wendete mich wieder meinen wahren Freunden im Chat zu.

Zehn Jahre später, nach dieser ersten einschneidenden Erfahrung im Internet, war ich mehr oder weniger frisch von meinem Liebsten getrennt und auf der Suche nach Abenteuern. Ich wohnte noch bei meiner Mutter und hatte ein Zimmer im Dachgeschoss, in dem ich meist an meinem PC saß und in diesem einen Sommer mit der Semesterarbeit im Fachbereich Rechtssoziologie zu kämpfen hatte. Ich verfasste bei stickigen 35° C und strahlendem Sonnenschein eine Abhandlung zum Thema *Die Entwicklungen der*

Eheschließungen und Scheidungen in Deutschland seit 1900, ein ungemein spannendes Thema bei einem sehr anspruchsvollen Professor. Und wenn man als junge Frau frisch getrennt oben im Dachgeschoss in seinem Kämmerlein sitzt und eigentlich nach Aufmerksamkeit und Abenteuer lechzt, während man Statistiken und alte Gesetzesgrundlagen zusammenträgt, dann kommen einem schon mal blöde Gedanken.

Mein Gedanke lautete in etwa wie folgt: Du bist jetzt Single. Mach was daraus! Und da ich nicht der Typ war und bin, der nachts in eine Disco geht, um den nächsten One-Night-Stand aufzureißen, fragte ich mich, ob Cybersex eine Alternative zum Vollkontakt darstellen kann. Ich grübelte nach.

Internetsex. Ist doch was für verrückte Nerds, die sich 3-D-Comicpornos reinziehen. Bei denen steht die Vaseline direkt auf dem Schreibtisch, links neben dem Bildschirm. Und daneben die Taschentücher aus der Zupfbox. Solche Typen, die früher die besten Kunden der Sexhotlines waren, sind heute die Chatuser. Oder? War mit der Alltagstauglichkeit des Internets auch eine Alltagstauglichkeit in Sachen Internetsex eingekehrt? Denn welches Verlangen wird heute nicht über das Internet befriedigt? Shoppen, Reisen, Studium, Vaterschaftstest, erfahre dein Todesdatum jetzt! Etwa auch Liebemachen? Ich wollte es herausfinden und tippte den Suchbegriff »Singletreff« ein. Google präsentierte mir, leicht überschaubar, circa 9.600.000 Suchergebnisse. Die ersten 5.000 Treffer bezogen sich jedoch, natürlich mit Ausnahme der Erläuterungen von Wikipedia zum Thema Cybersex, auf die professionelle Ebene. Jedenfalls sprachen mich Internetplattformen wie www.sex18.tv oder www.sexchaty.de nicht an.

Neben der Trefferliste prangte jedoch ein buntes Werbebanner mit der Aufschrift »Jetzt Chatpartner treffen. Klassischer Sexchat ohne Webcam«. Aha. Ich stellte fest, es gab unterschiedliche Arten von Internetchats. Klassische, ohne Kamera. Vermutlich nur mit Profilfoto. Und es gab den Webcam-Chat. Die volle Dröhnung. Was für Profis. Varianten, wie das heutige Chatroulette.

Meine Neugierde stieg. Wie es wohl ist, lediglich durch den Text, den ein anderer dir schickt, erregt zu werden? Kann das funktionieren?, fragte ich mich. Kann ich vor meinem Laptop sitzen und einen Orgasmus bekommen, weil mir jemand Buchstaben in erregender Zusammensetzung schickt? Ich wusste es nicht. Und das allein, und mein neues Singleleben, waren Grund genug, um es herauszubekommen.

Einen ersten ernsthaften Versuch wagte ich dann auf der Plattform poppen.de. Subtile Bezeichnung, versprochen wurden mir 100 Prozent Amateure, 100 Prozent kostenfreie Mitgliedschaft (Mitgliedschaft? Ich wollte eigentlich nur mal kurz vorbeischnuppern und nicht gleich dem e.V. deutscher Sexchatuser beitreten!) und eine riesige Community mit rund 2.909.871 Mitgliedern. Ob ich die alle bedienen kann, fragte ich mich und grinste in mich hinein.

Auf der Startseite von poppen.de wurden Kommentare von Nutzern eingeblendet, welche sich übrigens selbst »poppis« nannten. Feuchteritze69 schilderte in ihrem Kommentar, wie es ihr nach einer aufregend feuchten Zeit bei poppen.de sogar gelungen sei, den Mann fürs Leben zu finden. Seit zwei Jahren sei sie nun mit Eichelvorhautxxl liiert und könne poppen.de nur weiterempfehlen. Wie nett! Ich wollte weder mit jemandem chatten, der eine XXL-Vorhaut vorzuweisen hatte, noch war ich auf der Suche nach einem Partner fürs Leben. Feuchteritze69 hatte es nicht geschafft, mich zu einer kostenfreien Mitgliedschaft auf poppen.de zu bewegen. Nächster Versuch.

Durch Recherchen außerhalb des Internets wusste ich von einer weiteren Plattform mit weniger eindeutigem Namen, dafür aber schnellem Onlinesex. Innerhalb weniger Sekunden nach der Anmeldung bekäme man das erste Foto eines männlichen Geschlechtsorganes zugeschickt mit der höflichen Anfrage, ob man ficken wolle. Direkt gefolgt von einer zweiten Frage, nämlich ob man ein Foto von sich schicken könne. Die zweite Frage wurde gerne abgekürzt mit »Pic?«, wie mir meine private Quelle, die damals im Zimmer unter mir wohnte, verriet. Ich wählte also die für Internetsex bekannte Plattform www.jappy.de. Eine Mitgliedschaft wollte niemand von mir, dafür nur das Erstellen eines Profils mit Usernamen und Geschlechtsangaben.

Der Username. Den richtigen Usernamen auszuwählen schien mir ebenso wichtig, wie beim ersten Date im realen Leben das richtige Outfit zu tragen. Der Username ist das Outfit der virtuellen Welt. Er sollte leicht verständlich sein und mich wie eine erwachsene Frau wirken lassen. Vernieldlichungen wie Lolitachen oder Mausezähnchenextrageil kamen für mich nicht in Betracht. Ich wollte keine Pädophilen anlocken. Kurz entschlossen gab ich mir den Namen Nippel86. Nach dem üblichen Bestätigen der eigenen E-Mail-Adresse richtete ich mein Profil, bis auf die Angabe meines Geschlechtes, nicht weiter ein, sondern betrat gleich den ersten offenen Chat.

Die schnellen und eindeutig erigierten Reaktionen, die ich dank meines kreativen Namens erhielt, gaben mir recht. (Nippel86 hat den Chat betreten.) Kaum war ich online, erschienen drei Penisse und ein knackiger Waschbrettbauch auf meinem Bildschirm, gefolgt von Begrüßungskommentaren anderer Chatbesucher. Die Penisse waren mir entweder zu unscharf, zu unrasiert oder zu klein, weshalb ich den Waschbrettbauch anschrieb. Der hatte mich irgendwie gleich angesprochen.

Hi.

Hi, kam zurück. *Ich bin Matteo aus Marzahn, ich bin sexsüchtig und wer bist du?*

Ehrlich währt am längsten, dachte ich mir und schloss aus seiner direkten Ansprache, dass ein Sexsüchtiger im Vergleich zu Triebtätern, Perversen oder Hackern wohl noch das kleinste Übel darstellte. Denn Fakt ist doch, dass ich nicht wusste, welches kranke, einsame oder triebgesteuerte Hirn sich am anderen Ende des Chats versteckte. War es womöglich ein Hacker, der meine IP-Adresse nachverfolgen konnte, um mir in der Realität aufzulauern? Oder vielleicht doch eher ein 14-jähriger Jüngling, bei dem die Poster der Fußball-EM an der Wand hingen, während er und sein unbehaarter Sack auf der Suche nach Online-Sex waren? Ich wusste es nicht. Der Gedanke, das Gegenüber am anderen Ende des World Wide Sex nicht zu kennen, war für mich zunächst eher beunruhigend als spannend. Denn anders als in einem Swingerclub oder auf einer Sexparty kannst du dem hageren, Mitte-40er mit Halbglatze und Brustwarzenpiercing nicht sagen, dass kein Interesse besteht. Denn der hagere Mitte-40er meldet sich vielleicht unter dem Namen Robert25 an und schickt zur Perfektion der Täuschung auch noch ein leckeres Foto »von sich« mit. Lug und Betrug lauerten meines Erachtens hinter jedem Mausklick. Aber ich antwortete dem Sexsüchtigen ganz brav. Was hatte ich denn schon zu verlieren? Ich war Single, hatte die Trennung von meinem Freund zu verkraften, den ich seit meinem 17. Lebensjahr kannte, und ich wohnte wohlbehütet und geschützt noch bei Muttern.

Ich bin Nippel, auch aus Berlin und möchte neue Erfahrungen sammeln.

Cyber-Sex oder in der Realität? Treffen?

»Oh Gott wie peinlich!«, schrie ich meinen Laptop an und rieb mir die Augen. Ich wurde rot. Jetzt geht's zur Sache und es geht schnell. Also locker machen und leiten lassen, sagte ich mir und musste mich gleichzeitig zwingen, das Vorhaben nicht abzubrechen. Ich rutschte unruhig auf meinem Schreibtischstuhl hin und her. Soll es so geschehen? Hier am Schreibtisch? Ich spürte, wie mir die Gesichtszüge entgleisten, und ich starrte auf meinen Bildschirm wie von Sinnen. Ist das sexy? Hier am Schreibtisch irgendwie ... Sex zu haben? Oder sollte ich den Laptop mit ins Bett nehmen? Funktioniert so Sex in meinem neuen Singleleben? Ich überlegte kurz, ob ich Matteo wirklich eine Chance geben oder mich wieder meiner Semesterarbeit widmen sollte. Ehescheidungen seit 1900 ...? Die Entscheidung fiel eindeutig zugunsten meines sexsüchtigen Chatpartners aus. Mein Herz begann zu rasen, als ich ihm antwortete.

Nein. Erfahrungen online. Lust?

Pic?

Shit. Ich hatte mir zuvor definitiv vorgenommen, KEIN Foto von mir ins World Wide Sex zu schicken, damit sich kein perverser Triebtäter darauf einen rubbeln kann. Aber Matteo gefiel mir irgendwie. Sein Bauch war verdammt lecker und noch bevor ich ihm antworten konnte, schickte er ein weiteres Foto von sich. Er lag im Bett. Nackt. Er hielt die Kamera von oben über sein Gesicht, seine Brust und seine obersten Bauchmuskeln waren zu sehen. Mit den Lippen formte er einen Schmollmund, der mir wohl den Anstoß geben sollte, mich ihm zu öffnen. Ich grübelte.

Sex beruht auf Gegenseitigkeiten?! Auch im realen Leben vertrete ich den Grundsatz, in Sachen Sex nicht nur dem Mann die Regie zu überlassen. Ich wollte dem schmollenden Sexsüchtigen gegenüber nicht unfair sein. Ist doch schon schlimm genug, ständig mit Druck durchs Leben zu gehen, fand ich.

Irgendwo in meinen Fotoarchiven musste sich ein bestimmtes Bild von mir befinden. Auf dem Foto liege ich am Strand, jedoch war der Wind so stürmisch, dass mir meine Haare ins Gesicht geweht wurden. Man kann nur meinen perfekt gebräunten Körper und das strahlend blaue Meer erkennen. Ah da war es! Ich drückte auf »Senden«.

Das bist nicht du, verarsch mich nicht :-o, bekam ich als patzige Antwort. Ich stutzte.

Bin ich. Letztes Jahr Sardinien. Bin ich dir zu schön, oder was?, pampte ich zurück.

Krass, okay. Sexy.

Ich wartete. Meine Wangen glühten, ich biss mir auf der Unterlippe herum. Ich war gespannt. Ich wollte wissen, wie es weitergeht. Was würde der Sexsüchtige mit mir anfangen?

Steck dir den Finger in den Mund.

DAS würde er mit mir anfangen. Ich tat, wie mir befohlen wurde und steckte mir den linken Zeigefinger in den Mund. Ich kam mir überhaupt nicht blöde dabei vor. Ich hatte schließlich Internetsex. Irgendeinen Sinn würde der angeleckte, linke Zeigefinger schon noch erfüllen.

Kneif dir mit dem feuchten Finger in die Brustwarze. Was soll ich machen?

Während ich meine linke Brustwarze zudrückte, überlegte ich, was er tun sollte. Eigentlich interessierte es mich gar nicht. Sollte er doch machen, was er will, dachte ich mir. Ich wollte nur, dass er mir weiterschreibt. Na gut, nur nehmen ist halt nicht drinne. Ich schrieb also zurück:

Zieh dich komplett aus.

Bin ich doch schon, kam prompt zurück. Klar, das Foto, wie peinlich. Zweiter Versuch.

Spuck dir in den Bauchnabel und lass die Spucke zu deinem Schwanz laufen.

Nachdem ich den Satz gesendet hatte, war ich stolz, solch eine perfekt anzügliche Ausdrucksweise für mein Verlangen gefunden zu haben. Der Gedanke, wie sein Speichel über seine perfekt austrainierten Lendenmuskeln lief, ließ mich feucht werden. Zwischen meinen Schenkeln fing es an zu pochen. Draußen fuhr ein Auto an unserem Haus vorbei. Ich horchte kurz auf. Eigentlich wollte meine Mutter mit meinen kleinen Schwestern nach der Schule noch zum

Kieferorthopäden, ich müsste noch gut eine Stunde alleine zu Hause sein. Das Auto fuhr weiter und ich schnaufte durch.

Du bist gut. Spreiz deine Schamlippen mit deinen Fingern und kreise langsam über deinen Kitzler. Ganz langsam. Ich will nicht, dass du kommst!, schrieb Matteo weiter.

Okay, gab ich zur Antwort.

Ich versank in meinem Stuhl. Er schickte mir einen Smiley, was wohl ein sanfter Hinweis darauf sein sollte, dass nun ich wieder an der Reihe war. Ich überlegte kurz.

Stell dich hin. Fass dir an die Eier und zieh ganz sanft daran. Nur an deinen Eiern.

Du machst mich so an. Hatte ich dir schon gesagt, dass ich sexsüchtig bin?

Das tut jetzt nix zur Sache. Stehst du?

Ja.

Wenn du mit deinen Eiern fertig bist, widme dich deinem Schwanz. Stell dir vor, wie du meine soften Nippel leckst.

Steck dir einen Finger rein. Meine Zunge wandert deinen Bauch hinab und leckt deine Schamlippen. Gefällt dir das? Ich knete deinen Hintern. Meine feuchten Finger streicheln deine Poritze, während ich dich lecke.

Mach einfach weiter, dachte ich, während ich es mir auf meinem Schreibtischstuhl selber machte und mir vorstellte, Mr Sexsüchtig würde langsam und vorsichtig meine Schamlippen lecken und dann zu meinem Kitzler wandern.

Ich will, dass du jetzt kommst, schrieb er.

Kein Problem, antwortete ich plötzlich ganz selbstbewusst und sank noch ein Stück tiefer in meinen Stuhl. Ein Bild poppte auf meinem Bildschirm auf. Ein prachtvoller, leicht gebeugter Penis, offensichtlich beschnitten. Am unteren Ende des guten Stücks eine Hand. Ich konnte gepflegte Fingernägel entdecken, während ich mich zum Höhepunkt brachte. Ein weiteres Bild erschien. Auch er war gekommen.

Wie sieht's bei dir aus?, wollte er wissen. Feucht, dachte ich mir. Ich wünschte, ich hätte eine Tempo-Zupfbox in der Nähe.

Pic?

Sorry, muss jetzt raus. Nächstes Mal vielleicht ;-) *Danke!*, antwortete ich.

Ich verließ den privaten Chatbereich und loggte mich kurzzeitig aus. Ich grinste in mich hinein und war Mr Sexsüchtig dankbar für diese angenehme erste Erfahrung in Sachen Cyber-Sex.

Es war ein Cybersex-Quickie, stellte ich kurz darauf fest, während ich auf unserer Terrasse saß und einen Eistee trank. Kein langes Blabla, magst du Hunde oder Katzen, bist du Single oder ein Shemale? Wir sind zügig zur Sache gekommen, haben uns schnell in den Rhythmus des virtuellen Sextänzchens eingefunden und gemeinsam Befriedigendes erlebt. Natürlich konnte ich mir trotz der Fotos von ihm nicht sicher sein, tatsächlich mit einem solch knackigen Typen gechattet zu haben. Aber die Gesamtumstände sprachen eher für den knackigen Sexsüchtigen als gegen ihn.

Nach dieser Erfahrung löschte ich das Profil von Nippel86. Ich hatte noch zwei weitere Stunden auf der Plattform verbracht, aber bald wurde mir das Phänomen Internetsex zu anstrengend. Es tummelten sich zu viele nackte Penisse auf den Seiten und ich bekam zu viele Anfragen, die sich irgendwie nicht gesund anhörten. (HartundHärter fragte an, ob ich 5000 Euro für Oralsex haben wolle. Ich wies ihn sanft darauf hin, dass er sich für 5000 Euro eine lebenslange Oralsex-Flatrate bei jeder Prostituierten der Stadt besorgen könne, er solle nicht solch einen Scheiß erzählen und seine Blüten lieber gleich vernichten.) Es erschien mir so, als wäre der Sexsüchtige ein Glückstreffer gewesen. Ein Glückstreffer unter vielen unrasierten Eiern, die voller Stolz in die Webcams dieser Welt gehalten wurden.

Die Welt des Cybersex ist ein Kosmos für sich. Menschen, die eine Hand gern an der Tastatur und die andere am eigenen Geschlechtsorgan haben, fühlen sich hier zu Hause und können ihren Gelüsten und Vorlieben freien Lauf lassen. Nicht zu vergessen

Feuchteritze69 und Eichelvorhautxxl, die dank poppen.de zueinander gefunden haben und nun nicht nur ein gemeinsames Leben miteinander teilen, sondern auch eine Tastatur. Ob sie diese wohl zweihändig bedienen können? Meine Semesterarbeit schrieb ich jedenfalls in der Uni-Bibliothek zu Ende. Wenige Monate später zog ich in meine erste eigene Wohnung.

OB DIESE ERFAHRUNG MEIN SEXLEBEN BEREICHERT HAT?

Nein. Aber mein Leben. Ana und ich, wir amüsierten uns prächtig, als ich ihr von meinem ersten Mal Cybersex berichtete. Wir hatten viel zu lachen. Und man sagt doch, Lachen verlängert das Leben. Einigen nackten Penissen habe ich somit mehr Lebenszeit zu verdanken. Na, wenn das nichts ist!

SEX IM WASSER

WIE ARIELLE ... NUR IRGENDWIE ANDERS

Mein Liebster und ich, wir reisten, wie an anderer Stelle bereits erwähnt, im Jahr 2009 auf die Malediven. Es war eine Last-Minute-Reise ins südliche Atoll im Indischen Ozean. Wir suchten uns im Reisebüro eine mittelgroße Hotelanlage aus, wir waren uns nämlich nicht sicher, ob es bei einem ersten Maledivenbesuch so ratsam wäre, eine Drei-Mann-Insel zu buchen, wenn man keinen Tauchschein hat. Man kann auf den Malediven nämlich nichts anderes tun, außer zu tauchen, zu lesen, zu essen, zu schlafen und sich sexuell miteinander zu beschäftigen. Die mittelgroße Hotelanlage versprach hier noch etwas mehr Abwechslung mit Hai-Fütterungen, Schnorchelausflügen, Abenden mit Unterhaltung wie Krabbenrennen und so weiter.

Wir reisten im November an und hatten 14 Tage Entspannung vor uns. Und die Malediven sind tatsächlich so atemberaubend, wie Urlaubsfotos und Reisekataloge versprechen: Ein echtes Paradies. Ein Paradies, das kurz vor dem Untergang steht, denn der steigende Meeresspiegel verschluckt immer mehr von den Inseln und Stränden, aber noch ist es ein Paradies. Weiße, puderfeine Strände. Glasklares Wasser, mit nichts vergleichbar, was ich bisher gesehen habe. Ich war schon auf Ibiza, Formentera und auch in Sardinien an der Costa Smeralda. Keine Frage. Dort ist es auch wunderschön. Es ist aber nichts im Vergleich zu den Malediven. Allein die Anreise im Wasserflugzeug über die unbewohnten Inseln und Atolle hinweg, die sich mit ihren weißen Stränden wie Perlen, mal kreisförmig, mal oval, aus dem dunkelblauen Meer erheben, ist unbeschreiblich eindrucksvoll.

Wir reisten am frühen Abend an und sahen unsere Inseln nach dem Check-in daher nur im Dunkeln. Am ersten Morgen wachte ich in unserem Bungalow auf, der nur wenige Meter vom Strand entfernt lag. Was auch nicht besonders schwer ist, die Insel hatte nicht mal einen Kilometer Durchmesser. Ich zog mir einen Bikini an, sprang ohne Frühstück, ohne Nachricht an meinen Liebsten aus dem Bett und lief unaufhaltsam auf das Meer zu. Ich war

überwältigt von so viel Schön-
heit. Ich stand am frühen Morgen, um kurz nach sechs, allein
am Inselstrand, mit den nackten
Füßen im Sand, der laue, warme
Wind wehte mir um den nackten
Bauch und mir schossen die Trä-

nen in die Augen. Perfektion der Natur. Anders kann ich es nicht
nennen. Die Palmenblätter der dicht bewachsenen Insel wiegten
sich sanft von links nach rechts. Ganz in der Nähe von mir flog
eine riesige Fledermaus in das Inselinnere hinein. Ich ging auf das
Wasser zu und konnte nicht begreifen, wie klar, makellos und weich
Wasser sein kann. Wir hatten einen Strandabschnitt ohne Korallen-
riff erwischt. Natürlich gibt es um die Inseln herum auch Strände,
die man nicht ohne Tauchschuhe betreten kann, so übersät sind sie
mit Muschelstücken und abgebrochenen Korallen. Aber hier, vor
unserem Bungalow, war es einfach nur perfekt.

Wir verbrachten unseren ersten Urlaubstag deswegen auch in
dieser Idylle am Strand. Und es hätte auch weiterhin alles so un-
berührt bleiben können, wäre meinem Liebsten nicht der Gedanke gekommen, dort, im glasklaren Wasser, mit mir Sex haben zu
wollen. Nicht etwa in der Nacht, nein. Denn in der Nacht lässt
sich nur schlecht erkennen, ob Fische oder kleine Sandhaie oder
Rochen in der Nähe sind. Und da mein Liebster kein Fischfreund
ist, war für ihn klar, der Sex müsse am Tag stattfinden, damit er
das Geschehen um sich herum auch beobachten kann. Mit Sex
im Wasser in der Nacht unter dem Sternenhimmel hätte ich kein
Problem gehabt. Es wäre romantisch gewesen. Verrucht. Geheimnisvoll. Aber tagsüber?

So viel wusste ich nach der Lektüre meines Reiseführers bereits.
Und irgendwie hatte ich das Gefühl, es sei nicht besonders respektvoll, in einem islamischen Land am helllichten Tage Sex im Wasser
zu haben! Mein Liebster sah das ähnlich, war dennoch dafür.

Ich lag, spießig wie ich nun mal sein kann, zunächst wie angewurzelt auf meiner Luftmatratze und sog mein erstes der insgesamt drei Bücher in mich hinein, die ich mir für diesen Urlaub mitgenommen hatte. Und mein Liebster lag neben mir auf seiner Luftmatratze und hatte nur Sex im Kopf. Wie kommt es nur, dass Männer, sobald sie sich in der freien Natur befinden, nur noch an Sex denken können? Ist das ein Urtrieb? Ich dachte in diesen ersten Stunden in unserem Paradies an alles. An die Rettung der Meeresschildkröte, den frisch gepressten Orangensaft am Frühstücksbuffet, dass ich meiner Mutter noch irgendwie Signal geben musste, dass wir gut angekommen sind. Dass meine Bikinis sich farblich zu ähnlich sind und ich doch noch einen anderen hätte kaufen sollen. Aber ich dachte nicht an Sex!

Und wie ja auch bereits bekannt ist, bin ich kein Freund von Sex in der Öffentlichkeit oder in der freien Natur. Das gehört einfach nicht zu meinen Spezialitäten. Aber mein Liebster brachte mich mit seiner Idee dennoch zum Grübeln. Vielleicht könnte so ein Zwischenspiel im Wasser doch ganz prickelnd sein? Immerhin waren wir wirklich alleine am Strand. Es könnte ein bleibendes Erlebnis werden, der wundervolle Beginn eines noch wundervolleren Urlaubs? Es könnte unser Einstand sein. Ich überwand mich und meine Bedenken wegen der islamischen Höchststrafe auf Sex in der Öffentlichkeit, legte den 500-Seiten-Schmöker in den Sand, zog mein Bikinihöschen zurecht und tapste durch den Sand in Richtung Wasser. Ich strich mit dem Zeh über die Meeresoberfläche. Badewannentemperatur. Weit und breit kein Fisch in Sicht. Auch kein Mensch. Mein Liebster hatte sich aufgesetzt und beobachtete mich.

»Na nun, was ist? Kommst du eine Runde mit mir schwimmen?«, fragte ich und zeigte auf das endlos weite Meer. Er stand auf und bewegte sich mühsam zu mir. Ich ging ein Stück weiter vor, ließ mich rückwärts in das flache Nass fallen und genoss die Umgebung. Wir mussten noch einige Meter weiter hinein, damit unsere Körper wenigstens bis zum Bauchnabel mit Wasser bedeckt waren, so flach war es hier. Mein Liebster zog mich zu sich heran auf seinen Schoß. Er schwebte mit dem Po über dem sandigen Meeresboden und balancierte mit den Armen. Ich setzte mich auf ihn und balancierte mit. Er küsste meine salzige Haut. Ich schaute mich vorsichtig um. Niemand da. Mein ungutes Gefühl, von einem Hotelmitarbeiter erwischt zu werden, ließ mich nicht los. Aber ich versuchte, meine Gedanken zum Schweigen zu bringen.

Das Meer war wellenlos und glatt wie ein Spiegel. Das würde nicht mehr lange so bleiben. Ich spürte den Ständer meines Liebsten durch seine Badehose hindurch. Diese Situation hatte nur wenig Erotisches für mich. Sex unterm Sternenhimmel, ja! Sex am Strand an Orten, wo es eh nur ums Poppen geht, meinetwegen. Auf Ibiza etwa. Oder Gran Canaria oder Split. Aber in einem muslimisch geprägten Land? Was, wenn wir verhaftet würden? Eingesperrt in einem indischen Gefängnis, ohne feste Nahrung, ohne Rechte, ohne Hygieneartikel. Bringen wir es lieber schnell hinter uns, beschloss ich und zog mein Bikiniunterteil beiseite. Mein Liebster verstand sofort und fischte seinen Ständer aus der Hose.

Nun macht es einem die wässrige Umgebung nicht unbedingt leichter, wie gewohnt miteinander zu poppen. Die Schwerelosigkeit ist ungewohnt, es dauerte einen Augenblick, bis wir uns ausbalanciert hatten. Es fehlten Reibungspunkte, Schwerkraft, Festhaltemöglichkeiten. Mein Liebster fasste mir also in den Nacken und umklammerte mit der anderen Hand meinen Hintern, um mich so fest wie möglich an sich zu drücken. Ich achtete weiter auf die Umgebung und versuchte gleichzeitig, den Moment zu genießen. Sex auf den Malediven, dachte ich mir und schloss die Augen.

Ich fühlte in mich hinein, das Wasser schwappte weich und gleichmäßig über meinen Busen. Meine Füße bohrten sich in den feinen Meeresboden. Ich kreiste mein Becken nun stärker und warf noch ein, zwei verstohlene Blicke in Richtung Strand. Ich löste den starken Griff meines Liebsten in meinem Nacken und lehnte mich zurück, um mich vom Wasser tragen zu lassen. Der Himmel war wolkenlos, makellos, einfach perfekt. Ein grandioser Einstand für einen ebenso grandiosen Urlaub.

OB DIESE ERFAHRUNG MEIN SEXLEBEN BEREICHERT HAT?

Ja. Mein Liebster hatte mir versichert, dass wir nicht erwischt werden. Ich hätte ihm gleich vertrauen und das anfängliche Rumgezicke aussparen sollen. Sex im Wasser ist so romantisch und kitschig, klischeehaft und sexy. Egal, ob bei Tag oder bei Nacht.

BLOWJOB AUF DER AUTOBAHN

EIN KLASSIKER LÄSST GRÜSSEN

Eitel wie er war, bat er mich, auf seine Kleidung zu achten, um keine Flecken darauf zu hinter- lassen. Der Fleck landete dann auf dem Beifahrersitz.

Natürlich hatten mein Liebster und ich schon Sex im Auto. Als ich 18 war und gerade meinen Führerschein in der Tasche hatte, holte ich ihn an einem Dezemberabend mit dem Wagen meiner Mutter von seiner Weihnachtsfeier ab. Die Weihnachtsfeier war in Moabit, irgendwo an der Turmstraße, und ich hatte mir schon den ganzen Abend aufgeregt ausgemalt, wie es wohl wäre, meinen Freund im Auto zu verführen. Wir fuhren über die Autobahn von Moabit zurück nach Zehlendorf, ich wohnte damals noch zu Hause bei meinen Eltern und mein Liebster nahezu um die Ecke bei seinen Eltern in Wannsee. Er plapperte während der Fahrt leicht angetrunken irgendwas daher, wie lasziv sich die eine Sekretärin heute Abend gegeben hätte und wie spitz die Azubis aufeinander wären. Ich hörte nur mit einem Ohr zu. Einerseits war ich aufgrund von noch nicht ausgereiften Fahrkünsten damit beschäftigt, die stockdunkle Autobahnfahrt zu meistern, andererseits überlegte ich, wo denn nun ein guter Platz wäre, um Sex im Auto zu haben. Oberhalb der Onkel-Tom-Straße fuhr ich dann direkt am Wald auf einen Parkplatz. Mein Liebster stutzte kurz und begriff nicht sofort. Er fragte mich, ob mir schlecht sei. Ich schüttelte nur den Kopf, löste meinen Gurt und schob mich auf seinen Schoß. Er trug einen dunkelblauen Anzug mit passendem Wollmantel. Eitel wie er war, bat er mich, auf seine Kleidung zu achten, um keine Flecken darauf zu hinterlassen. Der Fleck landete dann auf dem Beifahrersitz. Meine Mutter hat mich nie darauf angesprochen.

Ein Blowjob bei voller Fahrt stellt natürlich ein anderes Kaliber dar als Sex auf einem Parkplatz. Pflichtbewusst wie ich bin, stellt sich mir natürlich die Frage, wie hoch das Gefährdungsrisiko für uns und andere Verkehrsteilnehmer bei solch einem Unterfangen sein kann. Mein Liebster und ich, wir lassen uns gerne auf neue Abenteuer ein, das wird wohl niemand abstreiten. Wir sind jedoch beide keine Charaktere, die halsbrecherische Situationen herausfordern. Wir wägen Risiken gerne ab. Ich weiß jedoch auch, dass mein Liebster ein sehr guter Autofahrer ist. Er hat seinen Führerschein nun seit fast 15 Jahren; seit er 18 ist, fährt er fast täglich Auto. Er hatte noch nie einen Verkehrsunfall. Er hat jedoch auch noch nie während der Autofahrt den Schwanz gelutscht bekommen.

Wohl ganz anders als jene Autofahrer, die im tiefer gelegten Opel mit einem Spruch wie »Ich mag's französisch« auf der Heckscheibe durch Berlin fahren. Das Piña-Colada-Duftbäumchen baumelt am Rückspiegel und vernebelt bei geöffneten Autofenstern, die natürlich immer weit geöffnet sind, damit jeder das Wummern der deutschen Musik wahrnehmen muss, ganze Straßen. Die blondierte Freundin trägt hellblaue Stirnbänder auf dem Kopf und weiß ganz genau, was es heißt, wenn er es gern »französisch« mag.

Es ist ein Samstagmorgen im Juni. Die Kühltasche ist gepackt, wir sind auf dem Weg zu unserer Land-Lodge. Es sind noch keine Sommerferien, die Autobahn Richtung Norden daher überschaubar voll. Der Mohn blüht in voller Pracht und verleiht den Kornfeldern rechts und links von uns bezaubernde Farbtupfer. Die Fenster sind geöffnet, ich genieße die warme Luft und freue mich auf einen Tag in der Sonne. Mein Liebster ist entspannt und nippt an seinem Energydrink. Sein einziges Laster. Ich dulde es mit Fassung.

Ich trage eine uralte, hochgeschnittene Bluejeans, die ich zu Shorts umfunktioniert habe, und ein gestreiftes Tanktop. Mein Liebster ist im grauen Jogginganzug unterwegs. Seine Hand liegt auf meinem nackten Oberschenkel und streichelt meine Haut, bis es mich fröstelt. Er lächelt mich schelmisch von der Seite an. Wir nähern uns der Abfahrt Kremmen.

»Was ist?«, frage ich grinsend zurück.

»Soll ich runterfahren? Du bist so sexy mit deinen nackten Beinen.«

Ich lache laut auf und klopfe mir auf meine Oberschenkel. Unser Radio empfängt plötzlich nur noch Funkhaus Europa. Russische Folkloremusik begleitet mein Lachen. Ich schüttele den Kopf und greife meinem Liebsten in den Schritt. Als ich seinen harten Schwanz zu fassen bekomme, reiße ich die Augen auf. Er muss ziemlich heiß sein, so viel steht fest. Aber wie sollte es auch anders sein: Kaum weht das erste Sommerlüftchen durch die Stadt, denkt mein Liebster nur noch an Sex im Freien.

»Pack ihn aus!«, fordere ich und mein Liebster versucht, unter dem Anschnallgurt hindurch seine Sporthose etwas weiter herunterzuziehen. Ich helfe ihm dabei und greife aus Versehen in das Lenkrad, um mich festzuhalten. Ein kurzer Schlenker nach rechts. Mein Liebster hält dagegen. Ich lache wieder. Na das fängt ja gut an.

»Ups … sorry!«, entschuldige ich mich. Die russische Tanzmusik wird immer wilder.

»Nimm ihn in den Mund!«, fordert mein Liebster und ich muss wieder lachen.

Ich wage noch einen kurzen Blick nach hinten durch die Heckscheibe, dann beuge ich mich weit hinüber, über den Penis meines Zukünftigen. Von der Welt um mich herum bekomme ich nicht mehr viel mit, bis auf einige kurze Bremser wegen verengter Fahrbahn und Baustellen. Mein Liebster fährt durchweg 80–95 Stundenkilometer. Gefährliche Situationen für uns oder andere Verkehrsteilnehmer entstehen nicht. Ich bewege meinen Kopf im Rhythmus der fremden Volksmusik und muss insgeheim schmunzeln über dieses Szenario. Als mein Liebster kommt, spüre ich, wie sein Penis kurzzeitig noch härter in mir wird.

Hinterher meint er, ein kleiner Junge, der bei seinem Vater auf dem Beifahrersitz saß, hätte uns kurze Zeit beobachtet. Er wird neun oder zehn gewesen sein. In einigen Jahren wird er wissen, was Sache war. Wir müssen uns nicht ernsthaft Sorgen um ihn machen, finde ich. Solange er sich kein Piña-Colada-Duftbäumchen an den Rückspiegel hängt.

OB DIESE ERFAHRUNG MEIN SEXLEBEN BEREICHERT HAT?

Mein Liebster und ich, wir finden beide, dass ein Blowjob im Auto immer dann sinnvoll ist, wenn man möglichst schnell von A nach B kommen möchte und keine Zeit hat, um ein Intermezzo im Wald oder auf dem Raststättenparkplatz einzulegen. Ansonsten erfordert es wohl zu viel Konzentration, um wirklich genießen zu können. Und Sprüche auf der Heckscheibe sind sowieso ein absolutes No-Go!

SCHÖN LOCKER BLEIBEN

DER EINSATZ VON MARIHUANA ZU FORSCHUNGSZWECKEN

DRUCKERZUBEHÖR

Ich hatte gestern Nacht unglaublichen Sex und ich war stoned, davon muss ich dir unbedingt erzählen. Love u, schreibt Ana mir.

Ich sitze schmollend im Wohnzimmer auf dem Sofa und spiele in meinem Handy herum. Mein Liebster und ich hatten soeben eine kleine Auseinandersetzung über den weiteren Verlauf des Samstagabends.

Ich hatte vor, mit meinem Liebsten im »Rocco und Sanny« abzuhängen. Schön ein paar Longdrinks schlürfen, was Leichtes essen, vielleicht kämen noch Freunde von uns rum oder meine Mutter mit ihrem neuen Freund. Mein Liebster hingegen will irgendwas mit Fußballgucken. Pft! Fußball wiederholt sich doch sowieso jedes Jahr. Ein Abend im »Rocco und Sanny« nicht! Die Frage: »Wer weiß, wie lange es den Club noch geben wird?«, war meines Erachtens das Argument überhaupt, um die Nacht dort zu verbringen. Mein Liebster fand das nicht und ließ mich schmollend auf dem Sofa zurück. Ich könne doch alleine gehen. Nein, möchte ich aber nicht! Ich wollte ja mit ihm hin.

Ich schmolle eigentlich immer noch. Doch jetzt, da ich Anas Nachricht gelesen habe, legt sich ein Schmunzeln auf meine bisher angespannte Mundpartie und ich spüre förmlich, wie meine soeben zurückgewonnene Lebensfreude bis zu meinem Liebsten ins Schlafzimmer dringt, der dort auf dem Bett sitzt und Fernsehen schaut. Marihuana?!

Süßer Duft und laue Sommernächte auf dem Dach eines griechischen Hotels. Sand unter den Füßen und der klebrige Kuss eines DJs, der mir in diesem Sommer besonders gut gefallen hat. Mein nackter Arsch im lauwarmen Mittelmeer und kleine Fischchen, die an meiner Haut knabberten. Das sind meine letzten Erinnerungen an den Einsatz dieses Entspannungsmittels. Ich konnte mich jedoch nicht daran erinnern, stoned mit dem DJ geschlafen zu haben, und das müsste ich wohl, hätte ich bekifft eine Wahnsinnsnacht wie meine beste Freundin erlebt. Nein, das war in diesem Sommer nicht der Fall.

Meine Motivation, diesen Abend doch noch etwas zu unternehmen, kehrt zurück. Ich will einen Abend mit einem aufregenden ersten Mal und eine WhatsApp-Nachricht hat das schlagende Argument hierzu geliefert.

»Schaaahaaatzzz ...«, trällere ich in Richtung Schlafzimmer. Ein Brummen kommt als Antwort zurück. »Könntest du bitte einen deiner Freunde anrufen und ihm sagen, ich hätte gerne etwas kleines Feines für mich zum Rauchen? Bitte fertig gedreht, das kann ich nämlich nicht.«

Stille. Ich lausche.

»Spinnst du jetzt, oder was?«

»Nein. Wir hatten uns doch vorgenommen, an jedem Wochenende etwas Neues zu erleben. Ich möchte Gras rauchen!«

»Und was hat das mit dem Sexperiment zu tun?«

»Das weiß ich auch noch nicht. Aber Ana hat mir gerade geschrieben, dass sie letzte Nacht den besten Sex in ihrem Leben hatte (leichte Übertreibungen sind normal, wenn man seit Jahren in einer italienischen Familie lebt) und das möchte ich jetzt auch.«

Wieder Stille. Ich lausche in Richtung Schlafzimmer. Plötzlich leises Gemurmel. Er telefoniert. Ich muss lachen. Ich kann meinen Liebsten zwar nicht davon überzeugen, einen neuen Wohnzimmerteppich anzuschaffen, obwohl der alte schon mehr als nur einen Rotweinfleck vorzuweisen hat. Aber ich kann ihn überzeugen, mir für sexuelle Spielchen Drogen zu besorgen. Natürlich nur zu Forschungszwecken!

Bekannt ist der medizinische Einsatz von Cannabis in der Schmerztherapie, zur Behandlung von Depressionen und auch bei der Autoimmunkrankheit Multiple Sklerose. Freilich ist auch bekannt, dass die Droge abhängig machen kann, nicht umsonst ist sie in Deutschland nicht frei verkäuflich. Nun, ich habe nicht vor, zum ständigen Konsumenten zu werden, das sicherlich nicht. Aber für einen kurzen, nachpubertären Anfall in Verbindung mit einem vielversprechenden Sexabenteuer, dafür bin ich zu haben.

Ich putze mich etwas heraus, bevor wir das Haus verlassen, um erst zu einem Kumpel meines Liebsten und sodann zu der Einweihungsparty eines anderen Freundes zu fahren. Mein Liebster fand dann plötzlich doch, wenn wir schon unterwegs seien, könnten wir gleich noch bei der Party vorbeischauen. Der andere Freund ist nahezu ein Mitglied unserer Familie und Journalismusstudent. Ich nehme also stark an, dass er nichts dagegen hat, wenn ich mir zwischen seinen Kommilitonen und Freunden einen reinziehe.

Die Nacht ist angenehm mild und ich trage meine schwarzen Vintage-Cowboystiefel zu schwarzen Jeans-Hotpants und einem leichten Oberteil. Wenn ich diese Schuhe trage, weiß ich, dass die Nacht besonders werden wird. Das liegt nicht nur daran, dass mich diese wirklich außergewöhnlichen Stiefel, die über und über mit flachen, silbernen Nieten besetzt sind, in ganz wundervolle Gespräche verwickeln. Es liegt auch daran, dass ich mich in der Regel besonders kontaktfreudig zeige, sobald ich diese Schuhe trage. Ein derart auffälliges Kleidungsstück zu tragen animiert doch dazu, mit anderen Menschen in Kontakt zu treten.

Und das dauert auch nicht lange. Wir sitzen im Wintergarten der neuen Wohnung, die an diesem Abend eingeweiht werden soll, und sprechen über Hertha BSC, vegetarisches Essen, das wundervolle Laminat, das schon das erste, verkippte Bier konsumieren durfte, und den Einsatz von Marihuana zu Forschungszwecken. Der Joint dreht seine Runde und alle finden, da Erwachsene ab einem bestimmten Alter regelmäßig Alkohol konsumieren (das berühmte Gläschen Wein am Abend, um runterzukommen, oder das Gläschen Sekt zum Brunch, um wach zu werden), könne es der Jugend doch nicht verwehrt werden, mal einen durchzuziehen. Ich genieße das angeregte Gespräch und kuschele mich an den Arm meines Liebsten.

Plötzlich werde ich ganz schläfrig. Und plötzlich möchte ich hier auch nicht mehr sein, sondern in meinem warmen, sauberen, kuscheligen Bett. Zu Hause, wo der Fußboden nicht klebt und keine linksradikalen Metrosexuellen mich fragen, welcher Partei ich angehöre. Und wenn ich erst einmal nach Hause möchte, dann muss es schnell gehen. Mein Liebster holt unsere Jacken und wir gehen. Ich finde, er ist an diesem Abend sehr genügsam. Oder ist er das nur, weil ich so tiefenentspannt bin? Ich sitze im Auto und versuche, die Sterne zu sehen. Das Gebläse nervt mich, ich möchte jetzt keine kalte Luft ins Gesicht geblasen bekommen!

Die Genügsamkeit meines Liebsten erinnert mich an Forrest Gump, der die Eskapaden seiner Jenny auch immer mitgemacht hat. Gut, zwischendurch gab es mal 'ne Klopperei und Forrest ist ausgerastet, was ich rückblickend auf die Selbstversuche und meinen Liebsten nun nicht sagen kann. Klar gab es Themen (Ihr erinnert euch an den Pornodreh oder das Sexkino?), denen stand er sehr kritisch gegenüber, und er hat mich das ein oder andere Mal gefragt, ob ich spinne. Aber alles in allem ist es sehr schön zu sehen, wie Dinge wachsen und neu entstehen können, wenn darüber gesprochen wird und wenn man sie einfach geschehen lässt.

Es ist ein schmaler Grat zwischen »zu viel reden« und »einfach mal machen«. Hier heißt es, als Paar einen Mittelweg zu finden, der beide zufrieden macht. Ich hätte nie gedacht, dass die alte Floskel »man muss viel miteinander reden« so viel Wahrheit enthält. Ich darf gerade erfahren, wie vielseitig die Welt der Sexualität in langjährigen Beziehungen sein kann, wenn man miteinander spricht. Aber Sprechen ist nicht leicht. Es erfordert Mut und Vertrauen. Jetzt, da ich stoned bin und meinen Kopf gegen das Autofenster lehne, könnte ich problemlos sagen: »Schatz, wenn wir zu Hause sind, möchte ich, dass du deine Zunge in mein Poloch steckst.«

Schöner ist das Gefühl, solche Dinge sagen zu können, ohne vorher berauschende Mittel konsumiert zu haben. Wir haben noch viel Zeit miteinander. Dahin kommen wir noch, nehme ich mir vor, bevor ich einschlafe.

Das mit dem Kiffen ist so eine Sache. Je nach Tagesperformance kann es entweder zu Trägheit und Müdigkeit führen oder zu Ausgelassenheit, Entspannung und meinetwegen auch zu Geilheit. Vielleicht lag es auch am Stoff, aber geilen Sex hatte ich in dieser Nacht nicht. Dafür habe ich wunderbar selig geschlafen und die Wärme meines Bettes genossen.

OB DIESE ERFAHRUNG MEIN SEXLEBEN BEREICHERT HAT?

Nö. Ein Grund mehr, das noch mal genauer zu erforschen.

REEPERBAHN

EIN BISSCHEN SPASS MUSS SEIN!

»Okay, dann möchte ich jetzt die ›Ritze‹ sehen!« Mein Liebster küsste mich auf den Mund und machte auf dem Absatz kehrt, in Richtung der Kultkneipe.

Reeperbahn. Habe schon oft davon gehört, war selbst jedoch noch nie dort. Bisher. Aber mir wurde vorgeschwärmt von Bundeswehrpartys mit »Sahne von den Titten lecken«. Mir wurde von abgezockten Männern erzählt, die tatsächlich dachten, für 50 Euro Sex in der Herbertstraße zu bekommen, die dann oben auf dem Zimmer für 50 Euro nicht einmal einen Handjob bekamen, sondern lediglich die Option, für weitere 50 Euro mit der Hand befriedigt zu werden. Ich hörte Geschichten von fröhlichen Junggesellenabschieden, ruhigen Momenten in urigen Kneipen und Fischbrötchen zum Frühstück.

Als Berliner Göre kenne ich Rotlichtecken in unterschiedlichen Bezirken der Stadt. In der Grundschule wohnte eine meiner Freundinnen neben einem Sarah-Young-Sexkino in Schöneberg. Ich weiß von den zwielichtigen Prostituierten auf der Kurfürstenstraße, die ganztägig dort zu finden sind, sowie von den Bordsteinschwalben an den Hackeschen Höfen, die gerne auch mal Partytipps geben und ein kurzes, nettes Pläuschchen mit einem halten. Mein Kieferorthopäde war um die Ecke vom Big Sexy Land, eine Institution in Berlin, aber, wie ich neulich erfahren durfte, wohl auch der »grottigste Sexschuppen Berlins«. Und ich weiß, dass am Wochenende, ab 23 Uhr, auf der Straße des 17. Juni die Sex-Oma steht, seit Jahren in den gleichen weißen Overknee-Stiefeln.

Das Rotlichtleben in Berlin ist verstreut, klar, auch als Frau kennt man einige Orte, an denen sich ein Straßenstrich, Sexshop, Sexkino oder Puff befindet. Doch das ist nicht vergleichbar mit der geballten Kraft der Reeperbahn, dachte ich mir. Und ich sollte recht behalten.

Mein Liebster schenkte mir diesen Kurztrip zu meinem Geburtstag. Stylishes Hotel, ein Wochenende zu zweit inklusive Reeperbahn und Co. Ich erkundigte mich vor unserer Ankunft bei Ana nach den besten Stripclubs und den Sehenswürdigkeiten, die ich auf keinen Fall verpassen durfte. (Vielleicht bekommt mein Liebster so ja auch noch vor unserem Vegas-Urlaub seinen Strip mit Happy End?) Ana hatte Hamburg bereits vor einiger Zeit besucht. Die Antwort war ernüchternd, denn sie sagte mir, sie sei zwar in Susis Bar, der Institution auf der Reeperbahn, gewesen, besonders »dolle« sei es aber nicht. Schulterzuckend nahm ich dieses Statement entgegen, denn grundsätzlich höre ich mir Empfehlungen zwar gerne an, mache davon jedoch keine Entscheidungen in meinem Leben abhängig.

Es war gegen 19.30 Uhr, als wir unseren Spaziergang durch den Spaßpool begannen. Mein Liebster hatte mich gewarnt, es sei noch etwas zu früh, um die richtige Atmosphäre auf der Reeperbahn zu spüren, aber mir war das egal. Nach einem Sonnenbad auf der Dachterrasse des Hotels und dem Genuss meines ersten Astra war ich bereit für ein bisschen Spaß. Tatsächlich, es war noch recht leer vor Ort. Wir fanden sogar einen zentralen Parkplatz. Die Dunkelheit ließ noch lange auf sich warten, also zogen wir erst einmal von einem Sexshop zum nächsten. Hier fiel mir eines sofort auf: Ein Sexshop auf der Reeperbahn ist kein Ort des heimlichen, möglichst schnellen Durchschreitens. Man kriecht nicht voller Scham von Gang zu Gang und traut sich nicht, den Blick zu heben, nein. Ein Sexshop in Hamburg gleicht eher einem Museum sowie Therapiezentrum.

Die oberste Etage des ersten Shops, in dem Hunderte von Porno-DVDs nebeneinanderstanden, interessierte mich nicht. Mich zog die schwarze Treppe an, die unmittelbar hinter dem Eingang hinunter in das Untergeschoss führte. Die rot getünchten Wände zeigten Fotos von Reizwäsche und besonderen sexuellen Praktiken. Zwei Räume entdeckte ich, angelangt am Ende der Treppe. Ich spähte in einen hinein und sah im hellen Licht der Leuchtstoffröhren etliche Kleiderstangen, die von der Decke hingen, vollbehangen mit Latexkostümen, Masken, Schuhen, Spielzeugen und Accessoires. Ich drehte mich um, auf der Suche nach meinem Liebsten. Ich erschrak, denn hinter mir, eingesperrt in einen Glaskasten, der in die Wand eingelassen war, stand ein schwarzes Pferd. Ein Pferd mit Kopf, Augen, Nase, Hufen,

Schweif, Zaumzeug und allem Drum und Dran. Größe circa 160 Zentimeter. Auge in Auge standen wir uns gegenüber, ich hauchte die Glasscheibe an und betrachtete das Tier aus Lack und Leder. Neben dem Glaskasten hing, hübsch eingerahmt, eine Erklärung zu dem sonderbaren Stück, die sinngemäß lautete:

Sie sehen hier das Kostüm für ein Ponyplay. Das Ponyplay ist das in der BDSM-Szene wohl geläufigste Beispiel für das Petplay und gehört auch außerhalb der Szene zu den bekanntesten Spielarten. Hierbei nimmt der Bottom die Rolle eines Pferdes oder eines Ponys ein. Unter Petplay, Animal Play oder auch Zoomimik versteht man ein erotisches Rollenspiel, bei dem mindestens ein Partner die Rolle eines Tieres spielt. Üblicherweise wird das Petplay zu den Sexualpraktiken des BDSM gezählt. Klassische Elemente des BDSM, beispielsweise Machtgefälle, Unterwerfung, sexuell stimulierende Erniedrigung und sadomasochistische Praktiken, können Bestandteil des Spieles sein. Diese Rollenspiele finden grundsätzlich zwischen einvernehmlich handelnden Partnern statt. Nicht zum Petplay gehört das sexuelle Spiel mit echten Tieren, das als Sodomie oder Zoophilie bezeichnet wird.

Am rechten Huf des Ponys lag ein kleiner Zettel mit dezenten Preisangaben. Die *naturgetreue Pferdemaske mit transparenten Kunststoffaugen und Echthaarwimpern* lag bei lächerlichen 1.229 Euro, die *nach Maß gefertigten Hufstiefel ohne Absatz mit einem abnehmbaren Hufeisen und Gummisohle* bei 599 Euro. Ha, fast so teuer wie ein echtes Pferd, dachte ich mir und suchte dann zwischen den Kleiderstangen nach weiteren Skurrilitäten. Es gab alles: die Krankenschwester in weißem Latex, das Schuljungen-Outfit, Peitschen, Strapse, Gasmaksen, Ganzkörperkondome und vieles mehr. Kickte mich alles nicht. Tanzende Pferde habe ich auf dem Fetischball gesehen, Gasmasken und Petplay sind mir nicht neu. Auch Begriffe wie BDSM, Fetisch, Dom und Bottom gehören ja seit geraumer Zeit nahezu zu meinem täglichen Sprachgebrauch. Als eine lachende Gruppe Mädels, die pinkfarbene Hasenohren auf dem Kopf trugen und uns selbst gebackene Penisbrötchen verkaufen wollten, die Ruhe im Keller störte, war es an der Zeit, den Sexshop zu verlassen.

Auf zur Großen Freiheit!

Es war ein lauer Sommerabend, die Sonne war nicht mehr zu sehen, aber es war immer noch zu hell, um die Lichtervielfalt der Stripclubs und Puffs voll und ganz genießen zu können. Die ulkigen Gestalten, die in speckigen Shirts und mit fehlenden Zähnen vor den Clubs standen und uns freien Eintritt bis 22 Uhr anboten, versuchten hartnäckig, meinen Liebsten und mich in ihre Etablissements zu locken. Doch die ausgeblichenen Schaufensterbilder, der abgestandene Geruch, der aus den Läden auf die Straße strömte, und vor allem die Leere in den Läden hielten mich davon ab, hineinzugehen. Der äußere Anblick erinnerte mich dann doch zu sehr an Berliner Eckkneipen gepaart mit dem schäbigen Big Sexy Land.

Auf der Großen Freiheit latschte uns dann tatsächlich Vorzeigetranse Olivia Jones mit einer Truppe von 15 bis 20 wissbegierigen Partytouristen jeden Alters über den Weg. Ganz fasziniert von der riesigen, bunten Gestalt habe ich den schmalen Türsteher in Anzug und Krawatte fast übersehen, der eifrig dabei war, Passanten für seinen Club zu interessieren.

»Na, Lust auf Live-Sex?«, quatschte er mich von der Seite an und ich sprang erschrocken zur Seite.

»Nee«, lachte ich und deutete auf meine Uhr. Es war gerade erst kurz nach acht. »Dafür ist es noch zu früh.«

»Wie, fickt ihr nach der Uhr?«, bohrte er weiter und auch wenn ich freche Sprüche und schnoddrige Anmachen kenne, wunderte ich mich doch über diese Direktheit. Das fand ich dann wieder so gut, dass ich lachen musste. Mein Liebster stand daneben und grinste, gespannt, wie ich aus der Nummer wieder rauskommen wollte.

»Nee, tun wir nicht, aber wir schauen uns erst noch etwas um und kommen dann später wieder.«

»Ihr braucht nicht mehr schauen, was Besseres als hier bekommt ihr eh nicht, komm mal ran hier«, sagte er, deutete auf das Schaufenster, in dem Bildausschnitte einer Sexshow hingen, sowie ausgedruckte E-Mails mit begeisterten Stimmen von ehemaligen Gästen: *Erwartungen übertroffen, Bester Club auf der Freiheit, Entspannter hätte der Abend nicht verlaufen können –* Begeisterung pur. Der schmächtige Türsteher hatte mein Interesse geweckt.

»Was erwartet uns denn bei euch?«, wollte ich wissen.

»Die beste Sexshow deines Lebens, bei uns wird nämlich gefickt, auf der Bühne, 20 Zentimeter vor deiner Nase«, sagte er und kam noch ein Stück näher. Mit den Zeigefingern bildete er einen Abstand von etwas mehr als 20 Zentimetern direkt vor meinem Gesicht und grinste wieder. Sein Atem war warm und feucht, er roch nach Zigarillos und Kaffee. »Wirklich, unsere Show werdet ihr so schnell nicht vergessen, wir haben unterschiedliche Geschichten, die unsere Darsteller erzählen, der Spaß dauert 1,5 Stunden. Danach könnt ihr die Reeperbahn dann ganz entspannt genießen«, fuhr er fort und zwinkerte meinem Liebsten zu, bevor er sich mit dem Handrücken die Nase abwischte.

»Kostet?«, fragte ich knapp.

»Kostet euch pro Nase 30 Euro Eintritt, ein Getränk habt ihr dabei.«

Zu viel für uns, fand ich, nachdem ich auf der Venus bereits Livestrips und nacktes Fleisch ohne Ende begutachten durfte. Und auch im Insomnia hatten wir schon genügend Live-Sex gesehen. Ich winkte freundlich lachend ab und zog mit meinem Liebsten von dannen. Vorbei an weiteren ausgeblichenen Clubs im 80er-Jahre-Design und dann war sie auch schon zu Ende, die Große Freiheit.

»Okay, dann möchte ich jetzt die ›Ritze‹ sehen!«, forderte ich meinen privaten Reiseführer weiter. Mein Liebster küsste mich auf den Mund, lächelte besänftigend und machte auf dem Absatz kehrt, in Richtung Kultkneipe.

Alle Frauen können beruhigt sein, sonderlich spektakulär ist die Herbert-straße nach Aussage meines Liebsten nicht. Sie wird schon seit Beginn des 19. Jahrhunderts von Prostituierten genutzt, die in den Schaufenstern sitzen und Freier auf sich aufmerksam machen. Die Herbertstraße ist nur circa 60 Meter lang und mit einem Bretterverschlag vor neugierigen Blicken geschützt.

»Ich sag dir aber gleich, so spektakulär ist es dort nicht«, wollte er meine Freude dämmen.

»Doch, muss es sein! Die Ritze ist ständig in irgendwelchen Dokumentationen zu sehen. Immer, wenn es um Hamburg, die Reeperbahn oder das Nachtleben geht, wird die Ritze gezeigt. Wir trinken dort ein Bierchen, nehmen das Kiezleben in uns auf und dann gehen wir vielleicht doch noch in einen Club«, schwärmte ich.

Die Ritze liegt auf der Reeperbahn leicht nach hinten versetzt in einem Hinterhaus und ist durch eine Hofeinfahrt zu erreichen. Vor dem Laden, dessen Eingang die weltberühmten, gespreizten Beine zieren, bildete sich bereits eine dicke Menschentraube. Boa, dachte ich, jetzt müssen wir für unser Bier auch noch anstehen? Aber nein, es war nur eine weitere Touristengruppe, die schnell in die Kneipe hinein- und auch wieder hinausgehuscht war. Ein pummeliger, stark geschminkter Gruppenbetreuer schwenkte ein pinkfarbenes Fähnchen und führte die Touris zur nächsten Sehenswürdigkeit. Mehr Platz für mich und ein Foto vor der Ritze.

Doch in der Ritze angekommen, fand ich mehr Dunkelheit und Gestank, als ich erwartet hatte. Mir war schon klar, dass die Ritze kein Szenelokal, sondern eine Kneipe ist. Dennoch dachte ich, wäre es etwas offener, heller, sauberer und touristischer? Im Grunde ist die Ritze eine enge, nach hinten spitz zulaufende Hinterhofkneipe, in der seit geschätzten 1000 Jahren das Kiezleben gehegt und gepflegt wird. Am Tresen saßen mit dunklen Augenringen und fettigen Haaren Hamburger Urgesteine, die Luft war abgestanden und roch dick und staubig, etwas feucht und nach Alkohol. Das geplante Bier hatte sich für mich erledigt.

»Und jetzt?«, fragte ich meinen Liebsten vor der Tür, der schon öfter in Hamburg gewesen war und daher wusste, wie es nun weitergehen sollte.

»Jetzt zeig ich dir die Herbertstraße und den Platz, auf dem morgen früh der Fischmarkt ist. Oder möchtest du doch noch in einen Club?«, fragte er und nahm mich in den Arm.

»Nö, war überall noch zu leer«, antwortete ich und schmiegte mich an ihn. »Bei Susis Bar war vorhin sogar noch das Licht aus!«, stellte ich entrüstet fest.

Ich wusste natürlich, dass ich als Frau nicht auf die Herbertstraße durfte. Und ich wusste auch, dass man von außen nur eine Art Bretterzaun sieht, vor dem sich jedoch auch einige Nutten tummeln. Wir zogen weiter in Richtung Hafen, vorbei an dunklen Eckkneipen, aus denen es nach Suff, Muff und Alkohol stank, vorbei an grölenden Engländern und torkelnden Mädels, die Penisgebäck und Kondome verkauften. Der Ausblick am Hafen und die vorbeiziehenden Riesendampfer zeigten mir Hamburg dann wieder so, wie ich es mir vorgestellt hatte. Mittlerweile war es dunkel geworden, die Beachbar am Hafen war gut besucht und präsentierte einen wundervollen Blick auf das Wasser. Die bunten Lämpchen an den Schiffen schaukelten sanft im Wind, Möwen kreischten und schossen wie Pfeile über die Wasseroberfläche. Wir saßen in einem Liegestuhl auf der Dachterrasse der Beachbar und genossen bei einer Weißweinschorle eine ganze Weile das Treiben, bis es frisch wurde.

»Zurück ins Hotel?«, fragte mein Liebster und küsste mich auf die Stirn.

»Ich möchte noch einen Crêpe!«, antwortete ich und fand, ich konnte mir bei meinem ersten Hamburgbesuch durchaus einen französischen Kultsnack gönnen.

Während ich den Crêpe verspeiste, dachte ich nach. War ich enttäuscht von Hamburgs Reeperbahn? Hatte ich mir das Ganze etwas spektakulärer vorgestellt? Ich beschloss, noch kein Urteil zu fällen und das Ganze erst einmal auf mich wirken zu lassen.

Jetzt, im Nachhinein betrachtet, war Hamburg genau so, wie es sein sollte. Klar, alles ist etwas marode und stinkt nach altem Muff, aber so ist der Kiez in Hamburch eben! Traditionsreich, voller Leben und mit einer sehr langen Geschichte. Hamburg und Sex, Hamburg und Spaß, Hamburg und Prostitution. Gehört doch alles zusammen. Wahrscheinlich muss ich noch mal dorthin. Vielleicht hätte ich das Bier in der Ritze trinken sollen, um den Kiez wirken zu lassen. Ich meine jedoch auch zu wissen, dass es der Altersdurchschnitt der Show- und Clubbetreiber war, der mich etwas abgeschreckt hat. Vielleicht hätte der Kiez mich mehr an sich gerissen, wenn alles etwas jünger, nicht ganz so vergilbt und abgestanden gewesen wäre? Aber dann wäre es doch nicht mehr St. Pauli, oder?

Am nächsten Tag besuchten wir den Hamburger Zoo. Ein klasse Erlebnis und in jedem Falle empfehlenswert! Ich habe eine Giraffe mit Apfelstücken gefüttert, mein persönliches Highlight während des gesamten Hamburgbesuches. Als die Giraffe mit ihrer langen, blauen, rauen Zunge nach dem Apfel in meiner Hand tastete, hätte ich laut schreien können vor Glück.

OB DIESE ERFAHRUNG MEIN SEXLEBEN BEREICHERT HAT?

Mittelbar ja. Denn ich weiß, dass es Menschen gibt, die sich als Hunde, Pferde oder Schweine verkleiden, wobei das Petplay Teil der BDSM-Szene ist, aber kein Geschlechtsverkehr zwischen Pet und Petplayer ausgeübt wird. Viel Wirbel um nichts, wie ich finde, aber vielleicht erkenne ich als Tierfreund immer noch nicht den Reiz an dieser speziellen Spielart. Das hatte ich ja bereits nach unserem Besuch auf dem Fetischball vermutet.

Und ich weiß auch, dank des Besuches auf der Reeperbahn, dass es in Hamburg gar nicht gern gesehen wird, »nach der Uhr« zu ficken. Man verlangt hier nach etwas mehr Flexibilität.

Es sind nun über acht Monate vergangen, seit wir diesen Selbstversuch begonnen haben. Ich kann das Kamasutra rauf und runter turnen, dabei strippen, Peitschenhiebe ertragen, einschläfernde Massagen verabreichen, Pornos drehen und Öl in jeder Ritze meines Körpers auffangen. Das Ganze gerne auch als Schwein verkleidet. Mir kann niemand mehr etwas in Sachen »Flexibilität in der Sexualität« vormachen. Sorry Hamburg!

EIN WEIBLICHES UND EIN MÄNNLICHES RESÜMEE

EIN WEIBLICHES RESÜMEE

Fetisch, Bondage, Cybersex. Lack und Leder, Massageöl, Lingam, Yoni, der schreiende Vogel. Hardcore, Muschipiercing, Wollust, Verlangen. Zittern, Rötung, Voyeurismus. Homo, Hetero, Porno.

Sexualität. Die treibende Kraft hinter alledem, was uns ausmacht und uns anspornt, über uns hinauszuwachsen und Neues zu erleben. Eine Familie zu gründen und die Familie wieder zu verlassen. Ängste zu besiegen und Ängste aufkommen zu lassen. Sich seiner eigenen, treibenden Kraft zu stellen. Sexualität ist unergründlich. Man tut sich leichter, wenn man nicht nach dem Grund forscht, nach einer Endlichkeit, einem Sinn und nach Erklärungen für Fetische oder Verhaltensweisen. Es ist schöner zu erleben, wenn man sich treiben lässt. Wenn man sich nicht verstellt und eigene Grenzen erforscht. Ehrlichkeit zu sich selbst ist der Schlüssel zur Befriedigung.

Sexualität ist kompliziert. Sexualität in einem Normengefüge, das sich da »gesellschaftliche Konventionen« nennt, ist noch komplizierter. Dinge geschehen zu lassen und zu vertrauen, macht es einfacher, diese wohl komplizierteste Kiste des menschlichen Zusammenlebens auf Dauer genießen zu können.

Erfüllte Sexualität kommt nicht von allein. Sie muss gepflegt werden. Mal ist sie aktiv, mal passiv. Sie ist nicht starr und darf niemals in eine Schublade gesteckt werden. Sexualität zu leben bedeutet auch, mutig zu sein und den inneren Schweinehund zu überwinden. Aber alles in Maßen und mit Bedacht. Ich lasse mich auffangen von der Sexualität und der Kraft meines Liebsten, dessen Bauchgefühl ich in Zukunft noch stärker vertrauen werde. Er weiß instinktiv, was gut für uns ist. Das habe ich in den letzten Monaten gelernt. Und ich werde erfahren, wohin uns das Vertrauen, das wir einander schenken, noch führen wird. In eine langlebige Ehe mit einem bunten Sexleben? Bis dass der Tod uns scheidet? Wir werden es herausfinden.

EIN MÄNNLICHES RESÜMEE

Als Nina vor vielen Monaten mit dem Projekt auf mich zukam und den Vorschlag für diesen Selbstversuch unterbreitete, gingen mir viele Fragen durch den Kopf wie: Möchte ich mein Privatleben, besonders mein Sexleben, öffentlich machen? Muss man sich dafür schämen? Ist Sex nicht etwas ganz Normales? Kann ich meiner Familie und meinen zukünftigen Kindern guten Gewissens solch eine Story auf den Tisch legen? Fühle ich mich wohl mit diesem Projekt? Warum sollte ich diesem Versuch zustimmen?

Ich sehe mich als traditionell veranlagt, ich achte auf die Werte im Leben, die mir wichtig sind. Man findet mich in keinem Social Network und in keinem Telefonbuch. Obwohl ich eher zurückgezogen lebe, habe ich festgestellt, dass Sexualität kein Thema ist, für das man sich schämen muss. Ich habe diesem Selbstversuch zugestimmt, um den Lesern Zugang zu den dargestellten Themen zu ermöglichen, ohne Scham, ohne Scheu, achtungsvoll und respektvoll.

Bei der Fülle an Erlebnissen in den letzten Monaten möchte ich mein Fazit auf die Top-drei-Erlebnisse und die Flop-drei-Erlebnisse in nummerischer Aufzählung beschränken.

Flop eins: Pornodreh.

Flop zwei: Fußfetisch.

Flop drei: Tantra.

(Während ich das aufzähle, lacht Nina sich kaputt.)

Top eins: *Saturday Night Fuck*.

Top zwei: Rollenspiel.

(Nina zieht verwundert die Stirn kraus.)

Top drei: Sex in der Öffentlichkeit.

In diesem Selbstversuch hat sich mein anfänglicher Gedanke bestätigt, dass Kommunikation, sei es in der Partnerschaft oder auch im Allgemeinen, das Wichtigste für den Erfolg eines Projektes beziehungsweise im Leben darstellt. Mit der Fähigkeit, sich auf andere Menschen, Perspektiven und Meinungen einstellen zu können, gelingt auch ein solches Projekt, wie mehr Schwung ins Bett zu kriegen.

Als ich mir jeden Selbstversuch am Ende des Projektes durchgelesen habe, habe ich mir immer die Frage gestellt, ob ich den Inhalt vertreten und dafür einstehen kann. Da die Erlebnisse der Wahrheit entsprechen und ich mich mit der Wahrheit immer wohlfühle, kann ich das nur bejahen.

NACHWORT EINES PAARES

Was bleibt uns nun, nach über acht turbulenten Monaten? Der Betriebswirt und Kaufmann beantwortet die Frage nach dem Fazit für dieses Projekt wie folgt: »Eine Herausforderung im Leben birgt immer mehrere Perspektiven in sich. Die Kunst ist es, diese zu erkennen, sich auf unterschiedliche Perspektiven einzulassen und Herausforderungen gemeinsam zu meistern.«

Die Rechtsanwältin und Sexautorin sagt: »Das kommt ganz darauf an.« Unser Portfolio mit sexuellen Erlebnissen hat sich erweitert. Wir müssen nicht mehr nur zwischen Fisch und Fleisch entscheiden, zwischen Sofa und Bett, Missionar- und Reiterstellung. Wir können nun auf Erlebnisse, Erfahrungen und Emotionen zurückgreifen, die weitaus mehr Facetten zu bieten haben. Wir haben Ängste überwunden, Hürden gemeistert und zähe Diskussionen durchlebt.

Mit Erscheinen dieses Buches sind wir nicht mehr nur das ewig verlobte Paar, sondern ein Ehepaar. Bis dass der Tod uns scheidet, unterschreiben wir nicht. Aber wir sind uns sicher, dass die bisher gemachten Erfahrungen ihr Gutes dazu beitragen werden … vielleicht doch bis zum Tod? Wir sind da ganz optimistisch. Wenn wir eine Empfehlung an unsere Leser aussprechen müssten, dann würden wir sagen: »Erst sprechen, dann bumsen.« Oder umgekehrt. Hauptsache, es wird überhaupt gesprochen. Über Sex und so.

Teilweise haben uns die Erlebnisse die Schamesröte ins Gesicht getrieben, wir hatten Kribbeln in den Händen und im Bauch und nicht überhörbares Rauschen in den Ohren. Wie damals, beim ersten Mal während der Pubertät, als all das noch irgendwie selbstverständlich war.

Eure Nina und ihr Liebster

Natürlich danke ich an erster Stelle meinem Liebsten, ohne den dieser Selbstversuch nicht entstanden, vollzogen, ausgewertet, gefühlt und gelebt worden wäre. Wie kann ein Mann allein seiner Frau so viele wundervolle erste Male bescheren? Ich danke dir dafür und auch für dein Vertrauen in mich und in dieses Projekt. Ich finde, wir sind ein tolles Paar! Wie gut, dass ich dir entgegen aller Flirtregeln vor zehn Jahren meine Handynummer aufgedrängt habe. Io sono tua. Con te, voglio invecchiare. Sei tutto per me. Ti amo!

Dank gilt natürlich auch meiner liebsten, besten Freundin Ana, die recht hat, wenn sie sagt, dass ich ohne sie und unsere gemeinsamen Erfahrungen gar nicht so viel zu erzählen hätte. Ich danke dir für jede Sekunde, jede Träne, jedes Lachen, jeden Streit und jedes erste Mal, das ich gemeinsam mit dir erleben durfte. Und wenn wir alt und grau und faltig sind, werden wir Dinge sagen wie: »Weißt du noch, damals, als du in diesem Club was mit dem Barkeeper hattest?« Und die andere von uns antwortet: »Nein, das warst doch du!« – »Nein, das warst du!« – »Okay, aber erzähl das bloß nicht meinem Mann!«

Ein Dankeschön geht auch an meine liebe Schwester Ronja und an meine Mutter. Beide wissen sehr gut, wie sie mich mit ihren Männergeschichten und anderen Skurrilitäten wie Muschipiercings oder Sex im KaDeWe unterhalten können.

Ohne die ausgezeichnete Arbeit des Verlages und jedes einzelnen Teammitglieds von Schwarzkopf & Schwarzkopf wäre dieses Projekt nicht möglich gewesen. Vielen Dank an alle, die *Auf die Plätze, fertig, Sex!* begleitet haben. Weiterer Dank gilt allen, die in irgendeiner Weise diesem Projekt zur Seite gestanden haben. Vielen Dank für euer Vertrauen.

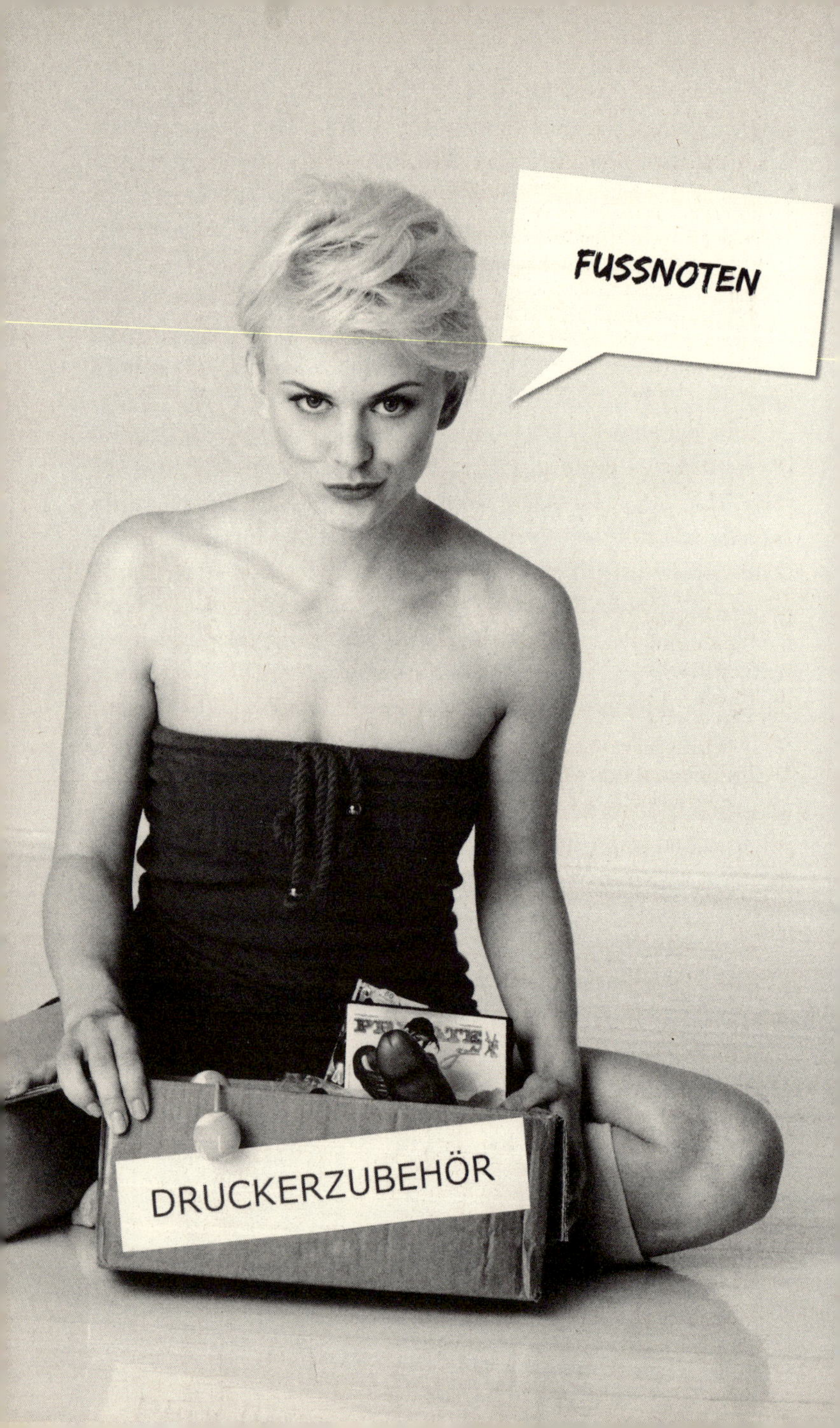
FUSSNOTEN
DRUCKERZUBEHÖR

1 www.insomnia-berlin.de/flyer/flyer_snf3.htm

2 www.eis.de/shop/subcategory.phtml?catid=ES-VIBRATOREN

3 www.eis.de/shop/subcategory.phtml?catid=ES-TOYS_FUER_SIE

4 Vgl. www.datenschlag.org/txt/smwid.html und www.smjg.org/informationen/bdsm

5 www.fetisch-hof.de/Terminkalender.html

6 Film: Lara Croft: Tomb Raider (2001).

7 https://de.wikipedia.org/wiki/Blog

8 lovemotel24.blogspot.de/p/about-room.html

9 Rüdiger Lautmann, Sexualforschung kann die Wirklichkeit verändern, in: Sexual-forschung, Der wissenschaftliche Blick auf die Sexualität, pro familia magazin, Nr. 2/2013, S. 5-6.

10 Vgl. www.lifeway.com/Article/true-love-waits-overview und www.wahreliebewar-tet.de

11 Entscheidung des BGH, 02.11.1966, IV ZR 239/65.

12 www.duden.de/rechtschreibung/Dirty_Talk

13 David Schnarch, Die Psychologie sexueller Leidenschaft, Piper Verlag, 2011, S. 104.

14 Vgl. Das Kamasutra des Vatsyayana, Bassermann'sche Verlagsbuchhandlung, 1998, S. 7-8.

15 Ebenda, S. 17.

16 Ebenda, S. 16.

17 Ebenda, S. 16.

18 Ebenda, S. 16.

19 Ebenda, S. 16.

20 Ebenda, S. 25.

21 Ebenda, S. 29.

22 www.tantramassageberlin.net

23 David Schnarch, a.a.O., S. 314.

24 Paul Joannides (Hrsg.), Wild Thing. Sex-Tips for Boys and Girls, Wilhelm Gold-mann Verlag, 1998, S. 276.

25 Vgl. www.beate-uhse.ag/index.php?id=3454

26 Paul Joannides (Hrsg.), a.a.O., S. 524.

27 Vgl. Statistisches Jahrbuch 2012: www.lsvd.de/recht/lebenspartnerschaft/statistik/index.html

28 www.propeller-island.de/rooms_neu/room_detail/37/index.php

29 Siehe auch: Akte 2013, Sat1: www.sat1.de/tv/akte/video/phaenomen-chatroulette-clip

30 Vgl. Terra X, ZDF, Ausstrahlung am 23.06.2013.

31 www.dip21.bundestag.de/dip21/btd/17/103/1710328.pdf

HÖSCHENBLUES

WAS TUN, WENN MAN EIGENTLICH EIN GUTES PAAR IST,
ES IM BETT ABER NICHT KLAPPT?

HÖSCHENBLUES
EROTISCHER ROMAN
ANAIS Band 34
Von Nina Engele
256 Seiten, Paperback
ISBN 978-3-86265-239-6 | Preis 9,95 €

Lilly ist verlobt – und sollte eigentlich glücklich sein. Immerhin ist Bastian treu, liebevoll und bereit, alt und grau mit ihr zu werden. Doch so sehr die beiden im Alltag harmonieren, im Bett läuft es schlecht. Nicht einmal Spitzendessous und Sextoys können die Stimmung anheizen.

Dabei wünscht sich Lilly nichts sehnlicher, als Bastian auch körperlich ganz nah zu sein.

Als sie ihren Exfreund Robert zufällig mit einer Blondine im Arm wiedersieht und sich wenig später heftig mit Bastian streitet, beginnt Lilly zu zweifeln: Kann sie einen Mann heiraten, der sie als Frau kaum wahrnimmt? Oder sollte sie Robert, den fantastischen Liebhaber, zurückgewinnen?

Bedeutet ihr guter Sex so viel, dass sie dafür ihre Beziehung zu Bastian aufgeben würde?

MARIA

EINE STUDENTIN GIBT SICH DEM EROTISCHEN ABENTEUER HIN –
BIS IHR DIE LIEBE DAZWISCHENKOMMT

MARIA
EROTISCHER ROMAN
ANAIS Band 37
Von Beate Wirth
224 Seiten, Paperback
ISBN 978-3-86265-233-4 | Preis 9,95 €

Nachdem sie ihre langjährige Beziehung beendet hat, freut sich Maria zunächst über ihre neu gewonnene Freiheit. Das Studium gerade frisch begonnen, lässt sie sich auf eine aufregende Affäre mit ihrem Nachbarn Sven ein. Doch schon nach kurzer Zeit verliebt sie sich in ihn und verfällt ihm von Tag zu Tag mehr.

Als sie bei ihm aber immer wieder auf Ablehnung stößt, beginnt sie eine Affäre mit dem verschlossenen Chris, einem Kommilitonen, mit dem sie sich im Gegensatz zu Sven nur auf sexueller Ebene versteht.

Die nächsten Monate verbringt Maria zwischen One-Night-Stands, einer Kurzbeziehung und ihren Gefühlen für Sven, bis dieser eines Tages wegzieht.

Zwischen Maria und Chris entwickeln sich zarte Gefühle, die allerdings auf eine harte Probe gestellt werden, als Chris plötzlich derjenige ist, dem Zweifel kommen.

DIE AUTORIN

Nina Engele ist eine junge Berlinerin und lässt sich von den bunten Groß-
stadtnächten zu erotischen Texten inspirieren. Ihr erster Roman »Höschenblues« erschien im Frühjahr 2013 beim Schwarzkopf & Schwarzkopf Verlag.
Sie veröffentlichte eine Kolumne in der Zeitschrift »Jolie« und schreibt
einen Blog namens »Love Motel«.

Nina Engele
AUF DIE PLÄTZE, FERTIG, SEX!
Von einem Pärchen, das auszog, um mehr Spaß im Bett zu haben
33 Sexperimente zum Nachspielen für alle Paare

ISBN 978-3-86265-326-3
© Schwarzkopf & Schwarzkopf Verlag GmbH, Berlin 2013
1. Auflage September 2013

KATALOG
Wir senden Ihnen gern kostenlos unseren Katalog.
Schwarzkopf & Schwarzkopf Verlag GmbH
Kastanienallee 32, 10435 Berlin
Telefon: 030 – 44 33 63 00
Fax: 030 – 44 33 63 044

INTERNET | E-MAIL
www.schwarzkopf-schwarzkopf.de
info@schwarzkopf-schwarzkopf.de